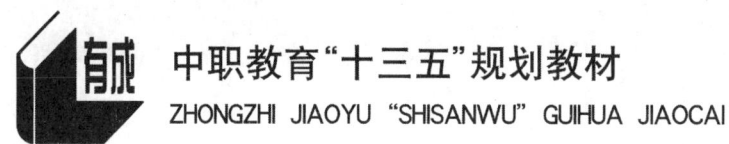

# Excel 在会计实务中的应用

Excel Zai Kuaiji Shiwu Zhong De Yingyong

（第二版）

主　编／姜国君　王兰兰
副主编／陈俊潼　何焱武
编　委／彭美珍　邬可君　黄慧宇
　　　　何亚妮　龙　文　覃　菲
　　　　伍国成　果洪斌

立信会计出版社
LIXIN ACCOUNTING PUBLISHING HOUSE

图书在版编目(CIP)数据

Excel 在会计实务中的应用/姜国君,王兰兰主编
.—2 版.—上海：立信会计出版社,2021.1(2023.3 重印)
中职教育"十三五"规划教材
ISBN 978-7-5429-6728-2

Ⅰ.①E… Ⅱ.①姜… ②王… Ⅲ.①表处理软件—应用—会计—中等专业学校—教材 Ⅳ.①F232

中国版本图书馆 CIP 数据核字(2021)第 030025 号

策划编辑　赵新民
责任编辑　张巧玲

## Excel 在会计实务中的应用(第二版)
Excel ZAI KUAIJI SHIWU ZHONG DE YINGYONG

| | | |
|---|---|---|
| 出版发行 | 立信会计出版社 | |
| 地　　址 | 上海市中山西路 2230 号 | 邮政编码　200235 |
| 电　　话 | (021)64411389 | 传　　真　(021)64411325 |
| 网　　址 | www.lixinaph.com | 电子邮箱　lixinaph2019@126.com |
| 网上书店 | http://lixin.jd.com | http://lxkjcbs.tmall.com |
| 经　　销 | 各地新华书店 | |
| 印　　刷 | 浙江天地海印刷有限公司 | |
| 开　　本 | 787 毫米×1092 毫米　1/16 | |
| 印　　张 | 12.5 | |
| 字　　数 | 290 千字 | |
| 版　　次 | 2021 年 1 月第 2 版 | |
| 印　　次 | 2023 年 3 月第 3 次 | |
| 书　　号 | ISBN 978-7-5429-6728-2/F | |
| 定　　价 | 32.00 元 | |

如有印订差错,请与本社联系调换

# 第二版前言
## FOREWORD

《Excel在会计实务中的应用》自2008年8月第一版问世以来，承蒙读者的厚爱，取得了较好的效果。

财政部于2009年发布了《关于全面推进我国会计信息化工作的指导意见》，2014年1月6日正式推出了《企业会计信息化工作规范》，可见国家对企业会计信息化工作的重视。2013年1月1日，《小企业会计准则》的全面执行，标志着小企业的发展进入了一个新的阶段，这就要求服务于小企业的财会人员必须熟练理解和掌握《小企业会计准则》的相关规定。就目前来看，实务工作中除了少数中小企业的财会人员采用财务软件进行账务处理外，大多数财会人员仍然采用手工的记账方法，利用计算器作为计算工具。为了解决这个难题，我们利用Excel软件通过简单的设计，既可以直接高效地进行账务处理，也可以辅助手工账的记账工作，从而大大地提高工作效率。

自2013年至今，财政部和国家税务总局联合印发多项税收政策。所有这些政策和税法的变化，加之目前Excel 2010、Excel 2013和Excel 2016，以及WPS 2019的广泛使用，都迫切要求对原版教材进行更新，为此，在立信会计出版的大力支持下，我们对《Excel在会计实务中的应用》教材进行了修订。

与上一版教材相比，第二版教材在以下几个方面作了修改和增强。

1. 立足于中小企业会计实务工作的需要，根据最新税制，修正了适用2013年《小企业会计准则》的创造公司业务资料。

2. 为进一步掌握 Excel 在实务工作中的应用,我们设计了一套与真实财务工作非常接近的"东莞市新元素服务有限公司"账套,以此替换了原附录中的练习资料,并给出了参考答案。

3. 新版教材继续延用 Excel 2010 进行初始设置、凭证处理、会计账簿设置、会计报表编制和财务分析等,并优化原教材中的一些 Excel 的会计运用技能。

4. 新版教材的案例资料、各章后的实验资料及综合实训资料均在 Excel 2010、Excel 2013、Excel 2016 及 WPS 2019 表格中运行通过。

本书结合了编者多年从事会计工作、会计教学及 Excel 教学工作丰富的实践经验,不仅适用于大中职业院校的教学工作需要,对实务工作中的会计人员、统计人员以及其他使用者都会有所帮助。

第二版教材由姜国君、王兰兰任主编,陈俊潼、何焱武任副主编。由姜国君对全书进行统稿和审核。

具体分工如下:

第一章 运用 Excel 进行基础设置由王兰兰编写;

第二章 运用 Excel 进行凭证处理由陈俊潼编写;

第三章 运用 Excel 设置会计账簿由覃菲编写;

第四章 运用 Excel 编制会计报表由何焱武编写;

第五章 运用 Excel 进行财务分析由何亚妮、龙文等编写。

本书的编写参考了财政部发布的有关会计准则、会计法规的相关文件资料和其他专家学者的著作,本书的再版得到了立信会计出版社编辑的支持和协助,在此一并表示感谢!

由于时间仓促,书中难免有错漏之处,敬请广大读者批评指正,以期再版时更趋完善。

(电子邮件:excel_kj@sina.com)

编　者

2021 年 1 月

# 目录 CONTENTS

## 第 1 章　运用 Excel 进行基础设置 ·············· 1
1.1　设置会计科目表及其他基本数据 ·············· 1
 1.1.1　建立会计科目表 ·············· 1
 1.1.2　修改和删除会计科目 ·············· 7
1.2　制作期初余额表 ·············· 8
 1.2.1　录入期初余额 ·············· 8
 1.2.2　期初余额试算平衡 ·············· 9
实验一　基础设置 ·············· 15
巩固提高一 ·············· 16

## 第 2 章　运用 Excel 进行凭证处理 ·············· 20
2.1　建立记账凭证清单 ·············· 20
 2.1.1　设计记账凭证清单工作表 ·············· 20
 2.1.2　自动生成凭证编号 ·············· 21
 2.1.3　自动显示并检查会计科目 ·············· 23
2.2　记账凭证的制作 ·············· 38
 2.2.1　借贷不平衡自动提示 ·············· 38
 2.2.2　冻结窗格 ·············· 40
 2.2.3　填制记账凭证 ·············· 42
2.3　记账凭证的打印 ·············· 45
2.4　数据的保护与隐藏 ·············· 56
2.5　记账凭证的期末处理 ·············· 58
实验二　记账凭证处理 ·············· 60
巩固提高二 ·············· 62

## 第 3 章　运用 Excel 设置会计账簿 ······ 68

- 3.1　建立日记账 ······ 68
- 3.2　编制余额表 ······ 70
  - 3.2.1　期初余额调用 ······ 70
  - 3.2.2　本期发生额调用 ······ 71
  - 3.2.3　期末余额计算 ······ 74
- 3.3　建立科目汇总表 ······ 77
- 3.4　建立总分类账表 ······ 82
  - 3.4.1　建立余额表式总账 ······ 82
  - 3.4.2　建立三栏式总账 ······ 83
- 3.5　建立明细账 ······ 91
  - 3.5.1　初步建立明细分类账 ······ 91
  - 3.5.2　修饰明细分类账 ······ 93
  - 3.5.3　录制并执行宏 ······ 95
- 3.6　自动更新会计数据 ······ 99

实验三　账簿设置 ······ 101

巩固提高三 ······ 101

## 第 4 章　运用 Excel 编制会计报表 ······ 106

- 4.1　利润表 ······ 106
  - 4.1.1　利润表的内容和结构 ······ 106
  - 4.1.2　利用 Excel 编制利润表 ······ 108
- 4.2　资产负债表 ······ 111
  - 4.2.1　资产负债表的内容及结构 ······ 111
  - 4.2.2　资产负债表的编制 ······ 112
  - 4.2.3　利用 Excel 编制资产负债表 ······ 117
- 4.3　现金流量表 ······ 122
  - 4.3.1　现金流量表的内容和结构 ······ 122
  - 4.3.2　利用 Excel 编制现金流量表 ······ 126
- 4.4　利用 Excel 连续编制会计报表 ······ 129
  - 4.4.1　利润表的连续编制 ······ 129
  - 4.4.2　资产负债表的连续编制 ······ 130

实验四　编制会计报表 ······ 132

巩固提高四 ······ 133

## 第 5 章　运用 Excel 进行财务分析 …………………………… 135
### 5.1　基本的财务比率分析 …………………………………… 135
#### 5.1.1　短期偿债能力比率 …………………………………… 135
#### 5.1.2　长期偿债能力比率 …………………………………… 138
#### 5.1.3　资产管理比率 ………………………………………… 139
#### 5.1.4　盈利能力比率 ………………………………………… 141
### 5.2　趋势分析 …………………………………………………… 144
#### 5.2.1　多期比较分析 ………………………………………… 144
#### 5.2.2　结构百分比法分析 …………………………………… 147
### 实验五　财务分析 ……………………………………………… 149
### 巩固提高五 ……………………………………………………… 150

## 附 录 一　《Excel 在会计实务中的应用》教材演示资料 ……… 154
## 附 录 二　综合实训资料 ………………………………………… 168

# 第 1 章　　运用 Excel 进行基础设置

**本章学习要点**

通过本章学习,学生应掌握使用 Excel 记录单录入、查询、删除数据的功能;培养逻辑分析能力,掌握 IF 函数和 SUMIF 函数的使用;熟练使用 Excel 建立、修改和删除会计科目,同时对录入的期初余额进行试算平衡检查。

## 1.1　设置会计科目表及其他基本数据

用 Excel 处理会计业务的起点是基础设置及建账。电脑不会对空白的资料库进行处理,必须建立数据源信息。利用 Excel 进行账务处理,就须先建立"基础设置""会计科目表"等基础数据源。基础数据源信息的录入一般有两种方法:一种是直接在对应单元格中输入信息;另一种是在"记录单"中录入信息。直接输入方式适合会计科目不多的企业,而采用记录单的方式适合会计科目相对较多的企业,本节采用记录单方式建立"会计科目表"等基础数据源。

### 1.1.1　建立会计科目表

设置会计科目,是对会计要素的具体内容进行日常分类核算和监督。按照 2013 年 1 月 1 日开始施行的《小企业会计准则》,其会计科目编码规则有如下特点:一级科目编码共计四位数字,以千位数字代表会计科目类别,分为五个类别:"1"为资产类、"2"为负债类、"3"为所有者权益类、"4"为成本类、"5"为损益类。

因此,可以根据会计准则来制定适合自己企业特点的编码方案,使用 Excel 建立一个带会计科目编码的会计科目数据源,并进一步分析使用。以"附录一《Excel 在会计实务中的应用》教材演示资料"的数据为例,贯穿全书,从企业的初始建账、日常账务处理、财务报表制作到财务分析等,讲解 Excel 在企业会计实务及财务分析中的具体运用。

首先,建立带会计科目编码的会计科目数据源,以供进一步分析使用,具体步骤如下:

(1) 首先打开 Excel 2010,依据附录一资料保存为"创造公司账簿.xlsx"。

(2) 单击 A 列号,选中 A 列,按〈Ctrl+1〉组合键,设置格式为"文本",如图 1-1 所示。

【注意:将 A 列事先设置为"文本"是非常重要的一项工作,它将直接影响后面的很多操作。】

(3) 在 A1 单元格输入"编码方案:422",在 A2 单元格输入:"＊＊＊＊　＊＊　＊＊",设置编码规则。

【说明:此编码方案只是本演示企业的编码方案。实务工作中,一般可根据企业自身特点设置相应的编码方案。】

(4) 分别选中 A1:B1、A2:B2 单元格区域,设置水平对齐格式为"跨列居中"。

【注:跨列居中格式只是屏幕显示居中,不影响公式的调用,通常比合并居中要好一些。】

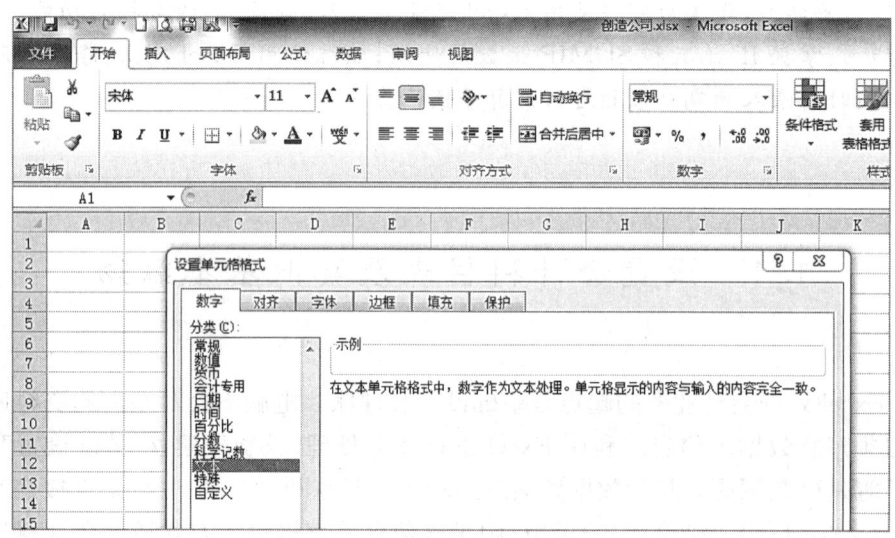

图 1-1　设置格式为"文本"

(5) 选择 A4、B4 和 C4 单元格,分别输入"科目代码""总账科目""明细科目"。

(6) 将光标移至 A4,选定 A4:C4 的区域(方法是:选中 A4 并拖动至 C4)。

(7) 选择快速访问工具栏中的"记录单 ▤ "命令(详见本节后面的"技能学习"),屏幕会出现如图 1-2 所示的提示。由于本身需要选定区域用作标签,所以点击"确定"按钮,即可打开如图 1-3 所示的对话框。

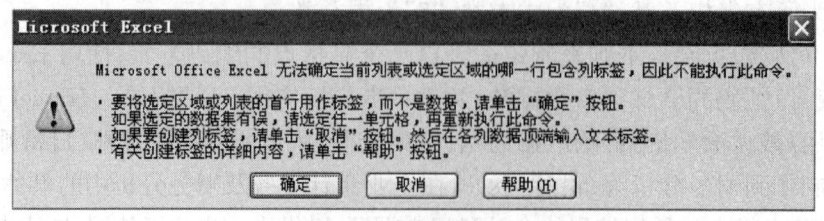

图 1-2　记录单提示

第1章 运用Excel进行基础设置

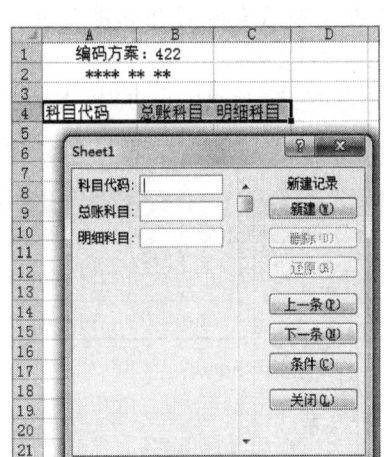

图1-3 使用记录单

（8）在"科目代码"和"总账科目"文本框中分别输入"1001"和"库存现金"，然后单击"新建"按钮。

（9）完成附录一所有基础资料的记录添加后，单击"关闭"按钮完成会计科目的添加并关闭记录单，形成会计科目表，如图1-4所示。

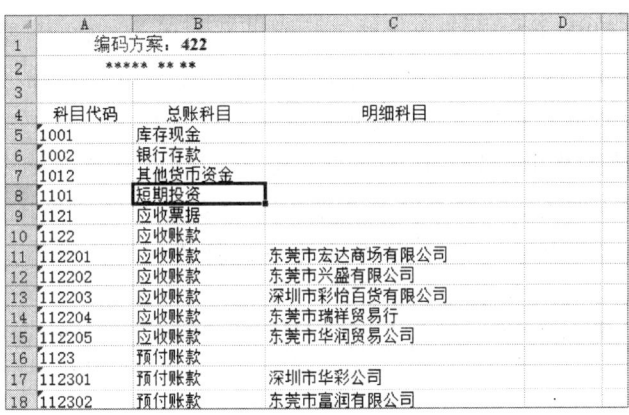

图1-4 使用记录单输入数据后的会计科目表（部分）

（10）双击Sheet1工作表标签，更名为"基础设置"。

（11）单击"常用"工具栏上的 按钮，或点击"文件/保存"命令或按〈Ctrl＋S〉组合键完成保存任务。

 技能学习

说明：本书各个章节中提供的"技能学习"部分，是为更好地完成本书各个相应章节

所述内容精心安排的,希望读者能够认真学习和熟练掌握。下同。

1. 快速设置单元格格式

选中需要设置格式的单元格区域,按〈Ctrl＋1〉组合键(按住键盘上的控制键不放的同时,按数字键"1")即可打开"设置单元格格式"对话框。如图1-5所示。

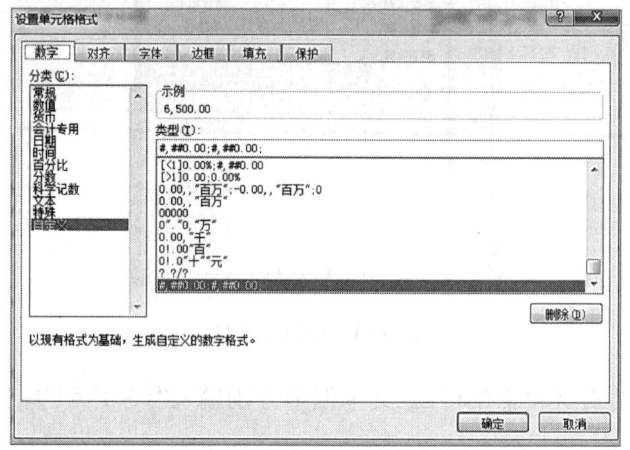

图1-5　设置自定义格式

2. Excel自定义格式详解

在Excel工作表中,有时为了表格的美观或者别的因素,我们希望将单元格中的数值隐藏或以特殊的方式显示,这时我们使用";;;"(三个分号分别隔开表示正数、负数、零、文本的格式)的自定义数字格式就可达到此目的。这样单元格中的值只会在编辑栏出现,并且被隐藏单元格中的数值还不会被打印出来,但是该单元格中的数值可以被其他单元格正常引用。在Excel中要想设置满足指定条件数字的格式,在自定义数字格式代码中必须加入带中括号的条件,条件由比较运算符和数值两部分组成。图1-6为本书常用的10个自定义格式设置示例。

| 序号 | 数据显示效果描述 | 自定义中的类型设置 | 实际输入的数据 | 数据显示效果 |
|---|---|---|---|---|
| 1 | 保留2位小数位数 | 0.00 | 1.5365 | 1.54 |
| 2 | 判断并显示>、<=0 | [<0]"<0";[>0]">0";"=0" | -26 | <0 |
|   |   |   | 50 | >0 |
|   |   |   | 0 | =0 |
| 3 | 隐藏0值 | 0;-0; | 0 |   |
|   |   |   | -809 | -809 |
|   |   |   | 112 | 112 |
| 4 | 千位分隔符,两位小数,无论正负值皆显示正值,隐藏零值 | #,##0.00;#,##0.00; | -6 500 | 6 500.00 |
|   |   |   | 2 128 | 2 128.00 |
|   |   |   | 0 |   |
| 5 | 加美元符号、千分符、保留2位小数 | $#,###.00 | 5 000 000 | $5 000 000.00 |
| 6 | 加字符显示(本月我的工资x元) | 本月我的工资0"元" | 8 000 | 本月我的工资8 000元 |
| 7 | 判断分数:优>=90、良>=60、不及格<60 | [>=90]"优";[>=60]"良";"不及格" | 95 | 优 |
|   |   |   | 82 | 良 |
|   |   |   | 50 | 不及格 |
| 8 | 正数显示"借"、负数显示"贷"、0显示"平" | "借";"贷";"平" | 9 811 | 借 |
|   |   |   | 0 | 平 |
|   |   |   | -1 189 | 贷 |
| 9 | 转为万 | 0"."0,"万" | 12 000 | 1.2万 |
| 10 | 转为千 | 0.00,"千" | 2 311 | 2.31千 |

图1-6　常用自定义格式设置示例

## 3. 记录单使用的小技巧

■ 在自定义快速访问工具栏中设置"记录单"按钮的方法：

（1）点击自定义快速访问工具栏的下拉箭头，选择"其他命令"，如图1-7(a)所示。

（2）在打开的"Excel选项"对话框中，点击"快速访问工具栏"，在右上方选择"所有命令"，按英文字母顺序找到"记录单"选项，点击"添加"后，点击"确认"，如图1-7(b)所示。

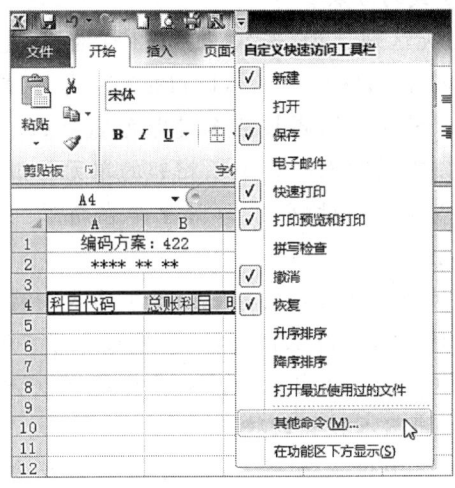

(a) 自定义快速访问工具

(b) "记录单"的自定义快速访问工具

图1-7 记录单使用

使用记录单录入同一条记录,可用 Tab 键切换。如:录入"科目代码"后,按 Tab 键,可继续录入"科目名称"。

▪ 录入完成一条记录,可使用回车键或者↓方向键,继续录入下一条记录。

▪ 在使用记录单录入数据时,如果本次没有完成全部录入工作,在下次录入时,应先选中已录入的全部内容(包括列标签),单击滚动条,当出现空白行时,再录入新内容。

### 4. 快速选取单元格区域的方法

▪ 使用〈Shift〉键选择大区域。如:选取 A1:H200 区域,先选择 A1 单元格,然后按住〈Shift〉键,再点 H200 单元格,就选中了 A1:H200 区域。(或先选择 A1 单元格,再在名称框中输入 H200,按住〈Shift〉键,再按回车键即可选中 A1:H200 区域。)

▪ 选定非连续区域:如需同时选择多个不相邻的单元格或者单元格区域,可以按住〈Ctrl〉键的同时使用鼠标点选不同的区域。(如果是在超过一页的较大区域进行选择,也可采用与上述类似的方法。)

▪ 选取多个工作表的相同区域:先在其中一张工作表中选择好数据区域,然后按住〈Ctrl〉键或〈Shift〉键的同时单击其他工作表标签,就选中了多张工作表的相同区域。这时,所有被选定的工作表的标签会反白显示,Excel 标题栏也会显示"[工作组]"。

### 5. 在选取的单元格区域输入数据的技巧

▪ 在选定的单元格区域中输入数据,可使用回车键或者 Tab 键实现切换。如图 1-8 所示。

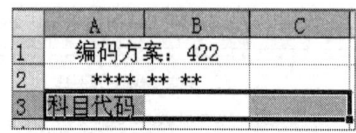

(a) 选定区域        (b) 使用 Tab 键切换

**图 1-8 在选定单元格区域中输入数据**

在图 1-8(a)中选定区域输入"科目代码"后,按回车键或者 Tab 键,就可以得到图 1-8(b)所示的状态,可继续在 B2 单元格输入"总账科目"。

**示例 1-1 在选定区域同时输入相同数据**

操作目的:在选定的间隔或者连续区域里,同时输入相同的数据或者文本信息等。如在 1-9(a)中的间隔区域中,同时输入"总账科目"四个汉字。

操作步骤:

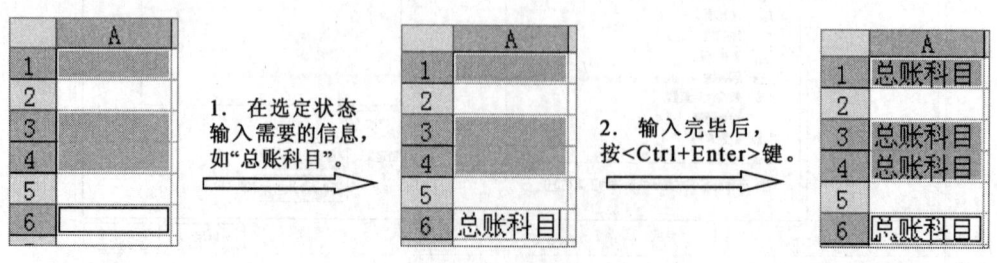

(a) 间隔选取区域        (b) 输入内容        (c) 在间隔区域同时输入值

**图 1-9 在选定区域同时输入相同数据**

### 1.1.2 修改和删除会计科目

采用记录单设置好会计科目表之后,若遇到特殊情况,要删除会计科目,需注意:只能在该会计科目没有被使用过的情况下,才能对原有会计科目进行删除。要修改会计科目,需注意:遵循"自下而上"的原则,即先修改末级科目,然后再修改上一级科目,同时注意,若已经使用该科目,必须同时修改之前已使用的相关信息。因此已使用 Excel 做账的科目编码一般不建议修改,若必须修改,最好使用"替换"功能(按〈Ctrl+H〉组合键可快速启用该功能)。

**1.修改会计科目**

具体步骤如下:

(1) 打开"基础设置"工作表。

(2) 单击需要修改的基础设置表中的任一单元格,如图 1-4 所示。

(3) 选择快速访问工具栏中的"记录单 "命令,弹出"记录单"对话框。

(4) 单击"下一条"或者"上一条"按钮找到需要修改的记录,在记录中修改信息。

(5) 完成修改后,单击"关闭"按钮,完成会计科目的修改。

**2.查询删除会计科目**

当会计科目表内的会计科目比较多时,要找到某个会计科目就不容易了。可以利用记录单快速查找数据清单记录的功能,找到某个会计科目并进行删除。

具体步骤如下:

(1) 打开"基础设置"工作表。

(2) 单击需要修改的基础设置表中的任一单元格,如图 1-4 所示。

(3) 选择快速访问工具栏中的"记录单 "命令,弹出"记录单"对话框。

(4) 单击"条件"按钮,在记录单中输入要查询的任意一个或者几个条件,如:科目代码、总账科目或者明细科目。

(5) 单击"上一条"按钮或者"下一条"按钮即可找到相应条件的记录。

(6) 单击"删除"按钮,可以删除该记录,将弹出如图 1-10 所示的对话框。

(7) 在对话框中单击"确定"按钮,记录即被删除。

(8) 单击"记录单"对话框中的"关闭"按钮,完成会计科目的删除操作。

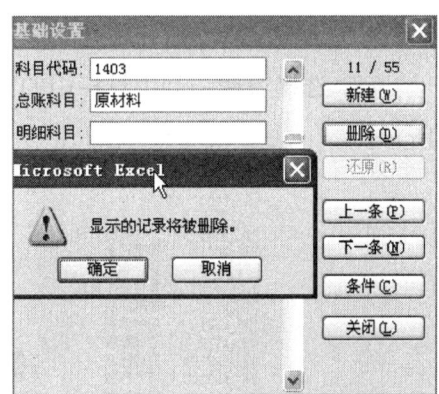

图 1-10 删除提示对话框

【注:使用 Excel 的查找功能(菜单栏的"编辑/查找"命令),也可进行相关会计科目的查询删除。打开查找功能对话框的快捷键为〈Ctrl+F〉组合键。】

小提示

🔹会计科目编码长度及每段位数要符合编码规则,编码不能重复、越级,并按科目编码升序排列。

🔹如果科目已经在输入凭证时使用,不允许作科目升级处理,即只能增加同级科目,而不能再增设下级科目。

🔹修改或删除会计科目时,要保持上下级科目间的完整性,不能修改或删除下级科目,而忽略上级科目。

🔹修改或删除已经输入余额的科目,必须注意期初余额的调整,以便保持平衡关系。

## 1.2 制作期初余额表

完成企业的初始会计科目表的制作后,需要将手工账目的期初余额录入计算机。若企业是在年初建账,则输入的期初余额是年初余额;若企业是在年中建账,则不仅要输入年初余额还要输入建账月份的期初余额。

### 1.2.1 录入期初余额

继续使用上节设置好的会计科目表资料,根据本书附录一实验资料,录入相应的期初余额。具体步骤如下:

(1)打开"基础设置"工作表,在 D4、E4 单元格分别输入"期初借方余额""期初贷方余额"。

(2)选中"基础设置"工作表 A4:E117 这个有数据的区域。

(3)选择快速访问工具栏中的"记录单 ▣"命令,弹出"记录单"对话框,如图 1-11 所示。

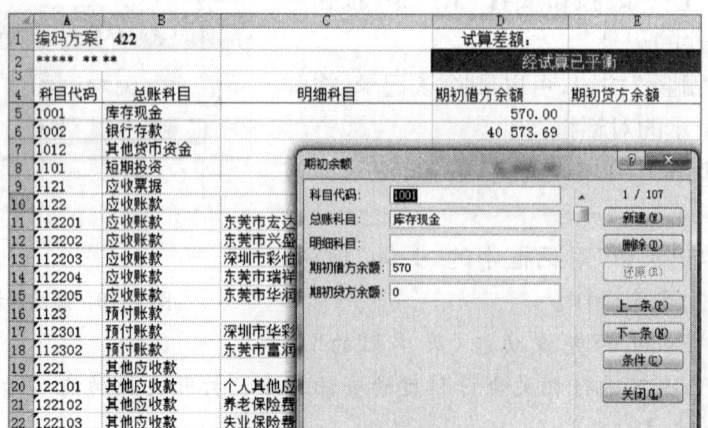

图 1-11 录入期初余额

(4) 参照本书附录一的实验数据,在对应的单元格,录入相应的余额数据。

(5) 选择 D:E 两列,按〈Ctrl＋1〉组合键,打开"单元格格式"对话框,如图 1-12 所示,进行带千位分隔符的数字格式设置。

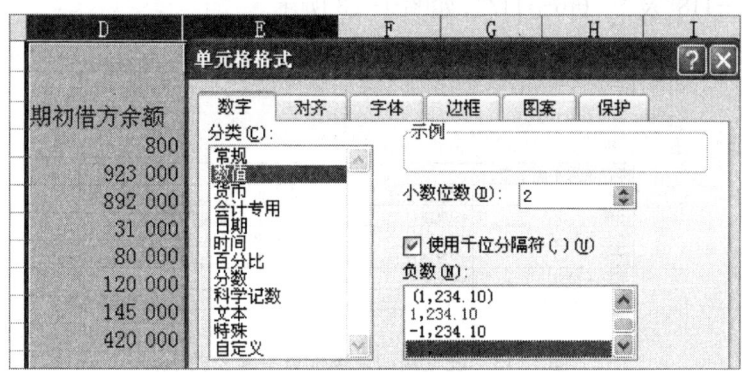

图 1-12　设置余额格式

### 1.2.2　期初余额试算平衡

期初余额录入完毕后,必须根据会计恒等式"资产＝负债＋所有者权益"对期初余额进行试算平衡检查。实际工作中,有些会计人员并不是每个期末都会对"成本类"账户进行结转,所以才有"期初余额试算平衡的实用恒等式"说法,即期初余额试算平衡的实用恒等式为:资产＋成本＝负债＋所有者权益。由于会计的期初余额不是借方余额,就是贷方余额,考虑到计算机公式设置的连续性,资产、负债、所有者权益等的余额又可以表示为:

资产类期初余额＝资产类借方期初余额合计数－资产类贷方期初余额合计数

负债类期初余额＝负债类贷方期初余额合计数－负债类借方期初余额合计数

所有者权益类期初余额＝$\dfrac{\text{所有者权益类贷方}}{\text{期初余额合计数}}-\dfrac{\text{所有者权益类借方}}{\text{期初余额合计数}}$

成本类期初余额＝成本类借方期初余额合计数－成本类贷方期初余额合计数

这样做的目的主要是不论会计科目是哪一方有余额,都可以通过一个公式显示出来,便于公式设置的连续性,方便计算机自动计算显示。例如,库存现金有期初借方余额 2 000 元,也可以表示为库存现金的期初借方余额 2 000 元减去贷方期初余额 0 元。若某月库存现金出现异常的期初贷方余额 500 元,也可以通过同一公式表示出来。相反,如果只设置期初余额取数为等于相应的借方余额的话,若出现异常的贷方余额现象,则单元格将取不到数据,产生错误信息资料。

制作期初试算平衡的具体步骤如下:

(1) 打开"创造公司账簿.xlsx"工作簿中的"基础设置"工作表。

(2) 在 G4 至 G10 单元格区域分别输入"期初试算平衡检查:""资产:""负债:""所有者权益:""成本:""资产＋成本:"及"负债＋所有者权益:",并在 H5 至 H10 单元格区域分别输入"＝SUMIF(A:A,"1???",D:D)－SUMIF(A:A,"1???",E:E)""＝SUMIF(A:A,"2???",E:E)－SUMIF(A:A,"2???",D:D)""＝SUMIF(A:A,"3???",E:E)－SUMIF(A:A,"3???",D:D)""＝SUMIF(A:A,"4???",D:D)－SUMIF(A:A,"4???",E:E)""＝H5＋H8"及"＝H6＋H7",如图 1-13 所示。

| F | G | H |
|---|---|---|
| | 期初试算平衡检查: | |
| | 资产: | =SUMIF(A:A,"1???",D:D)-SUMIF(A:A,"1???",E:E) |
| | 负债: | =SUMIF(A:A,"2???",E:E)-SUMIF(A:A,"2???",D:D) |
| | 所有者权益: | =SUMIF(A:A,"3???",E:E)-SUMIF(A:A,"3???",D:D) |
| | 成本: | =SUMIF(A:A,"4???",D:D)-SUMIF(A:A,"4???",E:E) |
| | 资产+成本: | =H5+H8 |
| | 负债+所有者权益: | =H6+H7 |

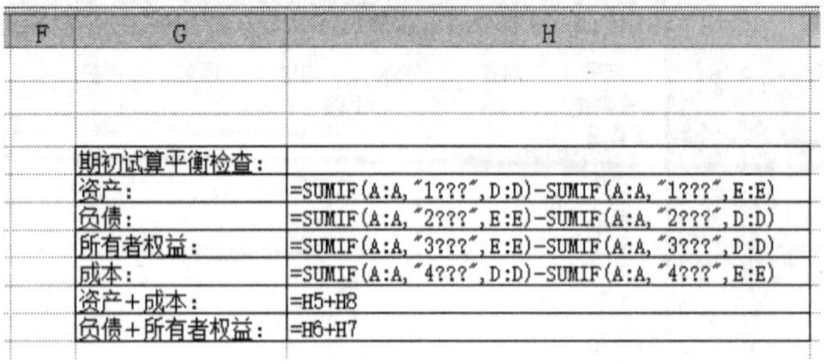

**图 1-13　设置期初余额试算平衡公式**

其中:SUMIF(A:A,"1???", D:D)表示在"基础设置"工作表的 A 列中搜索以 1 开头四位数字的资产类科目代码,找到后求和所有的 D 列对应相应值。即求和所有资产类的期初借方余额。SUMIF(A:A,"1???",E:E)即求和所有资产类的期初贷方余额。

同理,SUMIF(A:A,"2???",E:E)－SUMIF(A:A,"2???",D:D),表示所有负债类科目的期初贷方余额合计减去所有负债类的期初借方余额合计。

SUMIF(A:A,"3???",E:E)－SUMIF(A:A,"3???",D:D),表示所有所有者权益类科目的期初贷方余额合计减去所有所有者权益类的期初借方余额合计。

SUMIF(A:A,"4???",D:D)－SUMIF(A:A,"4???",E:E),表示所有成本类科目的期初借方余额合计减去所有成本类的期初贷方余额合计。

【说明:如果没有事先对 A 列设置"文本"格式,则此处将无法得到正确的计算结果。通常用以下方法解决:①选中 A 列;②设置 A 列为文本格式;③双击 A 列中的每个数值。

如果 A 列中的数值较多,用双击的方法就比较麻烦。这时也可以:在 A4 单元格右边某处如 H4 单元格中设置公式"＝A4"并向下复制公式,然后复制该列,再选中 A4 单元格,选择"选择性粘贴"中的"数值",按"确定"即可。当然还有其他方法,此处不再赘述。】

(3) 若"资产＋成本＝负债＋所有者权益",则期初余额试算平衡。

(4) 选中 H4 单元格,点击 fx,在"插入函数"对话框中选择 IF 函数,如图 1-14 所示。

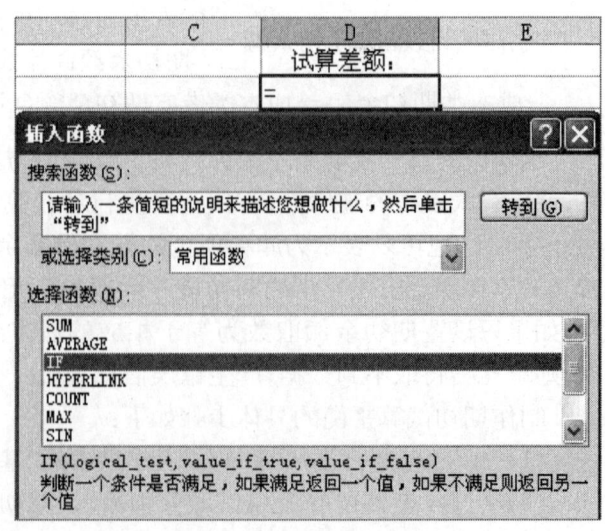

**图 1-14　插入 IF 函数**

(5) 在 IF 函数对话框相应位置输入如图 1-15 所示的数据。

IF(H9＝H10,"经试算已平衡","经试算不平衡") 表示如果 H9＝H10(即"资产＋成本＝负债＋所有者权益"),则显示"经试算已平衡";如果 H9 不等于 H10,则显示"经试算不平衡"。

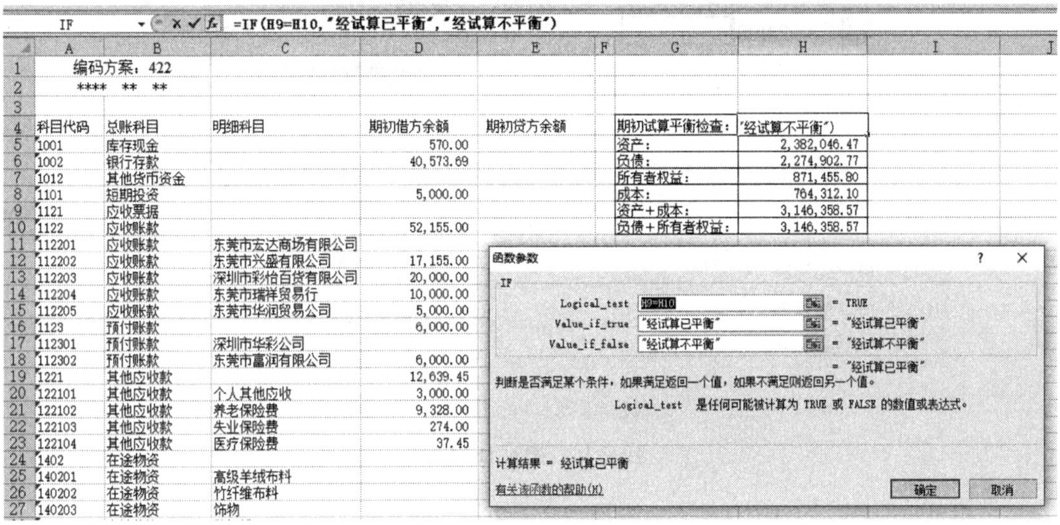

**图 1-15　IF 函数使用**

(6) 选中 G4：H4 单元格区域,设置单元格格式水平对齐方式为"水平居中",使表格数据显示更加美观。

## 技能学习

### 函数介绍

1. IF(logical_test,value_if_true,value_if_false)　条件函数

执行真假值判断,根据逻辑计算的真假值,返回不同结果。可以使用 IF 函数对数值和公式进行条件检测。

Logical_test：判断条件。

Value_if_true：条件正确时显示的结果。这里可以是文本、数字、公式等。

Value_if_false：条件错误时显示的结果。这里可以是文本、数字、公式等。

**示例 1-2　使用 IF 函数判断销售情况好坏**

操作目的：如果 A 列对应的销售额大于 2 500,则在对应行显示"好",否则显示"坏"。

操作步骤：选择 B2 单元格,插入 IF 函数,在打开的函数对话框中,如图 1-16 所示设置公式,后点击"确定"按钮即可。

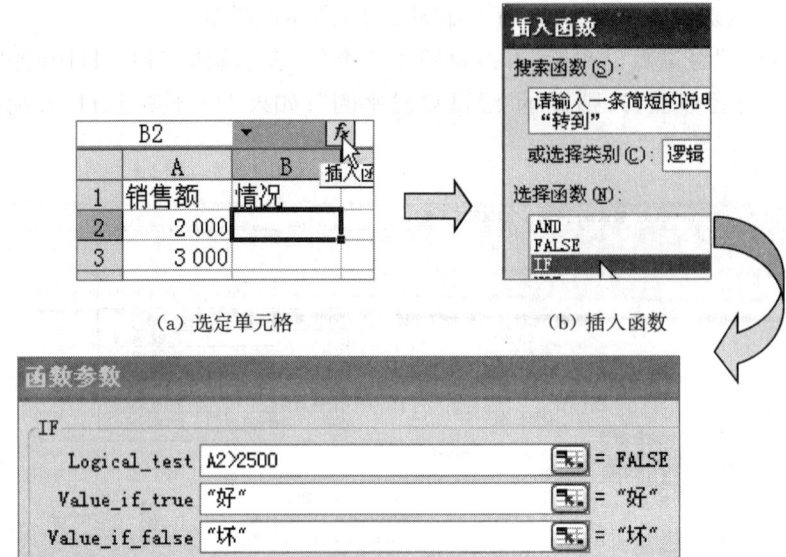

(a) 选定单元格　　(b) 插入函数

(c) 设置函数

**图 1-16　插入 IF 函数**

结果如图 1-17 所示。

B2　=IF(A2>2 500,"好","坏")

| | A | B | C | D | E |
|---|---|---|---|---|---|
| 1 | 销售额 | 情况 | | | |
| 2 | 2 000 | 坏 | | | |
| 3 | 3 000 | 好 | | | |

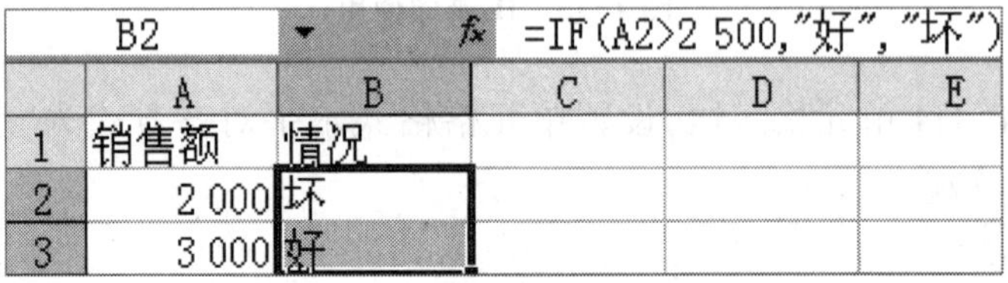

**图 1-17　设置的结果**

2. SUMIF(range,criteria,sum_range)　条件求和函数

Range:为用于条件判断的单元格区域。如:含有会计科目编码的列。

Criteria:为确定哪些单元格将被相加求和的条件,其形式可以为数字、表达式或文本。如:某一个特定的科目代码(1??? 资产类的总账科目)。

Sum_range:是需要求和的实际单元格区域。如:"期初借方余额"列。

| | A | B |
|---|---|---|
| 1 | 商品名称 | 销售金额 |
| 2 | 手机 | 6,000.00 |
| 3 | MP3 | 2,800.00 |
| 4 | 手机 | 1,500.00 |
| 5 | MP4 | 1,000.00 |
| 6 | 电池 | 500.00 |
| 7 | | |
| 8 | 商品名称为"手机"的商品相对应的销售金额进行求和。 | |

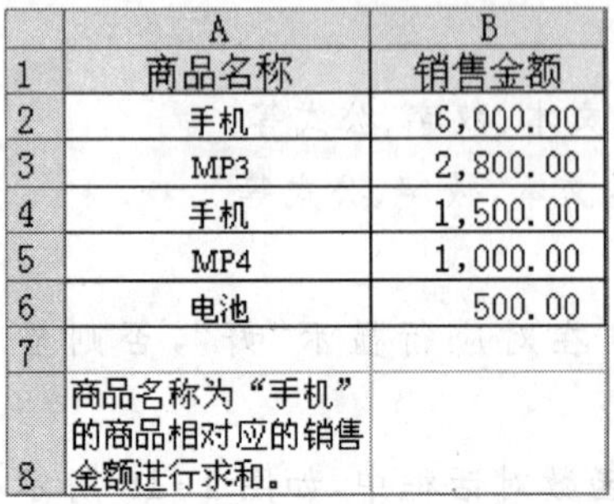

**图 1-18　需求和的销售列表**

在实务工作中,经常需要在杂乱的大批量数据清单中,对拥有某一共同特征的一类数据进行求和。如在一个月的销售记录清单中,查找某一种商品的一个月的销售数量合计等。这时,经常使用的函数,便是 SUMIF 函数。它是我们对于特定条件统计求和的最好帮手。

**示例 1-3　使用 SUMIF 函数对选定商品计算销售合计**

操作目的:在如图 1-18 所示的需求和销售列表

中,对指定商品,如"手机",计算其销售额合计数。

操作步骤:选择需要显示合计数的单元格,如 B8 单元格,选择插入 SUMIF 函数,在打开的函数对话框中,设置如图 1-19 所示的公式,最后点击"确定"按钮,完成条件求和的设置,结果为"7500"。

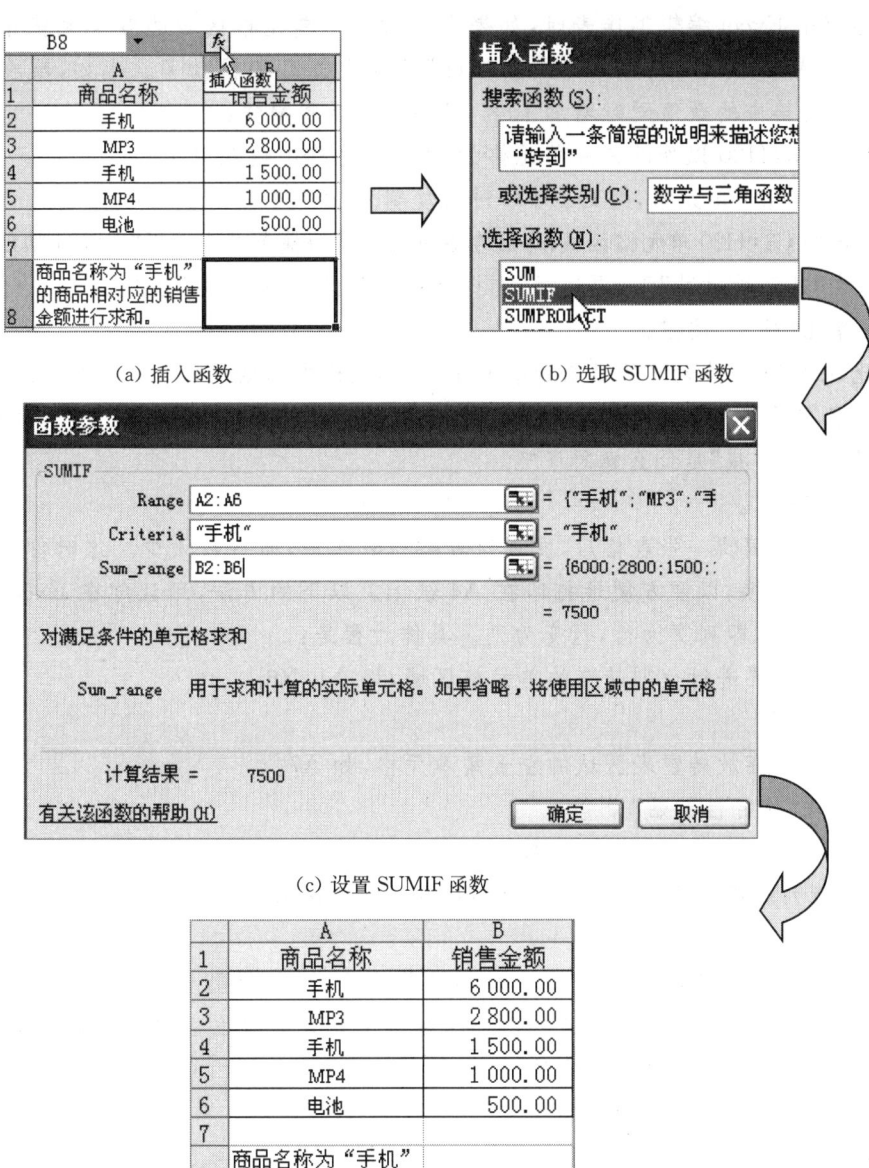

图 1-19　使用 SUMIF 函数到选定商品计算销售合计

3. 选择性粘贴

通过下面的文字,可以简单了解选择性粘贴的应用。

Excel选择性粘贴技巧三板斧：

在靠近Excel"开始"菜单下（或者点击鼠标右键弹出快捷菜单），有一个"选择性粘贴"命令，该命令有些特殊功用，能够帮助你大大提高编辑效率。以下就是其中三例。

第一，巧运算。

在你使用Excel编辑工作表时，如果需要对某一单元格区域的各单元格中的数值进行同增同减操作，那么使用"选择性粘贴"可大大提高编辑效率。比如，现在你要把C3：H20单元格中的数值同时增加10%，请按下述步骤操作：

（1）在C3：H20以外的任一单元格如H21单元格中输入"1.1"。

（2）选中H21单元格，按Ctrl+C进行复制。

（3）选中C3：H20单元格区域，然后在右键弹出的快捷菜单中选择"选择性粘贴"命令。

（4）在"选择性粘贴"下，再选择"选择性粘贴"，然后单击"乘"复选钮。

（5）单击"确定"按钮。

至此，C3：H20单元格的数值都会与H21单元格中的数值即1.1相乘，并将计算结果显示在各单元格中。在"选择性粘贴"对话框中，相信大家已经明白了"选择性粘贴"下的"除""加"和"减"是什么意思了吧。

第二，变魔术。

使用Excel编辑一张表格后，发现该表格列数太多，而行数太少。这时你或许希望该表格的行列互换，以便方便地打印在A4纸上。以下的方法，可让你在Excel中实现表格的行列转置，即列变为行，行变为列。具体过程是：

（1）选中需要进行行列转置的单元格区域，如A1：X6。

（2）"复制"。

（3）单击要存放转置表区域的左上角单元格，如A7。

（4）点出"选择性粘贴"命令。

（5）选中"转置"复选框，单击"确定"按钮。

至此，行列转置后的表格出现在A7：F30单元格区域。

第三，玩冻结。

在你完成一个Excel工作表的编辑和计算工作后，如果需要把其中的公式替换为其结果，以达到永久冻结公式的目的；或者，在工作表的其他位置或其他工作表中，需要使用公式结果，那么可试试以下方法：

（1）选中包含公式的单元格。

（2）"复制"。

（3）单击"选择性粘贴"命令。

（4）选中"数值"复选钮，单击"确定"按钮。

哈哈，没有想到"选择性粘贴"有这么多能耐吧？愿笔者以上所述对你能有些许帮助。

【说明：感谢本文作者。因网上搜索没找到姓名，所以无法署名。同时，原作者介绍的是Excel 2003的用法，本书所讲为在Excel 2010中的使用，所以对部分内容进行了修改。】

## 小技巧

1. "?"号表示单个字符;"＊"号表示任意多个字符。在会计查询中可使用"1???"表示所有资产类别的总账科目,"1＊"表示所有资产类科目(包含了资产类全部的总账科目和明细科目)。负债、所有者权益、成本、损益类同理。

2. 所有 Excel 公式中的符号必须是英文状态的符号。英文状态引号(" ")括起的文字、字符、空格,皆可通过函数直接显示出来。

# 实验一　基础设置

## 一、实验目的

建立新华厂的会计科目列表、录入期初余额,并设置期初余额的试算平衡的自动提示。

## 二、实验资料

新华厂适用2013年《小企业会计准则》,其2021年1月份总账期初余额如表1-1所示。

表1-1　总账期初余额

| 科目代码 | 总账名称 | 明细账名称 | 期初借方余额 | 期初贷方余额 |
| --- | --- | --- | --- | --- |
| 1001 | 库存现金 | | 10 000.00 | |
| 1002 | 银行存款 | | 65 000.00 | |
| 1122 | 应收账款 | | 16 000.00 | |
| 1123 | 预付账款 | | 5 000.00 | |
| 1221 | 其他应收款 | | 3 000.00 | |
| 1402 | 在途物资 | | 16 000.00 | |
| 1403 | 原材料 | | 46 760.00 | |
| 1405 | 库存商品 | | 38 600.00 | |
| 1601 | 固定资产 | | 650 000.00 | |
| 1602 | 累计折旧 | | | 16 000.00 |
| 2001 | 短期借款 | | | 310 000.00 |
| 2202 | 应付账款 | | | 10 000.00 |
| 2211 | 应付职工薪酬 | | | 6 000.00 |
| 2241 | 其他应付款 | | | 360.00 |

(续表)

| 科目代码 | 总账名称 | 明细账名称 | 期初借方余额 | 期初贷方余额 |
|---|---|---|---|---|
| 2221 | 应交税费 | | | 2 000.00 |
| 222101 | 应交税费 | 应交增值税 | | |
| 22210101 | 应交税费 | 应交增值税——进项税额 | | |
| 22210106 | 应交税费 | 应交增值税——销项税额 | | |
| 222106 | 应交税费 | 应交所得税 | | 2 000.00 |
| 2501 | 长期借款 | | | 2 000.00 |
| 3001 | 实收资本 | | | 500 000.00 |
| 3103 | 本年利润 | | | |
| 3104 | 利润分配 | | | 4 000.00 |
| 310415 | 未分配利润 | | | 4 000.00 |
| 4001 | 生产成本 | | | |
| 4101 | 制造费用 | | | |
| 5001 | 主营业务收入 | | | |
| 5401 | 主营业务成本 | | | |
| 5601 | 销售费用 | | | |
| 5602 | 管理费用 | | | |
| 5603 | 财务费用 | | | |
| 5801 | 所得税费用 | | | |
| | 合计 | | 850 360.00 | 850 360.00 |

【实验提示：新建一个"新华厂"工作簿的"基础设置"工作表，采用记录单建立会计科目表并录入期初余额。采用SUMIF和IF函数建立期初余额的试算平衡自动提示。】

## 巩固提高

### 一、单选题

1. 利用Excel进行账务处理，必须先建立（　　）。
   A. 会计凭证　　　B. 基础设置　　　C. 初始化　　　D. 期初余额

2. 2013年开始实施的《小企业会计准则》规定，所有者权益类的科目代码起始数字是（　　）。
   A. 5　　　B. 6　　　C. 4　　　D. 3

3. 在"基础设置"工作表中，以下四个选项中必须采用文本类型格式的是（　　）。
   A. 科目代码　　　B. 总账科目　　　C. 明细科目　　　D. 借方余额

4. 既要不影响公式调用，又要居中显示，最好使用（    ）。
   A. 居中　　　　　B. 跨列居中　　　C. 合并居中　　　D. 对齐
5. 快速设置选中区域格式的快捷键是（    ）。
   A.〈Ctrl+1〉　　　B.〈Shift+1〉　　　C.〈Alt+1〉　　　D.〈Shift+2〉
6. 使用记录单录入同一条记录时，可使用（    ）切换。
   A. Shift 键　　　B. Tab 键　　　　B. Enter 键　　　D. Alt 键
7. 修改会计科目需要遵守（    ）。
   A. 自下而上　　　B. 自上而下　　　C. 自右而左　　　D. 自左而右
8. 在当前工作表中，求和资产类的总账期初借方余额，其中，A 列为科目代码，D 列为期初借方余额列，以下公式正确的是（    ）。
   A. SUMIF(A:A,"1?",D:D)　　　　B. SUMIF(A:A,"1*",D:D)
   C. SUMIF(A:A,"1???",D:D)　　　D. VLOOKUP(A:A,"1???",D:D)
9. 期初余额试算平衡的实用恒等式为（    ）。
   A. 资产＝负债＋所有者权益
   B. 资产＋成本＋费用＝负债＋所有者权益＋收入
   C. 资产＋收入＝负债＋权益
   D. 资产＋费用＝负债＋所有者权益
10. SUMIF(A:A,"5???",D:D)－SUMIF(A:A,"5???",E:E)，其中，A 列为科目代码，D 列为期初借方余额列，E 列为期初贷方余额列，该函数表示的含义是（    ）。
    A. 所有损益类科目的期初借方余额合计减去所有损益类的期初贷方余额合计
    B. 所有收入类科目的期初借方余额合计减去所有收入类的期初贷方余额合计
    C. 所有所有者权益类科目的期初借方余额合计减去所有所有者权益类的期初贷方余额合计
    D. 所有成本类科目的期初借方余额合计减去所有成本类的期初贷方余额合计
11. IF(H9＝H10,"经试算已平衡","经试算不平衡")，该函数若条件成立，则显示（    ）。
    A. H9＝H10　　　　　　　　　B. 经试算已平衡
    C. 经试算不平衡　　　　　　　D. FALSE
12. 在一个月的销售记录清单中，查找某一种商品的一个月的销售数量合计。需要使用（    ）函数。
    A. IF　　　　　B. COUNTIF　　　C. SUMIF　　　D. SUM
13. 如果 A2 单元格对应的销售额大于 3 500 元，则在对应行显示"好"，否则显示"坏"，应使用公式（    ）。
    A. ＝IF(A2>3500,"好","坏")　　　B. ＝IF(A2>3500,"坏","好")
    C. ＝SUMIF(A2>3500,"好","坏")　　D. ＝SUMIF(A2>3500,"坏","好")

二、多选题

1. Excel 中，在录入期初余额时通常采用的方法有（    ）。

A. 导入　　　　　　　　　　　　B. 复制粘贴
C. 直接输入　　　　　　　　　　D. 利用记录单录入

2. 某企业的编码方案是432,以下符合要求的有(　　)。
A. 10010011　　B. 100200101　　C. 2201002　　D. 12411

3. 在"基础设置"过程中,需要包含的项目有(　　)等。
A. 科目代码　　B. 总账科目　　C. 明细科目　　D. 期初借方余额

4. Excel的文件保存方式有(　　)。
A. 单击"常用"工具栏的保存按钮
B. 点击"文件/保存"命令
C. 按〈Ctrl＋S〉组合键
D. 单击"关闭"

5. 采用记录单录入会计资料时,录入完成一条记录,可使用(　　)继续录入下一条记录。
A. 回车键　　　B. →键　　　　C. ↓键　　　　D. Shift键

6. 在间隔区域同时输入相同数据的步骤有(　　)。
A. 按〈Shift〉键选定间隔区域
B. 按〈Ctrl〉键选定间隔区域
C. 输入数据
D. 同时按〈Ctrl〉＋〈Enter〉键

7. 会计科目编码必须满足(　　)条件。
A. 符合编码长度即每段位数　　　B. 不重复
C. 不能越级　　　　　　　　　　D. 可跳级

8. 若企业在年中建账,则制作期初余额表时必须输入(　　)。
A. 期初余额　　　　　　　　　　B. 建账月份的期初余额
C. 年末余额　　　　　　　　　　D. 年初余额

9. 利用Excel设置公式和参数时,所有的符号必须是(　　)。
A. 英文状态　　B. 中文状态　　C. 全角状态　　D. 半角状态

### 三、判断题

1. 在会计科目没有被使用的情况下,才能对该科目进行删除。（　　）
2. 修改会计科目时,需要先修改总账科目,再修改其下级科目。（　　）
3. 若科目已在输入凭证时使用,仍可以做科目升级处理。（　　）
4. 修改会计科目时,不能只修改下级科目而忽视上级科目。（　　）

### 四、简答题

1. 在Excel中录入数据的方法通常有两种,分别适用于什么情况?
2. 如何快速设置单元格格式?
3. 如何使用记录单修改会计科目?
4. 在会计科目代码设置时,需要注意哪些问题?添加、删除会计科目又需要注意哪些问题?

5. 简述期初余额试算平衡的设置方法。

【参考答案】

一、1. B  2. D  3. A  4. B  5. A  6. B  7. A  8. D  9. B  10. A  11. B  12. C  13. A

二、1. BCD  2. BC  3. ABCD  4. ABC  5. AC  6. BCD  7. ABC  8. BD  9. AD

三、1. √  2. ×  3. ×  4. √

四、(略)

# 第 2 章　运用 Excel 进行凭证处理

 本章学习要点

通过本章学习,学生应理解使用 Excel 和号(&)的意义;理解名称使用的优点,同时掌握名称定义的方法;理解会计电算化中末级科目设置的含义,从而掌握利用数据有效性设置科目输入的自动检查提示;掌握 VLOOKUP 等常用函数;熟练使用 Excel 横向录入记账凭证清单,并进行试算平衡检查。记账凭证的自动显示与打印是本章(也是本书)的难点,学生应认真学习和熟练使用其中的函数,达到灵活运用。

记账凭证是生成账簿的依据,账簿又是出具报表的主要依据。故本章内容是全书的关键所在,其数据的正确与否将直接影响到今后的会计工作。

## 2.1　建立记账凭证清单

### 2.1.1　设计记账凭证清单工作表

按照程序,在完成初始资料的设置后,便进入日常账务处理的第一个程序,即将企业日常发生的经济业务填制记账凭证。记账凭证的主要项目包括"日期、凭证编号、摘要、科目代码、总账科目、明细科目、借方金额、贷方金额"等项目。

我们可以利用 Excel 轻松地横向列示记账凭证的重要信息,形成记账凭证清单,再利用 Excel 强大的数据处理功能来进行账簿、报表等制作,使会计人员得以从繁重的核算事务中解脱出来,以提高会计核算和管理水平。

下面将介绍建立记账凭证清单的方法。具体步骤如下:

(1) 打开"创造公司账簿.xlsx"工作簿,新建"记账凭证清单"工作表。
(2) 选中 A1:I1 单元格,按〈Ctrl+1〉,在水平对齐中选择"跨列居中"。
(3) 选中 A1 单元格,输入文本信息"创造公司一月份记账凭证清单",并单击"加粗" B 按钮。
(4) 选中 A2:L2 单元格,输入表头"年、月、日、序号、凭证编号、摘要、科目代码、总

账科目、明细科目、借方金额、贷方金额、现金流量项目"。

(5) 选中第2行,单击 ≡ 按钮,执行"居中"命令,使单元格内容居中,如图2-1所示。

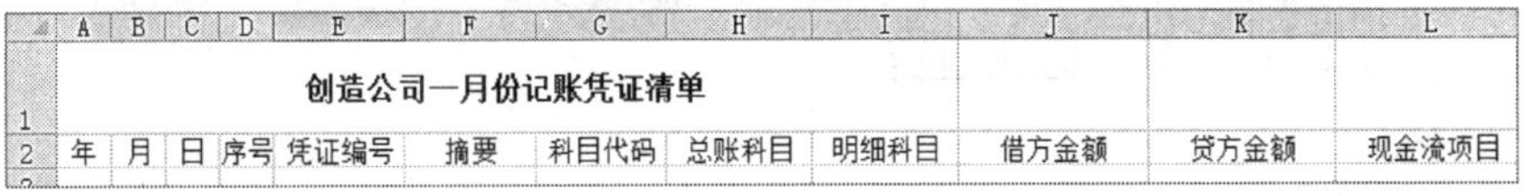

图2-1 设置表头格式

(6) 选取J、K两列,按〈Ctrl+1〉,打开单元格格式设置对话框。

如果考虑电脑的运行速度,在预估单位每月可能的凭证数量后,可以选取一个适当大的区域如J3:K1000,按〈Ctrl+1〉。

【注意:如果整行或整列地设置单元格格式,将会影响系统的运行速度。】

【说明:如果选取的单元格区域较大,最快捷的方法是在"名称框"里输入J3:K1 000,然后按回车键〈Enter〉。】

(7) 在弹出对话框中打开"数字"选项卡,选择"会计专用",在"小数位数"文本框输入"2",如图2-2所示。

(8) 间隔选取A:D区域和G列,同理设置格式为"文本",如图2-3所示。

【注意:科目代码必须使用文本类型,否则影响以后的公式使用。】

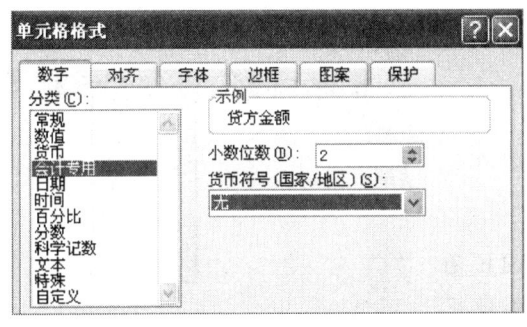

图2-2 设置数值格式 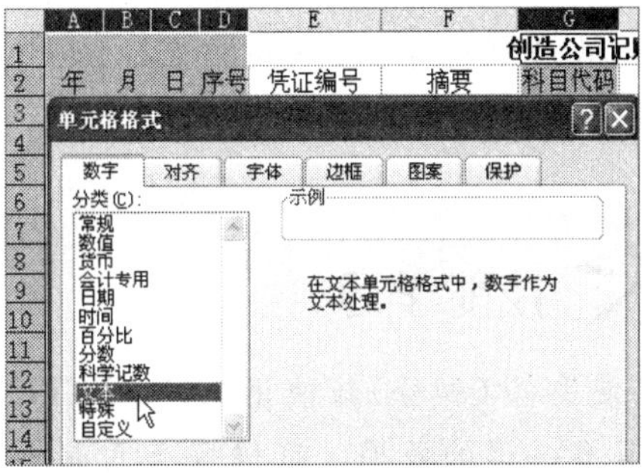　　　　图2-3 设置格式

### 2.1.2 自动生成凭证编号

会计人员在用记账凭证记录经济业务时,要对每笔经济业务进行编号,以便日后的查找与核对。用Excel进行记账凭证清单处理时,可以利用&(和号)或者CONCATENATE函数,以"年+月+日+当日顺序号"自动生成唯一的记账凭证编号。本节以&(和号)为例进行讲解。

以&(和号)自动生成记账凭证编号的具体步骤如下:

(1) 打开"创造公司账簿.xlsx"工作簿的"记账凭证清单"工作表。

(2) 选取E3单元格。

(3) 使用和号"&",编辑公式"=A3&B3&C3&D3",则可自动生成按"年+月+日+序号"的凭证编号,如图2-4所示。

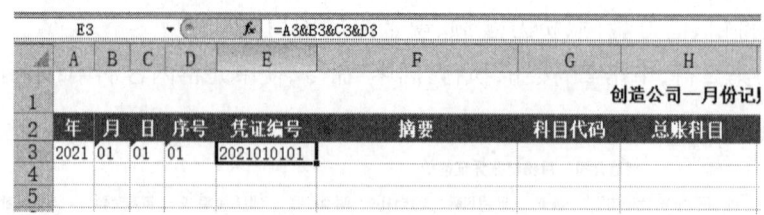

图 2-4 设置自动凭证编号

(4) 选取 E3 单元格,鼠标移至 E3 单元格的右下方直至光标变成实心十字形(填充柄),如图 2-5 所示。

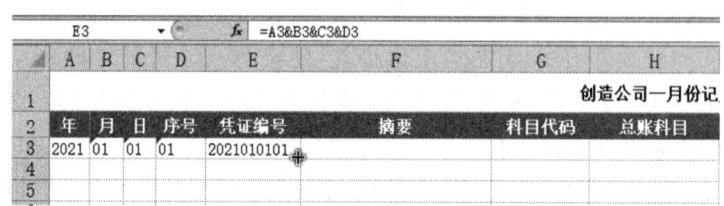

图 2-5 设置自动显示的结果

(5) 用鼠标左键按住十字形(填充柄)向下拖动至需要的自动列示的单元格后,如 E300 单元格,放开鼠标左键,则完成 E4∶E300 区域的公式复制,如图 2-6 所示。

 技能学习

使用 &(和号)与使用 CONCATENATE 函数,具有一样的效果。可根据个人偏好选择使用函数或者运算符号。以下是 CONCATENATE 函数的具体使用说明,以供参考,如图 2-7 所示。

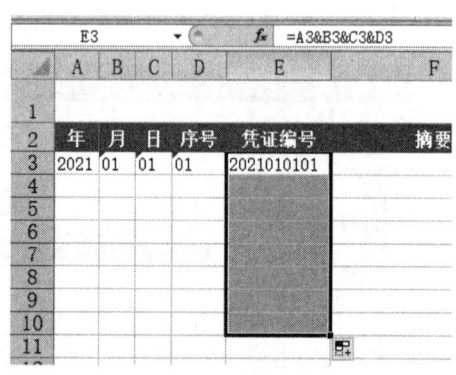

图 2-6 复制公式

(a) CONCATENATE 函数举例

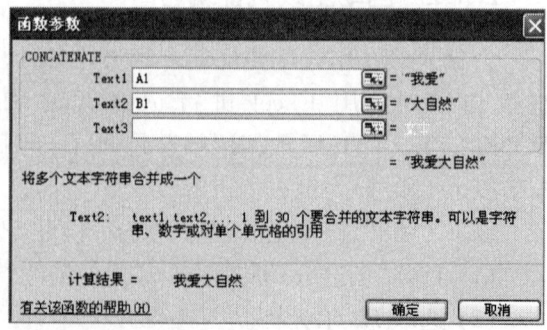

(b) 设置 CONCATENATE 函数

图 2-7 文本项合并函数的使用

### 函数介绍

**CONCATENATE (text1,text2,...)** 文本项合并函数

text1,text2,...为1~30个将要合并成单个文本项的文本项。这些文本项可以为文本字符串、数字或对单个单元格的引用。也可以用&（和号）代替函数CONCATENATE实现文本项的合并。

如图2-7所示，若在A1单元格输入"我爱"，在B1单元格输入"大自然"，在C1单元格输入公式"=CONCATENATE(A1,B1)"或者"=A1&B1"，则C1单元格将显示"我爱大自然"这个文本信息。这样在实际工作中可以把很多条件合并成一个条件，作为唯一的查找条件，为方便处理数据提供信息资源。如：实务操作的销售分析中，经常把销售日期和商品编码合并作为查找条件，分析一天内某种商品的销售情况。

## 2.1.3 自动显示并检查会计科目

会计电算化的优势之一就是可以自动生成一些数据资料，减少手工做账的重复工作，并且可以自动检查所输入数据的正确性与有效性。前面我们设置了记账凭证清单的基本格式，但是由于记账凭证清单是以后账簿、报表等制作的数据来源，保证凭证数据的准确性十分重要。本节推荐使用名称与VLOOKUP函数等功能结合使用，以便在输入经济业务时自动显示并检查会计科目的正确性。

**1. "名称"的定义**

在自动显示会计科目的设置中，我们将会广泛地使用到"名称"这一功能，故在此先介绍一下"名称"的相关概念。

在Excel中，"名称"有着举足轻重的地位。像每一个人都有自己的名称一样，Excel的每一个单元格也有由列号行标组成的名称。在Excel中，一个区域、一个公式以及一个范围都可以有自己独特的名称。

虽然用户不使用名称也能很好地编写函数公式，但是使用名称会使编写工作更加方便、快捷。在公式编写中，合理定义和使用名称至少会有如下几个优点。

1）增强公式的可读性和便于公式修改

假设某公司希望将各单位3个月的营业额进行汇总，公式为"=SUM(C3:E3)"，这个汇总公式的意图并不明确，如果将汇总范围C3:E3定义为一个名称"月营业额"，则公式变为"=SUM(月营业额)"，显然该公式更容易理解。

2）有利于简化公式

在一些复杂的公式中，相同的公式段被重复使用，导致公式比较冗长。如下面的计算公式"=IF(SUM($B2:$F2)=0,0,G2/SUM($B2:$F2))"，如果将该公式重复使用的公式段"SUM($B2:$F2)"定义名称为"合计"，就可以简化公式为"=IF(合计=0,0,G2/合计)"。

在Excel中进行会计处理，使用"名称"定义VLOOKUP函数中引用的位置将十分方便。

3）突破函数嵌套的限制

在Excel 2010及以前版本的公式中，如果函数嵌套超过某一限定的层次（一般为7

层),则该公式将无法正常使用。但如果将其中一部分嵌套函数定义为名称,就可以解决此类问题。

Excel根据名称的作用范围不同,通常分为"工作簿级名称"和"工作表级名称"。

一个工作簿级名称,在当前工作簿的任何一张工作表中都是可见的,可以对其进行编辑和调用。如果不加特别说明,函数公式中定义和使用的名称默认都是工作簿级名称。

工作表级名称只在被定义的工作表中可见,在其他工作表中不可见,而且只属于所定义的工作表。工作表级名称的完整名称格式为:工作表名+半角感叹号+名称,如:Sheet1!销售额。

下面介绍"名称"在会计实务中的一些运用。具体步骤如下:

(1) 打开"创造公司账簿.xlsx"工作簿的"基础设置"工作表。

(2) 选择"公式/定义名称"命令(或者按下〈Ctrl+F3〉组合键),打开"定义名称"对话框,如图2-8所示。

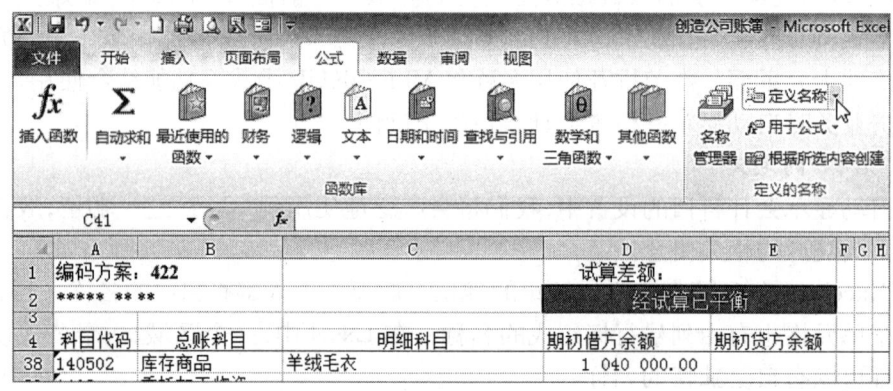

图2-8 选择定义名称菜单

(3) 在"新建名称"对话框中的"名称"文本框内输入一项名称,如"会计科目",如图2-9所示。

(4) 单击"引用位置"旁的折叠按钮 。

(5) 选择"基础设置"工作表中需要的会计科目列表区域,如选择A4:C117单元格区域,"定义名称-引用位置"对话框会随机变动,如图2-10所示。

【注:会计实务中应根据企业会计科目的实际区域进行选择。】

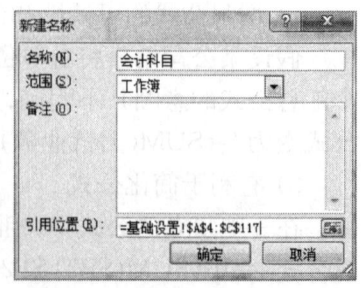

图2-9 打开"定义名称"对话框

(6) 单击"确定"按钮,完成"会计科目"区域名称的设置,为以后设置公式取数时,插入"会计科目"名称,就表示"基础设置!A4:C117"区域。查看结果,可点击"公式/名称管理器",如图2-11所示。

【注:若继续定义其他名称,可点击"新建"按钮进行新增名称,也可点击"编辑"按钮进行选中名称的编辑,同时也可点击"删除"按钮删除选中的名称。】

图 2-10 选择定义名称的位置

图 2-11 确定名称定义

2. 自动显示并检查会计科目的提示

由于多数操作员对于会计科目编码不是非常熟悉,对于会计科目名称相对较敏感。并且在输入过程中,也不可避免地会出现一些错误的输入。因此依照上述步骤完成"会计科目"名称设置的操作后,最好进行设置自动显示并检查会计科目。这样,既能减少以后凭证录入时输入的内容,又可增加录入内容正确性的可靠度。

在会计科目中,凡是带有下级科目的都是非末级科目。在填制记账凭证时只能使用末级科目(没有下级科目的科目),而不能使用非末级科目。因此必须先建立一个有效的会计科目索引数据源,方便输入凭证时选取有效的科目。

首先,设置科目查询索引。具体步骤如下:

(1) 打开"创造公司账簿.xlsx"工作簿的"基础设置"工作表。

(2) 选取 A4:C117 区域,复制该区域,光标移至 Sheet2 工作表中的 A2 单元格,选择"粘贴"。并重命名 Sheet2 工作表为"有效科目代码"。

(3) 间隔选取 A8:C8、A14:C14、A17:C17、A22:C22、A28:C28、A34:C34、A49:C49、A55:C55、A58:C58、A65:C66、A77:C77、A83:C83、A87:C87、A98:C98 这些区域,右击鼠标,选择"删除",在弹出的如图 2-12 所示对话框中选择"下方单元格上移"后,点击"确定"。

【注:这个三个间隔区域的科目如 1122、1123、1221、2221、222101 等均是非末级科目,因为在填制凭证时不允许使用,所以在此处予以删除。】

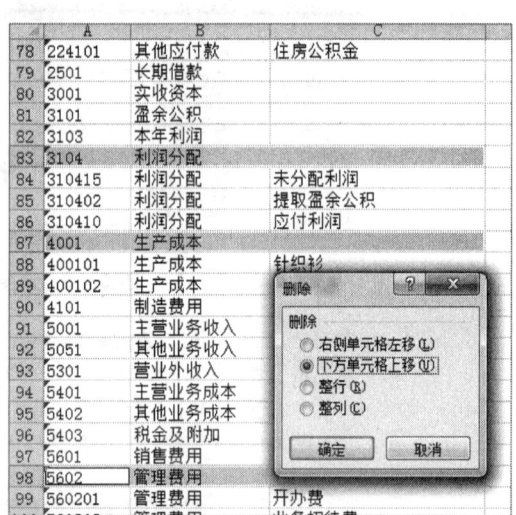

图 2-12 删除非末级科目

(4) 选择 A1:D1 单元格区域,输入"有效的科目代码及名称"文本信息,设置格式为"跨列居中"。

(5) 在 D2 单元格中输入"科目查询"。

(6) 单击 D3 单元格,参照图 1-14 所示插入 IF 函数。采用 &(和号)与 IF 函数,设置如图 2-13 所示的公式。该公式的含义:如果 C3 单元格为空即没有明细科目,则显示"科目代码_总账科目"的文本内容。如果有明细科目,则显示"科目代码_总账科目_明细科目"。

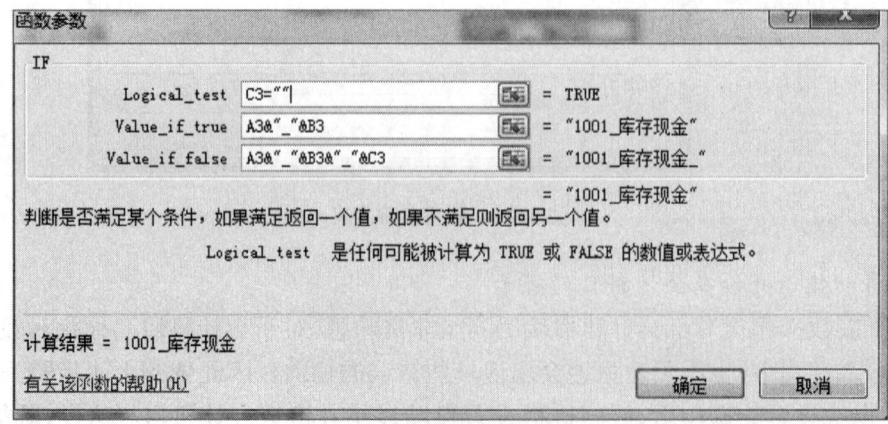

图 2-13 设置科目查询公式

(7) 点击“确定”按钮。光标移至 D3 单元格右下角至出现实心十字,按住鼠标左键拖动至 D100 单元格,完成 D4:D100 区域的单元格公式设置,如图 2-14 所示。

D4　=IF(C4="",A4&"_"&B4,A4&"_"&B4&"_"&C4)

有效科目代码及名称

| 科目代码 | 总账科目 | 明细科目 | 科目索引 |
|---|---|---|---|
| 1001 | 库存现金 | | 1001_库存现金 |
| 1002 | 银行存款 | | 1002_银行存款 |
| 1012 | 其他货币资金 | | 1012_其他货币资金 |
| 1101 | 短期投资 | | 1101_短期投资 |
| 1121 | 应收票据 | | 1121_应收票据 |
| 112201 | 应收账款 | 东莞市宏达商场有限公司 | 112201_应收账款_东莞市宏达商场有限公司 |
| 112202 | 应收账款 | 东莞市兴盛有限公司 | 112202_应收账款_东莞市兴盛有限公司 |
| 112203 | 应收账款 | 深圳市彩怡百货有限公司 | 112203_应收账款_深圳市彩怡百货有限公司 |
| 112204 | 应收账款 | 东莞市瑞祥贸易行 | 112204_应收账款_东莞市瑞祥贸易行 |
| 112205 | 应收账款 | 东莞市华润贸易公司 | 112205_应收账款_东莞市华润贸易公司 |
| 112301 | 预付账款 | 深圳市华彩公司 | 112301_预付账款_深圳市华彩公司 |

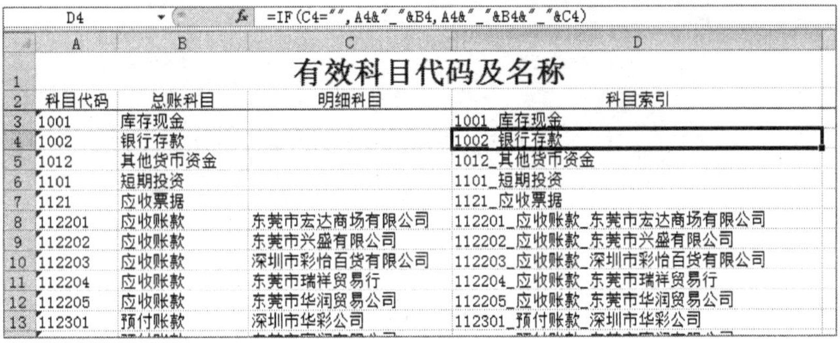

**图 2-14　查询结果(部分)**

(8) 点击“文件/选项”菜单,打开“Excel 选项”窗口,点击“自定义功能区”选项,如图 2-15 所示,选择“开发工具”选项卡,点击“确定”。

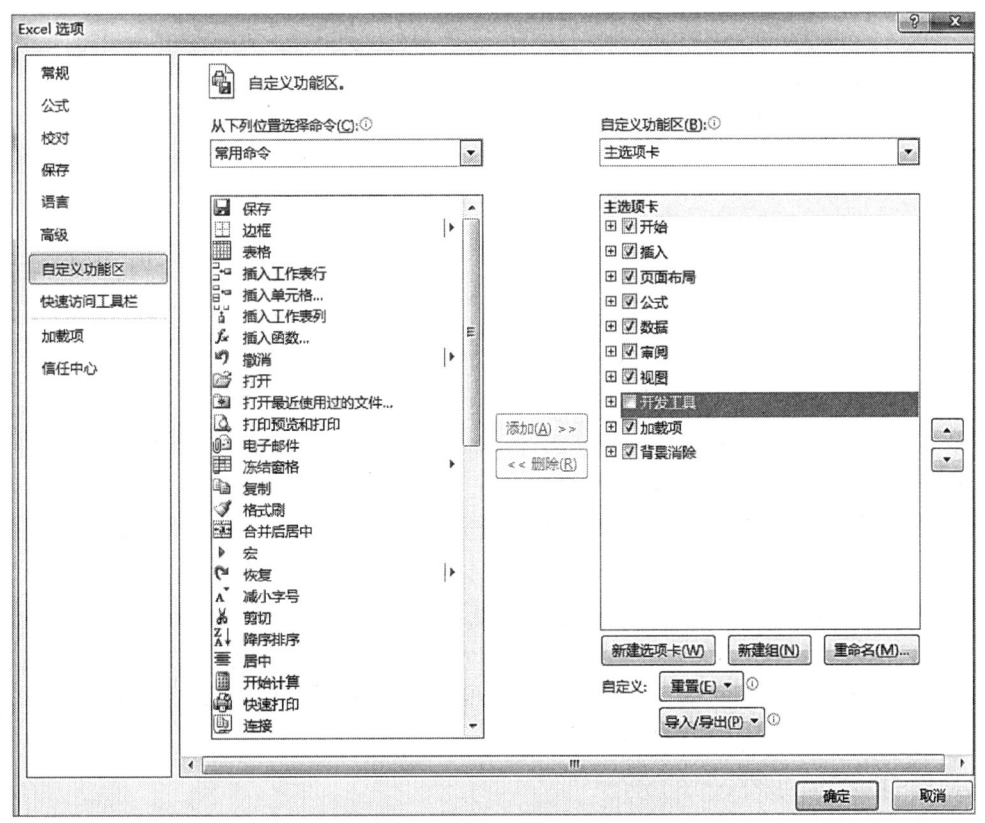

**图 2-15　打开“开发工具”选项卡**

(9) 在“记账凭证清单”工作表,点击“开发工具/插入/列表框”按钮,如图 2-16 所示。准备建立一个独立的提示列表区域,显示有效会计科目。

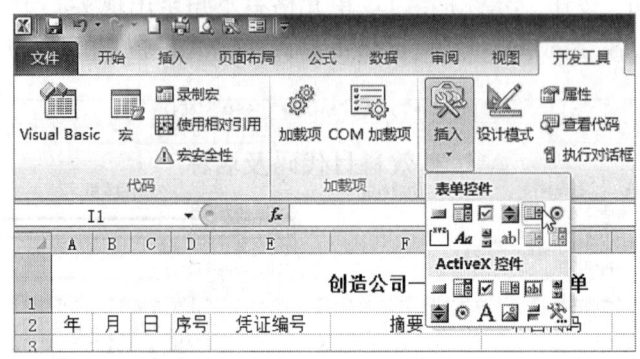

图 2-16　插入窗体

（10）点击"列表框"选项卡，拉出一个浮动窗口，如图 2-17 所示。

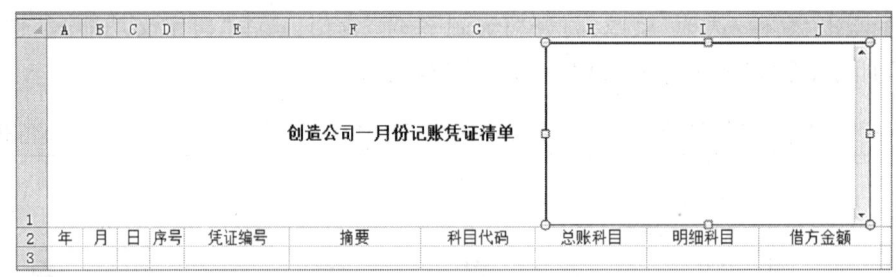

图 2-17　拉出浮动列表框

（11）右击浮动窗口，选择"设置对象格式"，弹出"设置对象格式"窗口，在"控制/数据源区域"文本框中选择"有效科目代码"工作表的 D3∶D100 区域，如图 2-18 所示。

【注：实际工作中，"数据源区域"只要包含企业实际数据区域即可。】

（12）点击"确定"完成会计科目查询索引设置。

【注：设置会计科目查询索引主要是为在制作凭证时，提供一个方便的可查询对话框，便于查找会计科目代码及其名称。

在实际应用即填制记账凭证清单时，最好能通过"冻结窗格"功能将"会计科目查询索引"这个列表框冻结在某个固定的区域，以方便使用。】

其次，设置科目编码有效性检查。在此推荐使用数据有效性或者条件格式来设置科目编码有效性检查。本节以使用数据有效性设置自动检查为例。具体步骤如下：

（1）打开"创造公司账簿.xlsx"工作簿的"有效科目代码"工作表。

（2）参照前面讲解的定义名称的方法，定义"有效科目代码!A3∶A100"区域为"有效科目代码"名称，如图 2-19 所示。

【注意：因为数据有效性在 Excel 2003 及之前的版本不允许跨工作表调用数据，为了通用，我们采用定义名称来回避这一不足。】

（3）选中"记账凭证清单!G3∶G300"区域，点击菜单栏的"数据/数据有效性"，如图 2-20 所示。

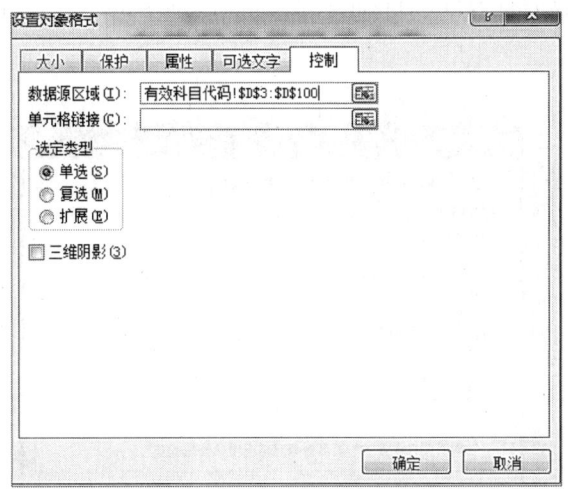

图 2-18　设置对象格式

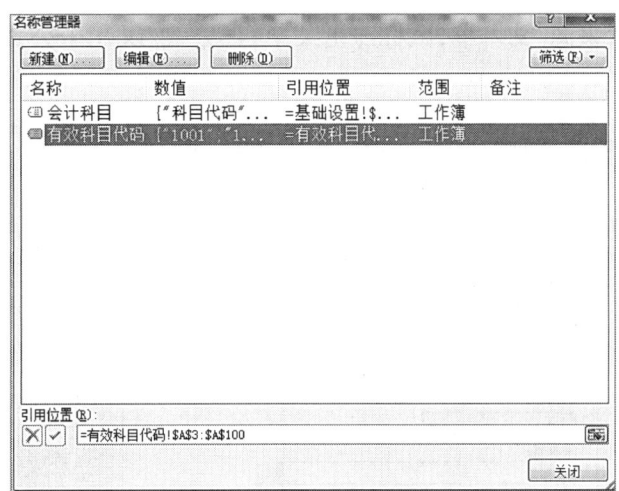

图 2-19　定义"有效科目代码"名称

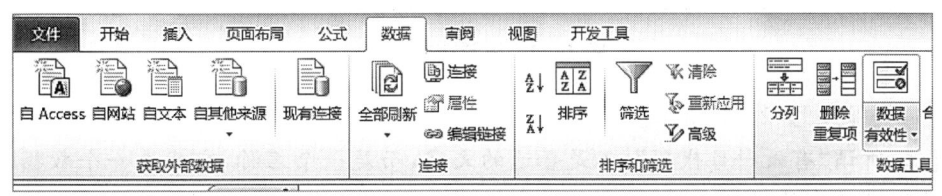

图 2-20　选择"数据有效性"功能

【注：实务中根据企业业务量的多少选定相应区域即可。这里选择 G3：G300 区域只是保证选取的区域足够使用，当然也可以选择更大一些的区域如 G3：G1 000。】

（4）在弹出的"数据有效性"对话框的"设置"选项卡的"允许"下拉列表中，选择"序列"，如图 2-21 所示。

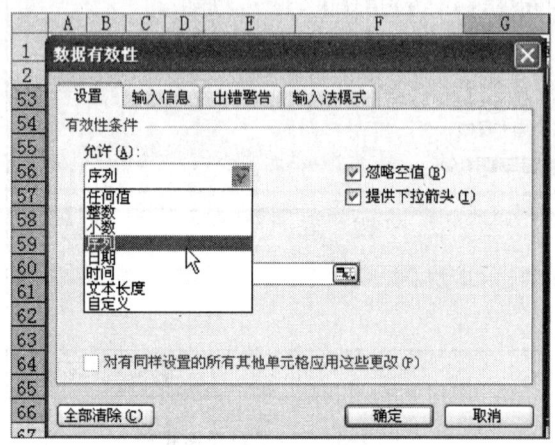

图 2-21　设置有效性之一

（5）光标移至"来源"文本框，鼠标点击菜单栏"公式/fx 用于公式/有效科目代码"，如图 2-22 所示。

图 2-22　设置有效性之二

（6）结果如图 2-23 所示。

【注：所谓"有效科目代码"，不是普通的文字，而是一个名称，它代表一个数据区域，一个序列，即"有效科目代码"中全部的末级科目代码。设置了该有效性的单元格，在输入信息时，必须输入来自"有效科目代码"这个名称区域里的信息资料，并且 Excel 会"提供下拉箭头"，提示输入信息，以供选择。】

（7）点击"出错警告"，如图 2-24 所示，输入相应文本信息。设置输入错误文本信息后，系统在运行时，会自动提示相应的内容及处理方式。点击"确定"按钮。

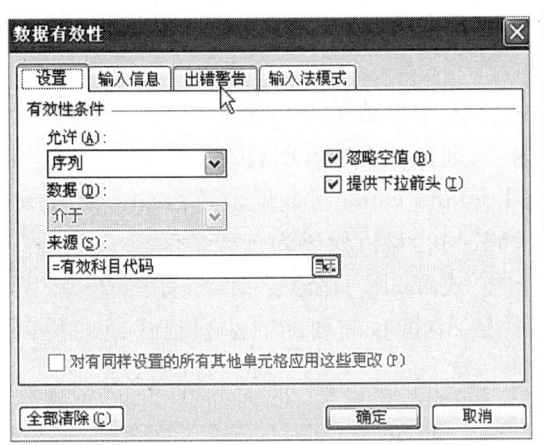

图 2-23　设置有效性之三

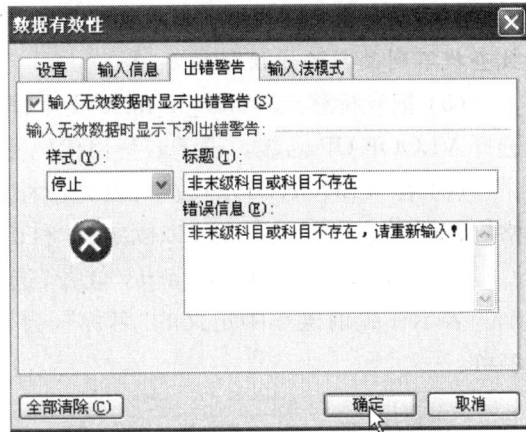

图 2-24　设置有效性之四

【注释:"样式"文本框选择"停止"类型的效果是,如果单元格输入了不满足"设置"中规定的信息,Excel 将会不允许其继续输入和保存,并且提示"错误信息"文本框中的内容。】

最后,设置自动显示会计科目。在此推荐使用 VLOOKUP 函数公式。具体步骤如下:

(1) 打开"创造公司账簿.xlsx"工作簿的"记账凭证清单"工作表。

(2) 选中 H3 单元格。

(3) 单击 $f_x$ 按钮,执行"插入函数"命令。参照图 1-14 所示插入 IF 函数后,光标移至 Logical_test 文本框,点击 G3 单元格,按 F4 功能键三次设置单元格为混合引用后,输入英文状态的"="""",表示 IF 函数的条件值固定在 G 列选值,即科目代码为空。

【注:F4 功能键是相对引用、绝对引用、混合引用的切换键,可以实现这几个引用的转换。】

(4) 把光标移至 Value_if_true 文本框中,输入"""",表示若科目代码为空,则显示空格,如图 2-25 所示。

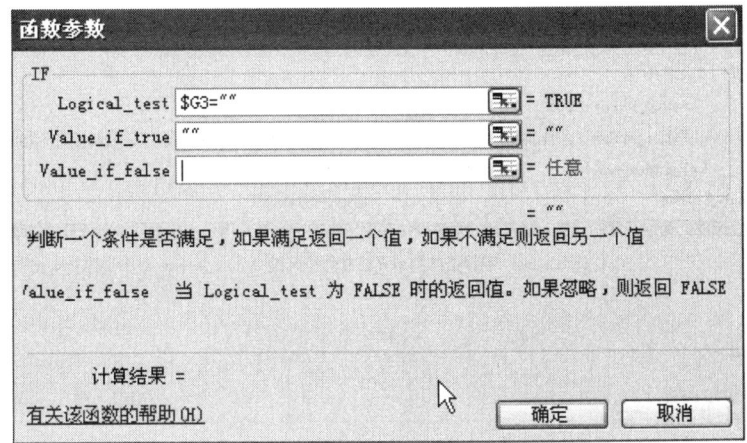

图 2-25　设置科目代码为空的显示

【注：此操作的目的是，避免在没有输入科目代码时，科目名称栏的VLOOKUP函数查找不到函数的错误值显示。】

（5）把光标移至Value_if_false文本框中，点击左上方的下拉箭头（ ）。选择VLOOKUP函数。表示若科目代码不为空，则按照VLOOKUP函数查找。

（6）在VLOOKUP函数中，将光标移至Lookup_value自变量位置，点击G3单元格，按F4功能键三次。表示以固定的"科目代码"列的科目代码为查找条件。

（7）将光标移至Table_array位置，选择"公式/fx用于公式"命令，如图2-26所示。表示在先前操作中定义的"名称"（会计科目）中查找需要的对应科目代码的科目名称。

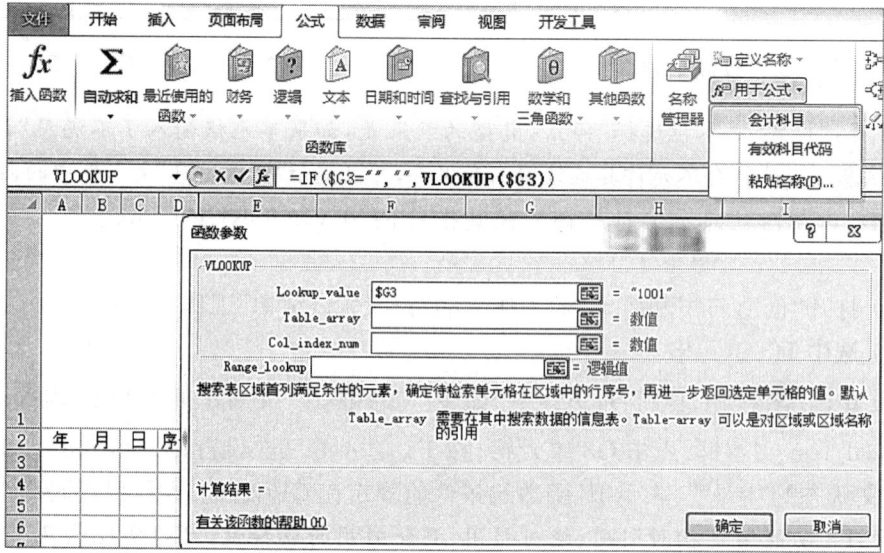

图2-26　插入名称

（8）选择"会计科目"选项，如图2-27所示。

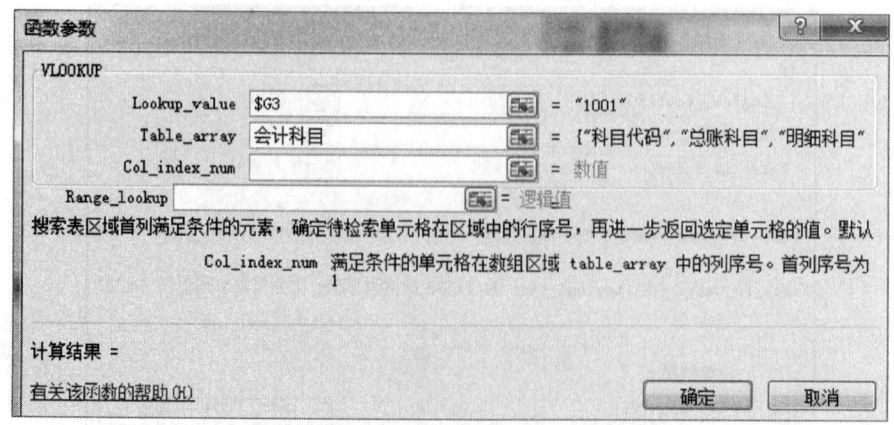

图2-27　选择名称

(9) 在 VLOOKUP 函数 Col_index_num 自变量位置输入"2"。

【注:总账科目名称在"会计科目"名称这个范围区域的第 2 列,所以输入"2"。】

(10) 在 VLOOKUP 函数 Range_lookup 自变量位置输入"FALSE"或"0"值。点击"确定",完成函数设置。

【注:输入"FALSE"或"0"值,表示精确配比,VLOOKUP 函数 Range_lookup 自变量最好使用"FALSE"或"0"值,方便找到需要的查询结果,而不是类似的结果。】

(11) 选择 H3 单元格,光标移至右下角成实心十字,如拖动至 H300 单元格。复制 H3 单元格公式。即完成总账科目的自动显示。

(12) 选择 H3 单元格,光标移至右下角成实心十字,然后按住左键不放向右拖动至 I3 单元格。

(13) 选择 I3 单元格,修改 VLOOKUP 函数公式 Col_index_num 自变量位"2"为"3",如图 2-28 所示。

【注:明细科目名称在"会计科目"名称这个范围区域的第 3 列,所以输入"3"。这样复制公式并进行相应的修改,操作比较快。】

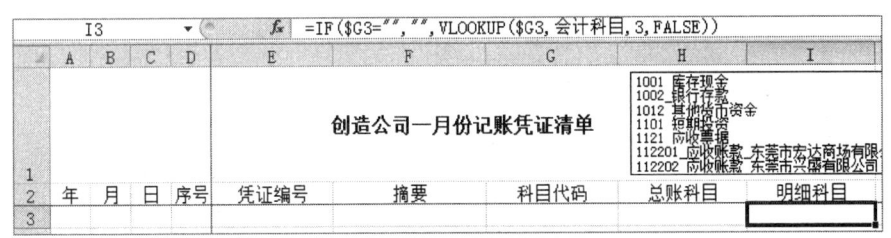

图 2-28 明细科目公式设置

(14) 选择 I3 单元格,光标移至右下角成实心十字,双击鼠标,则复制 I3 单元格公式至 I4:I300 区域。

【注:Excel 会自动选择临近区域的公式范围,双击可自动复制公式到相应区域。下同。】

(15) 选择菜单栏"文件/选项/高级",如图 2-29 所示,点击去掉"在具有零值的单元格中显示零"前面的对号。达到零值不显示的目的。完成自动显示会计科目设置。

▲ 小技巧

将公式"=IF($G3="","",VLOOKUP($G3,会计科目,3,0))"改为"=IF($G3="","",VLOOKUP($G3,会计科目,3,0)&"")",也可以达到"零值不显示"的效果。

【演示:完成设置记账凭证清单的科目查询索引、科目编码有效性检查和自动显示会计科目名称后,就可以进行初步检验。

事实上,"1002"总账科目已下设两个明细科目,如果在填制凭证时使用了"1002"总账科目,即在 G3 单元格错误输入了"1002"的科目代码回车后,系统将会自动提示,如图 2-30 所示。】

图 2-29 零值不显示

【说明：

H3 和 I3 单元格的公式还可以分别写成：

＝IFERROR（VLOOKUP（$G3,会计科目,3,0),""）和 ＝ IFERROR（VLOOKUP($G3,会计科目,3,0),""）&""】

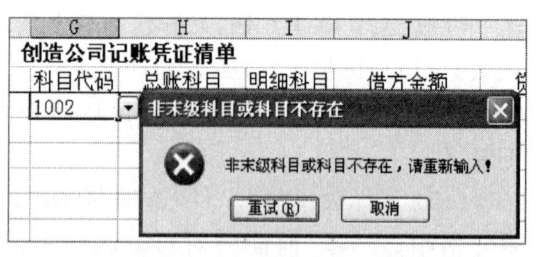

图 2-30 非末级科目提示

## 技能学习

### 1. 简化操作

使用公式过程中，经常会复制公式以简化操作，通过绝对引用、相对引用或者混合引用可以简化操作。

#### 绝对引用、相对引用与混合引用

绝对引用、相对引用与混合引用的区别如表 2-1 所示。

**表 2-1　不同引用类型的区别列表**

| 样　　式 | 特　　　征 |
|---|---|
| $A$1 | 绝对引用,拖动(复制)公式时不改变引用关系 |
| A$1 | 列相对行绝对的混合引用,拖动(复制)公式不改变行的引用关系 |
| $A1 | 列绝对行相对的混合引用,拖动(复制)公式不改变列的引用关系 |
| A1 | 相对引用,拖动(复制)公式时均会改变引用关系 |

相对引用、绝对引用、混合引用大大方便了用户复制公式的操作,不必逐个输入公式。Excel 提供了快捷键 F4 功能键,可快速切换几种引用方式。

例如:某公式为"=A1",按一次 F4 功能键,改变为"=$A$1";按两次改变为"=A$1";按三次改变为"=$A1";按四次后又变为"=A1"。

**示例 2-1　使用相对引用、绝对引用计算销售额与利润**

操作目的:对每一种产品计算其销售额(=单价×销量),再用每种产品的销售额×固定的利润率,得到每种产品的利润。具体举例数据如图 2-31 所示。

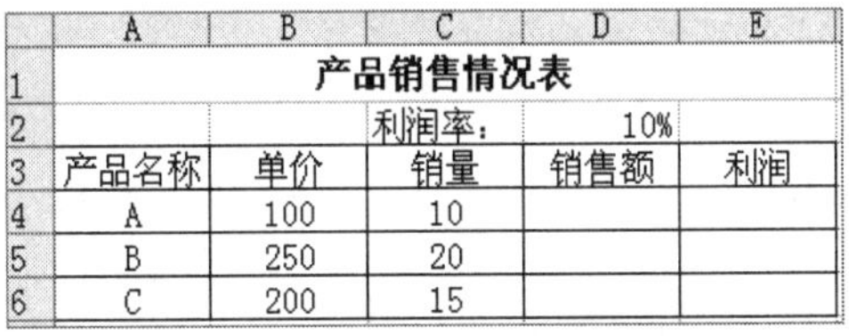

| | A | B | C | D | E |
|---|---|---|---|---|---|
| 1 | 产品销售情况表 | | | | |
| 2 | | | 利润率: | 10% | |
| 3 | 产品名称 | 单价 | 销量 | 销售额 | 利润 |
| 4 | A | 100 | 10 | | |
| 5 | B | 250 | 20 | | |
| 6 | C | 200 | 15 | | |

**图 2-31　需设置的"销售情况表"**

操作步骤:选中 D4 单元格设置公式"=B4＊C4"的相对引用;选中 E4 设置公式"=D4＊$D$2"的含绝对引用的公式。当复制 D4 的公式到 D6 时,公式自动修改为=B6＊C6;而复制 E4 的公式到 E6 时,公式中的绝对引用$D$2 则始终保持不变。具体操作如图 2-32 所示。

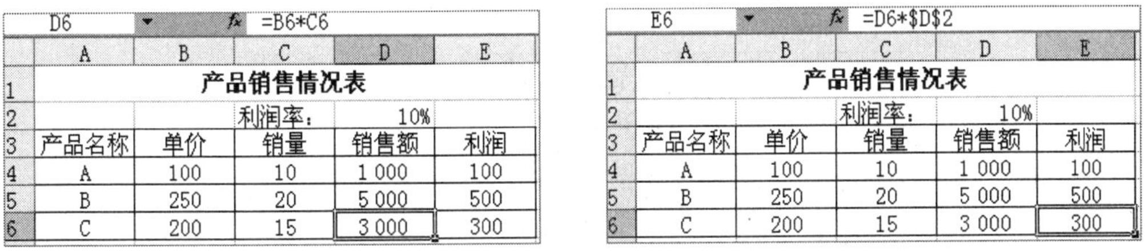

D6　=B6*C6

| | A | B | C | D | E |
|---|---|---|---|---|---|
| 1 | 产品销售情况表 | | | | |
| 2 | | | 利润率: | 10% | |
| 3 | 产品名称 | 单价 | 销量 | 销售额 | 利润 |
| 4 | A | 100 | 10 | 1 000 | 100 |
| 5 | B | 250 | 20 | 5 000 | 500 |
| 6 | C | 200 | 15 | 3 000 | 300 |

(a) 相对引用公式设置"销售额"

E6　=D6*$D$2

| | A | B | C | D | E |
|---|---|---|---|---|---|
| 1 | 产品销售情况表 | | | | |
| 2 | | | 利润率: | 10% | |
| 3 | 产品名称 | 单价 | 销量 | 销售额 | 利润 |
| 4 | A | 100 | 10 | 1 000 | 100 |
| 5 | B | 250 | 20 | 5 000 | 500 |
| 6 | C | 200 | 15 | 3 000 | 300 |

(b) 带绝对引用的公式设置"利润"

**图 2-32　使用相对引用、绝对引用计算销售额和利润**

2. 常用函数

本节内容主要涉及以下函数,这些函数在日常工作中经常使用,十分重要,故在此详细介绍。

**函数介绍**

VLOOKUP(lookup_value,table_array,col_index_num,range_lookup) 条件查询函数

在表格或数值数组的首列查找指定的数值,并由此返回表格或数组当前行中指定列处的数值。当比较值位于数据表首行时,可以使用函数 HLOOKUP 代替函数 VLOOKUP。

VLOOKUP 函数和 HLOOKUP 函数是用来查找数据时使用频率非常高的两个函数,如根据员工编号查询员工姓名,根据产品名称查询价格等的应用。

Lookup_value:需要在数组第一列中查找的数值,即查找的条件。如果查找范围区域中该列是文本类型,这里的查找的条件也必须是文本类型,否则将找不到。

Table_array:需要在其中查找数据的数据表,即查找的范围区域。

Col_index_num:Table_array 中待返回的匹配值的列序号,即查找的范围区域中需要显示数据的列数。

Range_lookup:为一逻辑值,指明函数 VLOOKUP 返回时是精确匹配还是近似匹配。如果为 TRUE 或省略,则返回近似匹配值,也就是说,如果找不到精确匹配值,则返回小于 Lookup_value 的最大数值;如果 Range_value 为"FALSE"或"0",函数 VLOOKUP 将返回精确匹配值。如果找不到,则返回错误值♯N/A。一般都使用"FASLE"或"0",方便找到需要的查询结果。

【说明】:

(1) 如果 Lookup_value 小于 Table_array 第一列中的最小数值,函数 VLOOKUP 返回错误值♯N/A。

(2) 如果函数 VLOOKUP 找不到 Lookup_value 且 Range_lookup 为"FALSE"或"0"值,函数 VLOOKUP 返回错误值♯N/A。

(3) 如果 Col_index_num 大于 Table_array 的列数,函数 VLOOKUP 返回错误值♯REF!。

### 示例 2-2　根据指定的商品名称在库存信息表中查询其价格

操作目的:在 A1:E5 的库存信息表中查找如图 2-33 所示的 B10:B12 中列示的 A、B、C 三种商品的入库单价,并显示在相应的 C10:C12 区域。

| | A | B | C | D | E | F |
|---|---|---|---|---|---|---|
| 1 | 入库日期 | 商品名称 | 商品代码 | 入库单价 | 入库金额 | |
| 2 | 2020-5-1 | A | A-01 | 10 | 1 200 | |
| 3 | 2020-5-2 | B | A-02 | 20 | 250 | |
| 4 | 2020-5-3 | C1 | A-03 | 30 | 630 | |
| 5 | 2020-5-4 | C | A-04 | 40 | 280 | |
| 6 | | | | | | |
| 7 | 查找:商品的入库单价 | | | | | |
| 8 | | | | | | |
| 9 | | 商品名称 | 入库单价 | 公式 | | |
| 10 | 1 | A | ♯N/A | =VLOOKUP(B10,A1:E5,3,FALSE) | | |
| 11 | 2 | B | ♯RER! | =VLOOKUP(B11,B2:C5,3,FALSE) | | |
| 12 | 3 | C | 40 | =VLOOKUP(B12,B2:E5,3,FALSE) | | |
| 13 | | | | | | |

图 2-33　VLOOKUP 函数使用举例

操作步骤:按照图 2-33 中 D10:D12 区域所示的公式设置,得到如图中 C10:C12 区域的结果。其中只有 C12 得到了相应的结果,其他均出现错误提示。

根据图2-33的错误提示,理解VLOOKUP函数的使用。自行设置该函数时,若当出现如图提示的错误信息,知道如何去更改公式设置或者回避错误。

(1) 公式:"＝VLOOKUP(B10,A1:E5,3,FALSE)"的错误原因是:VLOOKUP是在一个数据区域的首列(如A列)查找对应值的关键字(如B10中的"A"),而A1:E5的首列没有对应的值。应更改公式为:"＝VLOOKUP(B10,B1:E5,3,FALSE)"。

(2) 公式:"＝VLOOKUP(B11,B1:C5,3,FALSE)"的错误原因是:B1:C5数据区域一共只有2列,而公式却设置"配比的列序号"是"3",超出查找范围。应更改公式为:"＝VLOOKUP(B11,B1:D5,3,FALSE)"。

3. 设置输入提示与检查的技巧

**数据有效性**

1)"设置"选项卡

数据有效性允许设置的条件有以下几种:

(1) 整数:限制单元格只能输入整数,并且可以设定输入的整数范围,如图2-34,表示只能输入2～25范围内的整数。

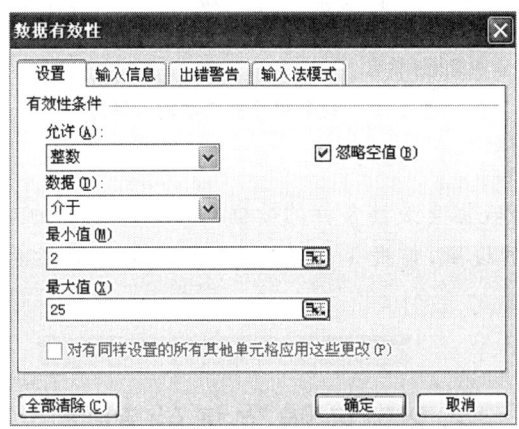

图2-34 设置整数取数的有效性

(2) 小数:限制单元格只能输入小数(包括整数)。

(3) 序列:"来源"可以直接输入数据,也可以使用单元格引用或者公式。如本节课本示例。

(4) 日期:限制单元格只能输入时间。

(5) 文本长度:限制单元格可以输入数据字符串的长度。如手机号码限制只能输入11位数。

(6) 自定义:可使用公式等自由设置,灵活性较强。

2)"输入信息"选项卡

**示例2-3　设置单元格自动输入提示**

操作目的:在规定单元格输入信息时,自动弹出输入提示。

例如,选定B6单元格,设置如图2-35(a)所示。则当用户选定B6单元格时,无论在"设置"选项卡里设置什么条件,Excel 都会出现一个提示信息框,如图 2-35(b)所示。

操作步骤:选中 B6 单元格,点击菜单栏"数据/有效性"打开"数据有效性"对话框,点击"输入信息"选项卡,如图 2-35(a)所示设置,点击"确定"按钮,即完成设置。

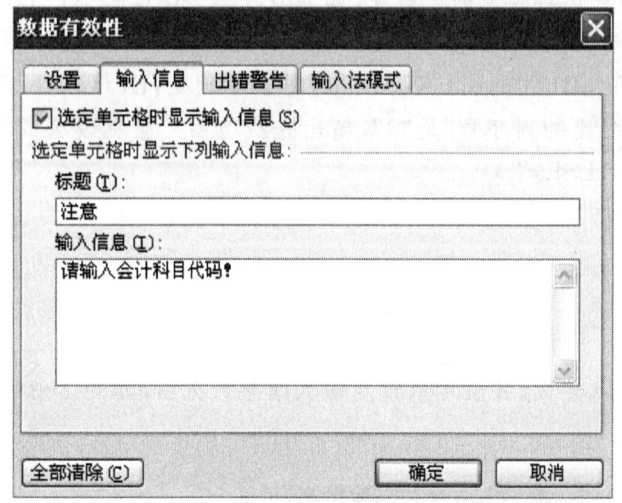

(a) 设置提示信息　　　　　　　　　　(b) 提示信息

图 2-35　设置单元格自动输入信息

3)"出错警告"选项卡

当用户输入不符合数据有效性条件的数据时,Excel 显示的对话框内容以及用户是否可以继续输入数据的设置,前提是勾选"输入无效数据时显示出错警告"单选按钮。具体示例,见课本例题。

## 2.2　记账凭证的制作

### 2.2.1　借贷不平衡自动提示

复式记账法的记账规则是"有借必有贷,借贷必相等"。在记账凭证编制、账簿登记、会计报表编制及整个会计核算过程中,始终遵循这个规则。为避免出现借贷不平衡的情况,将利用 IF 函数,进行借贷不平衡的自动提示。

具体步骤如下:

(1) 打开"创造公司账簿.xlsx"工作簿中的"记账凭证清单"工作表,选取 L1 单元格。

(2) 单击 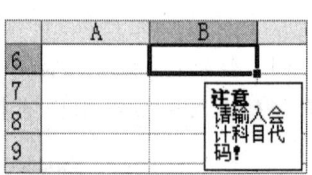 按钮,执行"插入函数"命令。参照图 1-14 所示插入 IF 函数。

(3) 在 IF( )函数 Logical_test 自变量位置输入"SUM(J:J)=SUM(K:K)"。

(4) 在 IF( )函数 Value_if_true 自变量位置输入""""。

(5) 在 IF( )函数 Value_if_false 自变量位置输入"="借贷不平衡"",如图 2-36 所示,单击"确定"。

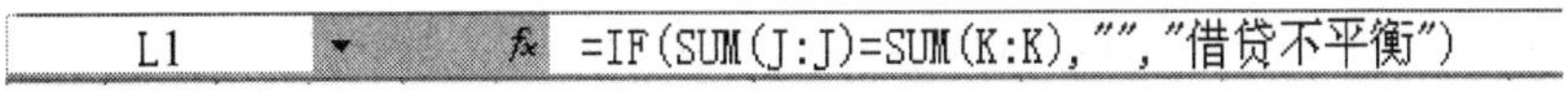

## 第 2 章　运用 Excel 进行凭证处理

```
L1    fx  =IF(SUM(J:J)=SUM(K:K),"","借贷不平衡")
```

图 2-36　输入 IF 函数参数

【公式解读：如图 2-36 所示的 IF 函数嵌套，表示对 J 列和 K 列分别求和，若 J 列的合计等于 K 列合计，则在单元格显示空格；如果不相等，则显示"借贷不平衡"。】

(6) 选中 L1 单元格，按前面介绍的方法设置字体颜色为红色并加粗。

(7) 如图 2-37 所示，在 K9 单元格还没有输入金额前，即借方金额不等于贷方金额时，在 L1 单元格位置会自动出现"借贷不平衡"的提示。

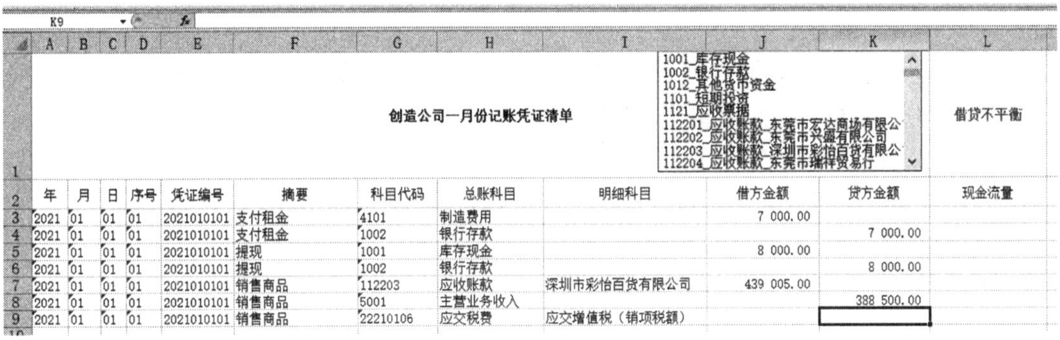

图 2-37　借贷不平衡提示

(8) 当 K9 单元格输入"50505"后，借贷平衡，则提示自动消失，如图 2-38 所示。

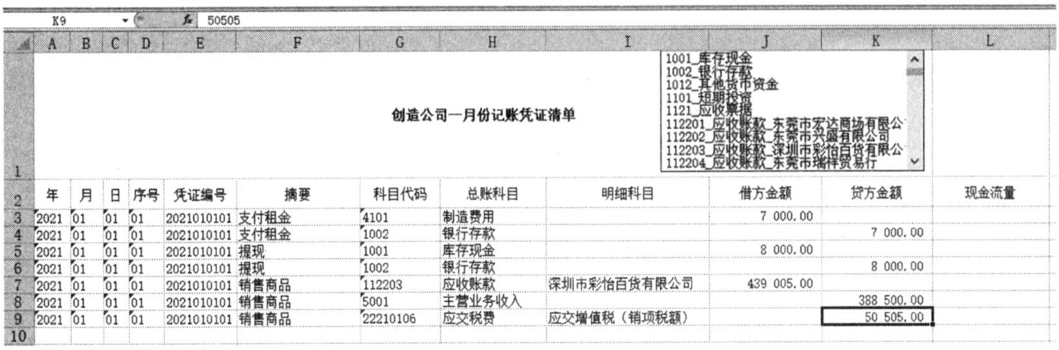

图 2-38　借贷平衡时提示消失

### 🔧 小技巧

在上面的操作中，如果将 L1 单元格公式"=IF(SUM(J:J)=SUM(K:K),"","借贷不平衡")"修改成"=IF(SUM(J:J)=SUM(K:K),"输入的结果正确！","借贷不平衡，差额为:"&SUM(J:J)-SUM(K:K))"，在输入金额时，无论借贷方金额是否相等，都会给予提示。而且，当两者金额不等时，更会在提示"借贷不平衡"的同时，给出相差的金额，以便核对。

(9) 参照 2.1.3 介绍的"数据有效性"，设置 J 列和 K 列，使其保证在 F 列没有"摘要"的时候不能输入金额，同时，根据借贷记账法的原理，还要保证同一行要么有借方金额,要么有贷方金额。具体设置方法是:选中 J:K 列,或 J 列到 K 列的某一区域,如 J3:K1 000,在数据有效性的"设置"中,选择"允许"下的"自定义",并在"公式"下的空白处输入"＝AND($F3〈〉"",COUNT($J3 $K3)＝1)"。然后在"出错警告"中,选中"输入无效数据时显示下列出错警告",并在"样式"下选择"停止",在"错误信息"下输入适当的提示,如输入:"亲,摘要不能空着,当然,借贷方也不能同时都输入金额。"

### 2.2.2 冻结窗格

在输入记账凭证清单时,如果不加以控制,不仅会在输入的金额出现错误时得不到相应的提示,还会出现像"年""月""日""序号""凭证编号""摘要""科目代码""总账科目""明细科目""借方金额"和"贷方金额"都被隐藏起来,从而使操作很不方便的情况。同时还会出现要不断拖动"会计科目查询索引"列表框的问题。

使用"冻结窗格"功能,可以很好地解决上述问题。

设置冻结窗格的操作步骤:

(1) 将光标移到要冻结行的下一行或列的第一个单元格,如图 2-39 所示。
(2) 单击"视图/冻结拆分窗格"。
(3) 冻结窗格后效果,如图 2-40 所示。

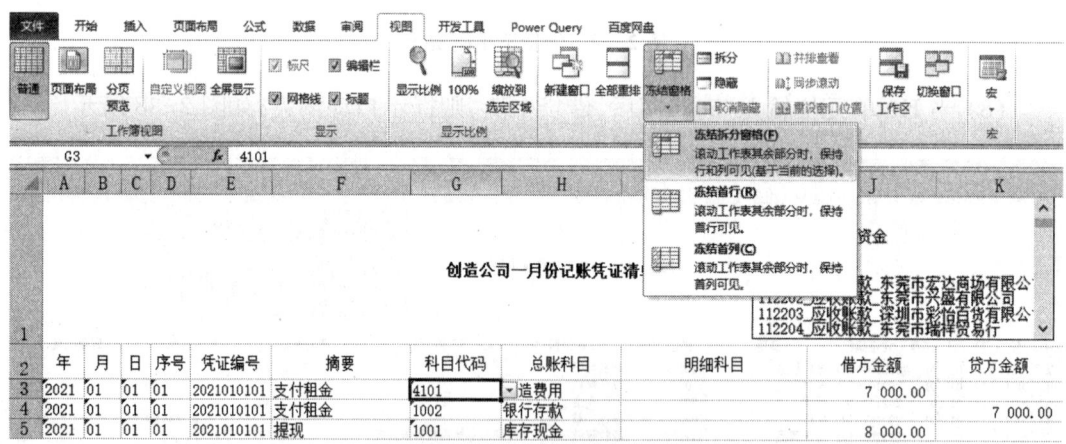

图 2-39　冻结窗格位置的选择

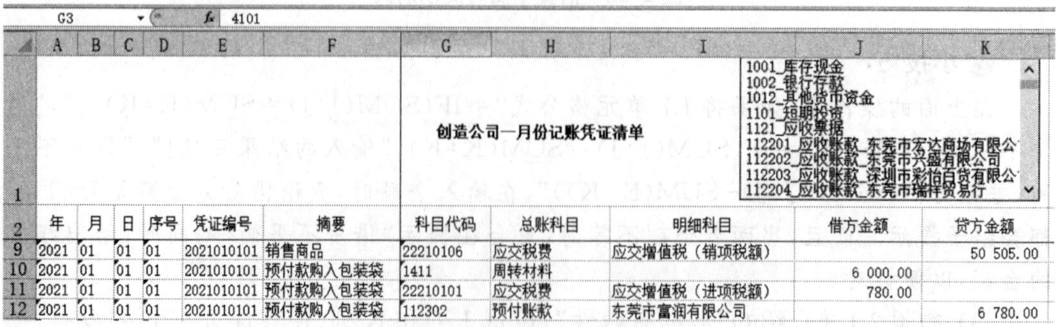

图 2-40　冻结窗格的效果

经过上面的操作，无论再增加多少条记账凭证清单，图 2-40 中第 2 行之前的内容都会永远地显示出来。

## 技能学习

### 函数介绍

SUM(number1,number2,…) 求和函数

（1）对连续的一个区域进行求和。如 D2：E15 区域的单元格分别进行求和 D2：D15 和 E2：E15，并要求显示在 D16 和 E16 时。只需选中 D2：E15 区域，点击常用工具栏上的 Σ 按钮，即可实现求和。这时，将光标移至 D16 和 E16，则显示的单元格公式分别为 SUM(D2：D15) 和 SUM(E2：E15)。

（2）对间隔区域（单元格）进行求和。点击常用工具栏上的 Σ 按钮后，选择第一个要求和的区域（或单元格），然后按住 Ctrl 键不放，再选择其他的区域（或单元格），选择完毕后按回车键或者点击 ✓ 按钮。此时 SUM() 函数中的参数就是不连续的区域（或单元格）了。

（3）对行或列进行求和。点击常用工具栏上的 Σ 按钮后，点击对应的行号或者列标即可。此时 SUM() 函数中的参数就是相应的行或列。

**示例 2-4　使用 SUM 函数进行二维求和**

操作目的：对一个区域进行横向和纵向同时求和。如对图 2-41 所示的 C3：F7 区域进行同时进行二维求和，在 G3：G8 和 C8：G8 同时计算合计数。

| | A | B | C | D | E | F | G |
|---|---|---|---|---|---|---|---|
| 1 | | | 彩电销售统计月报表 | | | | |
| 2 | 序号 | 地区 | 21"彩电 | 25"彩电 | 29"彩电 | 34"彩电 | 合计 |
| 3 | 1 | 华东地区 | 110.5 | 220.3 | 394.36 | 432.12 | |
| 4 | 4 | 西北地区 | 122.24 | 280.12 | 120.15 | 190.56 | |
| 5 | 5 | 东北地区 | 140.55 | 225.64 | 321.12 | 280.78 | |
| 6 | 2 | 华南地区 | 150.23 | 300.23 | 360.86 | 351.28 | |
| 7 | 3 | 华北地区 | 150.66 | 260.12 | 210.25 | 240.36 | |
| 8 | 6 | 合计 | | | | | |

图 2-41　需设置求和的报表

操作步骤：选中需要求和及数据显示的区域，如 C3：G8 区域；点击 Σ 按钮（SUM 函数），得到如图 2-42 所示结果。

| | A | B | C | D | E | F | G |
|---|---|---|---|---|---|---|---|
| 1 | | | 彩电销售统计月报表 | | | | |
| 2 | 序号 | 地区 | 21"彩电 | 25"彩电 | 29"彩电 | 34"彩电 | 合计 |
| 3 | 1 | 华东地区 | 110.5 | 220.3 | 394.36 | 432.12 | 1 157.28 |
| 4 | 4 | 西北地区 | 122.24 | 280.12 | 120.15 | 190.56 | 713.07 |
| 5 | 5 | 东北地区 | 140.55 | 225.64 | 321.12 | 280.78 | 968.09 |
| 6 | 2 | 华南地区 | 150.23 | 300.23 | 360.86 | 351.28 | 1 162.6 |
| 7 | 3 | 华北地区 | 150.66 | 260.12 | 210.25 | 240.36 | 861.39 |
| 8 | 6 | 合计 | 674.18 | 1 286.41 | 1 406.74 | 1 495.1 | 4 862.43 |

图 2-42　求和结果

### 2.2.3 填制记账凭证

**1. 录入记账凭证**

完成记账凭证清单的设置之后，就可以进行日常的业务处理，即记账凭证的填制。一般地，基础设置是一次性的工作，当设置完成后最好能将其固定下来。以后，会计人员只需要进行凭证录入即可。

记账凭证清单填制的步骤如下：

(1) 打开"创造公司账簿.xlsx"工作簿中"记账凭证清单"工作表。

(2) 按"2.4 数据的保护与隐藏"介绍的方法，保护 E 列、H 列和 I 列，使其在录入记账凭证时公式不被修改。

(3) 根据"附录一《Excel 在会计实务中的应用》教材演示资料"和会计专业知识，按企业每日发生(或完成)的经济业务按时间先后顺序，填制记账凭证。

(4) 在 A3：D3 区域，分别输入："2021""01""01""01"，则 E3 中的凭证编号自动显示为："2021010101"。

(5) 在 F3 单元格输入摘要："支付租金"；在 G3 单元格的下拉列表中选择或直接输入科目代码："4101"，则总账科目和明细账科目自动显示相关内容，连续按键盘左侧的〈Tab〉键，直到光标跳到 J3 单元格为止，在 J3 单元格输入借方金额："7 000"，按回车〈Enter〉键。

(6) 当光标跳到 G4 单元格时，在 G4 单元格选择或输入科目代码："1002"；用(5)介绍的方法连续按〈Tab〉键，当光标跳到 K4 单元格时，在 K4 单元格输入贷方金额："7 000"，或者使用前面介绍的 SUM 函数对该笔分录的借方金额求和，也可以得到相同的结果。

【提示：如果贷方分录比较多，则可以先录入贷方分录的金额，然后在借方金额栏中使用 SUM 函数对贷方金额进行求和计算。】

(7) 选中 A3：F4 单元格区域，按〈Ctrl＋D〉组合键，完成第一笔经济业务的记账凭证输入。如图 2-43 所示。

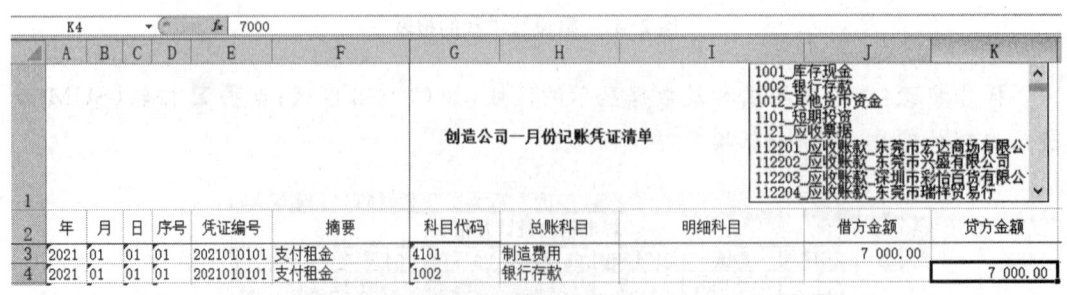

图 2-43 填制凭证(部分)

按上述方法完成"附录一《Excel 在会计实务中的应用》教材演示资料"的其他经济业务的凭证填制。

## 2. 设置凭证查询

凭证录入完毕后,还需要对凭证进行查询。具体步骤如下:

(1) 点击"记账凭证清单"工作表的数据区域的任一单元格,如 G2 单元格。

(2) 选择"数据/筛选"命令,如图 2-44 所示。

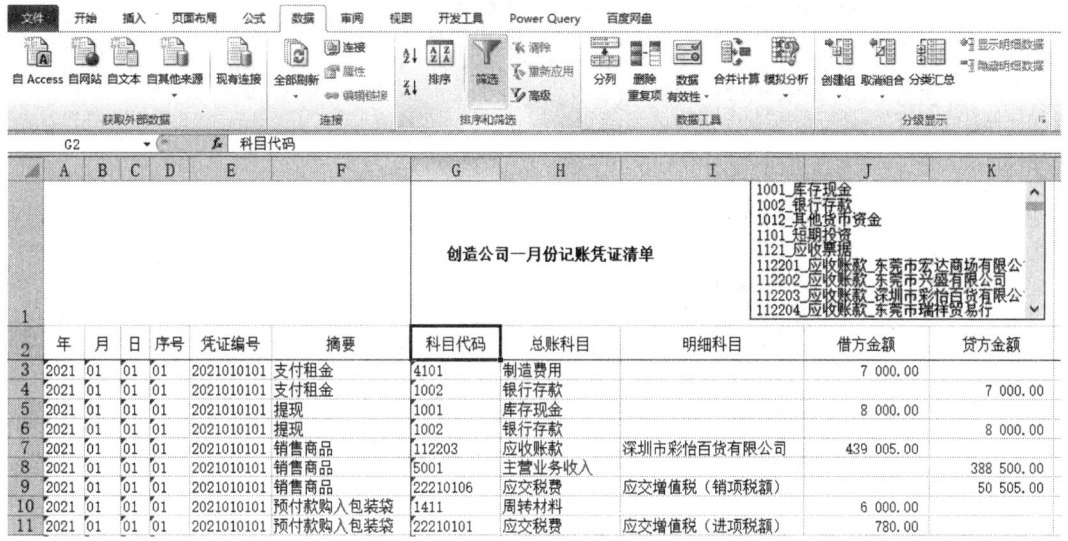

**图 2-44　设置自动筛选**

(3) "记账凭证清单"工作表变成如图 2-45 所示,每个字段增加一个"筛选"(▼)按钮。

**图 2-45　增加"筛选"按钮**

(4) 在"总账科目"列选择需要的会计科目,如选择"银行存款",右击鼠标,如图 2-46所示,选择"筛选/按所选单元格的值筛选"。

043

图 2-46 选择"银行存款"科目

(5) 如图 2-47 所示,工作表只显示总账科目为"银行存款"的分录,而其他隐藏起来了。

图 2-47 涉及"银行存款"科目的凭证的部分列示(部分)

## 技能学习

### 自动筛选的使用

可以通过自动筛选选择满足一个或者几个特殊条件的数据行,可以使用其"自定义"设置满足特定公式条件等特殊条件选项。非常方便好用。同时,也可以选择"全部"

选项,撤销原有的自动筛选。

1. 对多条件的筛选

例如:如图2-46所示,我们可以继续选择:发生日期是25日的。

单击“日”的“筛选”按钮,选择“25”,即可得到25日发生的全部管理费用的凭证。

2. 查找空白单元格

在“自动筛选”的下拉列表中选择“(空白)”,则可以显示此列为空白的行。通过这一功能,可以选择借方发生额为空的凭证行,得到只有贷方发生额的凭证行。

## 2.3 记账凭证的打印

在前一节中,我们介绍了利用Excel制作自动显示并检查正确性的“记账凭证清单”工作表数据。在实务工作中,有时还需要在记账凭证清单中,筛选出需要的凭证按照常见的记账凭证格式打印出来。下面将介绍如何实现打印选定的记账凭证。

【建议:由于会计实务工作中关于本节所述内容比较少用,且操作有一定难度,可根据情况实施选学。】

具体步骤如下:

(1) 在“创造公司账簿”工作簿中,新建一张“凭证打印”工作表。

(2) 如图2-48所示,在相应位置输入文字信息,并设置边框、字体等,使记账凭证的格式美观大方,在D12:F12区域设置单元格格式为“自定义格式”,类型为“￥#,##0.00”。

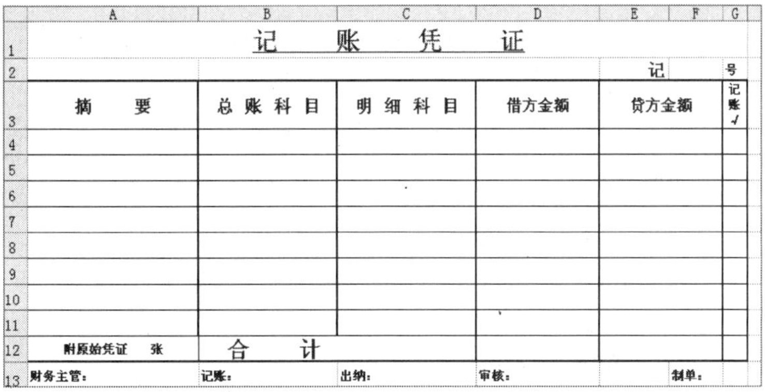

| | A | B | C | D | E | F | G |
|---|---|---|---|---|---|---|---|
| 1 | | 记 账 凭 证 | | | | | |
| 2 | | | | | 记 | | 号 |
| 3 | 摘 要 | 总 账 科 目 | 明 细 科 目 | 借方金额 | 贷方金额 | | 记账√ |
| 4 | | | | | | | |
| 5 | | | | | | | |
| 6 | | | | | | | |
| 7 | | | | | | | |
| 8 | | | | | | | |
| 9 | | | | | | | |
| 10 | | | | | | | |
| 11 | | | | | | | |
| 12 | 附原始凭证 张 | 合 计 | | | | | |
| 13 | 财务主管: | 记账: | 出纳: | 审核: | | 制单: | |

图2-48 记账凭证格式

(3) 设置F2单元格格式为“文本”类型,便于以后各公式对其的查找。

(4) 选中B2:D2单元格区域,设置水平对齐方式为“跨列居中”。

(5) 点击“公式/定义名称”功能菜单,打开“新建名称”对话框,如图2-49所示,定义公式名称为“凭证所在的行号”。因为查找对应凭证在“记账凭证清单”工作表中的行号,将在凭证打印中经常使用,把它定义为名称,方便以后的公式设置。

【注：定义名称时，不能使用 fx 按钮，必须手工输入函数，但是可以通过点击相应单元格来选定区域或者单元格。】

【公式解读：关于图 2-49 中公式：MATCH(凭证打印!$F$2,记账凭证清单!$D:$D,0)，表示在"记账凭证清单"工作表的 D 列中，查找"凭证打印"工作表的 F2 单元格的值，若找到第一个对应值(参数"0"，表示 MATCH 函数取满足条件的第一个对应值)，就显示第一个值所对应的行号。即，在记账凭证清单中的"序号"列，查找需要打印的记账凭证序号，找到对应的第一个序号后，就返回对应的第一个记账凭证序号所在的行号。】

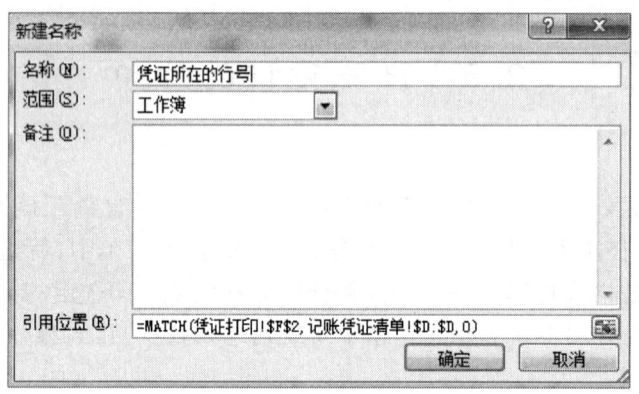

图 2-49　定义"凭证所在的行号"公式名称

（6）点击"新建名称"中的"确定"按钮。

（7）选择 B2 单元格，插入 IF 函数。设置为：如果 F2 单元格为空格，则 B2 显示为空格，如图 2-50 所示。

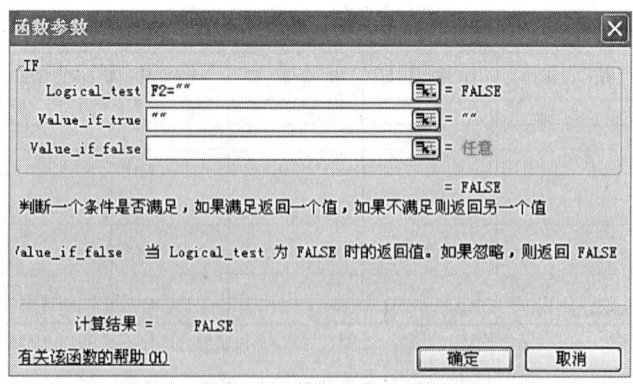

图 2-50　设置日期自动显示之一

（8）光标移至 IF 函数的 Value_if_false 文本框，点击插入函数右边的下拉列表，从中选择 INDEX 函数，如图 2-51 所示。

（9）点击 INDEX 函数后，弹出如图 2-52 所示对话框，选择第一种参数组合方式，点击"确定"按钮。

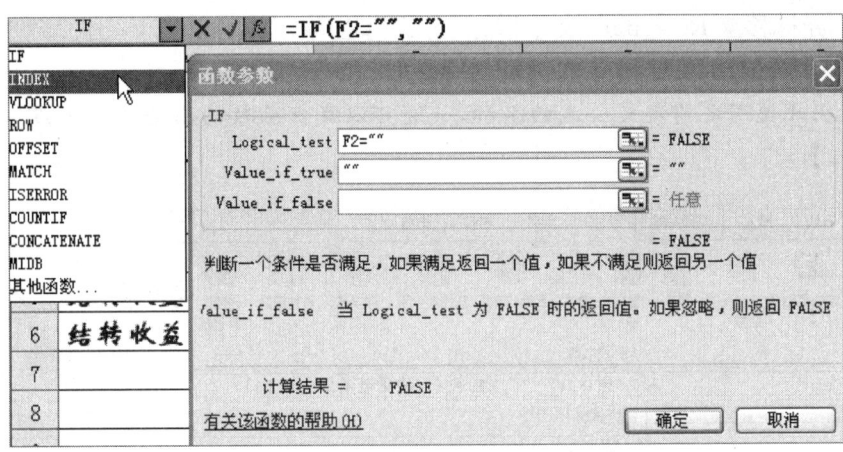

图 2-51　设置 INDEX 函数嵌套

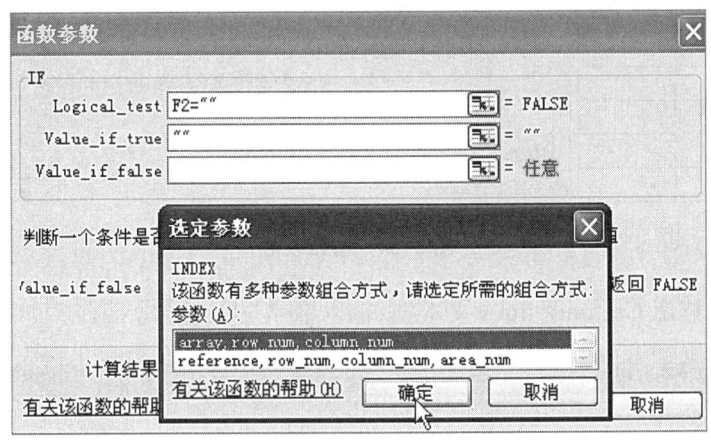

图 2-52　选择参数组合方式

（10）在弹出的 INDEX 函数参数对话框中，Array 文本框中选择需要显示数据所在的列，如"年"所在的"记账凭证清单!$A:$A"列，如图 2-53 所示。

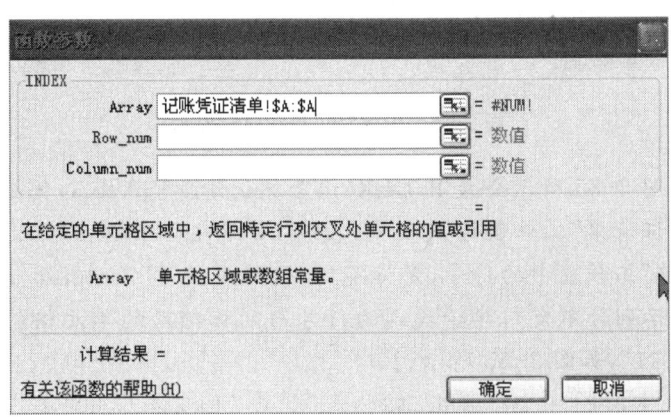

图 2-53　设置给定取数范围

（11）光标移至 Row_num 文本框，点击菜单栏的"公式/fx 用于公式"命令，在弹出的下拉列表中，选择"凭证所在的行号"名称，如图 2-54 所示。

【注：在此使用之前定义公式的名称，一则可以减少函数的嵌套显示长度，二则可以简化操作。】

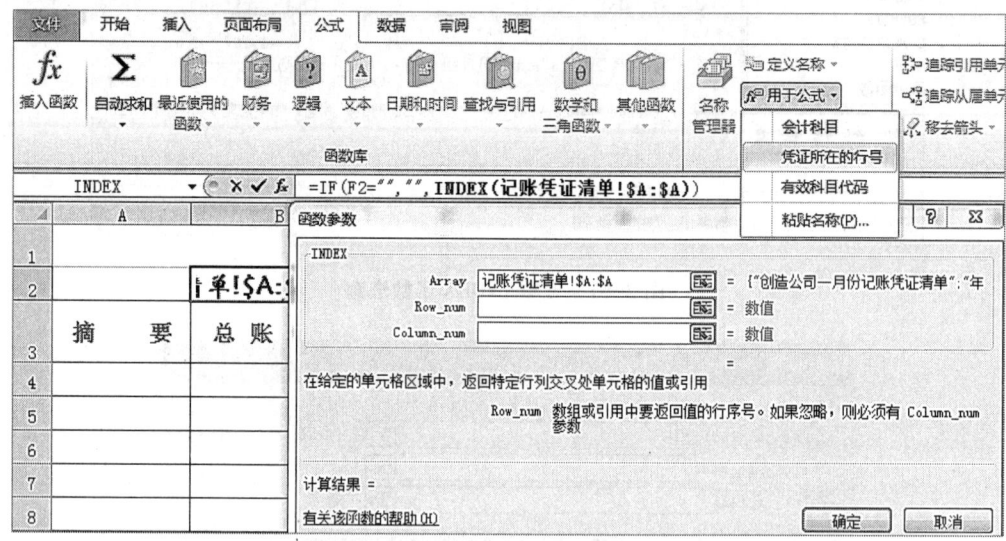

图 2-54　粘贴名称

（12）光标移至 Column_num 文本框，输入数字"0"，结果如图 2-55 所示。

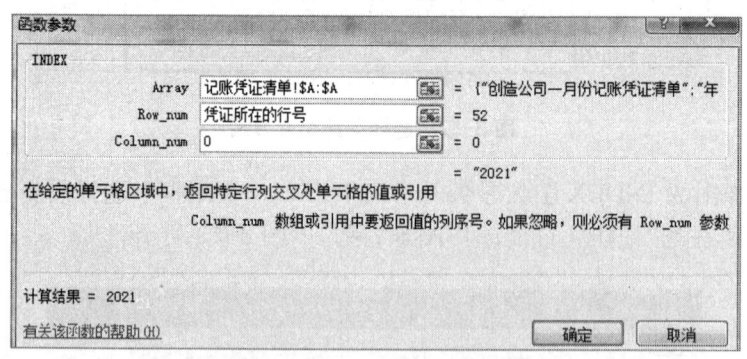

图 2-55　设置"年"自动对应显示

【公式解读：图 2-55 所示公式 INDEX(记账凭证清单!$A:$A,凭证所在的行号,0)表示：在"记账凭证清单"工作表的 A 列中，搜索 F2 单元格中输入的记账凭证编号对应在"记账凭证清单"工作表中的行号，列标不变，仍然是 A 列（Column_num 文本框中输入的数字"0"，表示列号不变），显示找到的行号与列标锁定的单元格的值，如记账凭证 18 号，则显示"2021"，如图 2-55 所示。】

（13）光标点击最后一个括弧前，输入和号"&"和文本信息"年"，结果如图 2-56 所示。

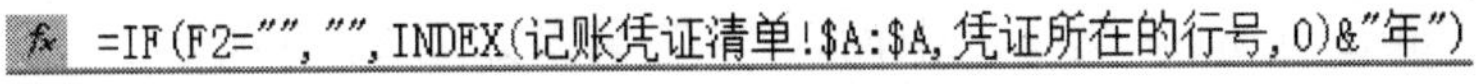

> =IF(F2="","",INDEX(记账凭证清单!$A:$A,凭证所在的行号,0)&"年")

图 2-56　设置对应凭证年份的自动显示之一

【公式解读：图 2-56 所示公式表示：如果 F2 单元格为空值，则显示为空，否则显示 INDEX 函数的结果（即搜索到的行号与列标组成的单元格值），并在其值后附加显示文本"年"，如记账凭证 18 号，则显示"2021 年"。】

（14）同上，接着输入和号"&"，复制【按〈Ctrl＋C〉组合键】如图 2-57 所示的选中函数。

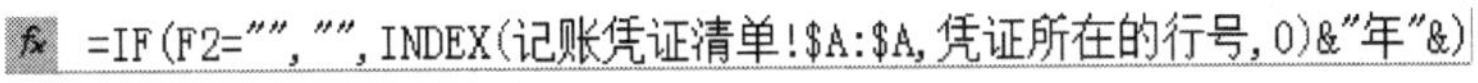

> =IF(F2="","",INDEX(记账凭证清单!$A:$A,凭证所在的行号,0)&"年"&)

图 2-57　设置对应凭证年份的自动显示之二

（15）同理使用和号"&"进行复制粘贴，并修改 INDEX 函数取数列号，以及相应文本信息。这样在 F2 单元格中输入需要打印的记账凭证序号，如"18"，则结果如图 2-58 所示。

【公式解读：IF(F2="","",INDEX(记账凭证清单!$A:$A,凭证所在的行号,0)&"年"&INDEX(记账凭证清单!$B:$B,凭证所在的行号,0)&"月"&INDEX(记账凭证清单!$C:$C,凭证所在的行号,0)&"日")公式表示：如果 F2 单元格为空值，则显示为空，否则，分别在记账凭证清单的 A 列中查找需打印的记账凭证序号所在的年份，在 B 列中的相应月数，在 C 列中的相应日期，然后分别结合相应文本信息显示。如记账凭证 18 号，则显示"2021 年 01 月 18 日"。】

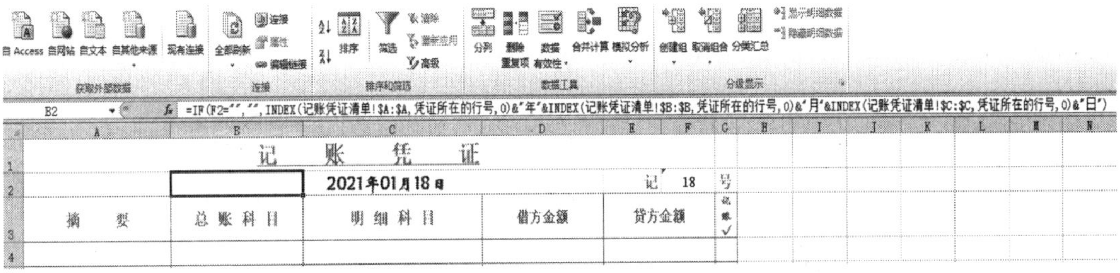

图 2-58　自动显示对应凭证的日期

（16）选中 A4 单元格，设置对应凭证的摘要自动显示。插入 IF 函数，在 Logical_test 文本框中输入"COUNTIF(记账凭证清单!$D:$D,$F$2)－ROW(A1)〉＝0"的条件。

【公式解读：COUNTIF(记账凭证清单!$D:$D,$F$2)－ROW(A1)〉＝0 表示：如果"记账凭证清单"工作表的 D 列中，对应 F2 单元格中输入的记账凭证序号的个数，减去数值"1"的结果大于等于零。这里之所以用 Row(A1)的函数代替数值"1"是为了之后函数的复制使用，如复制 A4 公式到 A5 单元格，公式将自动变成 COUNTIF(记账凭证清单!$D:$D,$F$2)－ROW(A2)〉＝0，此时减项就自动变成数值"2"。】

（17）在 Value_if_true 文本框中输入的"INDEX(记账凭证!F：F,凭证所在行号＋ROW(A1)－1)"。

【公式解读：如果步骤（16）的条件成立，则显示以对应记账凭证号在记账凭证清单中的"摘要"列。】

(18) 在 Value_if_false 文本框中输入"""",结果如图 2-59 所示。

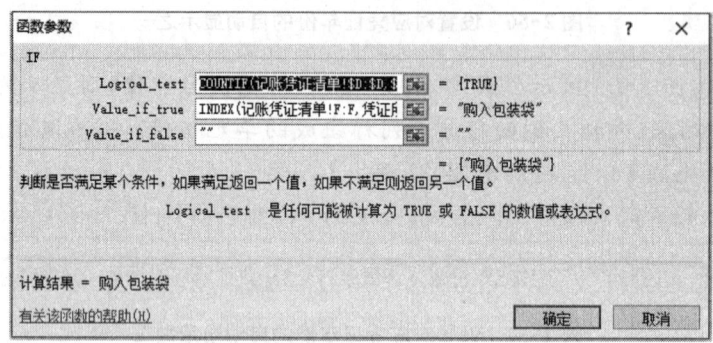

图 2-59  自动显示对应摘要的完整函数

【公式解读:以记账凭证 18 号为例,18 号凭证有三行。

公式"IF(COUNTIF(记账凭证清单!\$D:\$D,\$F\$2)−ROW(A1)〉=0,INDEX(记账凭证清单!F:F,凭证所在的行号)+ROW(A1)−1),"")"表示:首先用 COUNTIF(记账凭证清单!\$D:\$D,\$F\$2)查找出记字 18 号凭证的所有行数"3",在图 2-63 的第 4 行显示时(3−1〉0),则显示相应的结果。到第 7 行时,ROW(A4)=4,(即 3−4〈0),则显示为空白。采用该函数,可根据"记账凭证清单"上对应凭证号的凭证行数显示对应的凭证,从而实现根据需要自动显示凭证的目的。】

(19) 复制 A4 单元格,选中 B4 单元格区域,右击鼠标,选择"选择性粘贴"。在弹出对话框中,选择粘贴"公式"。结果如图 2-60 所示。

图 2-60  复制 A4 单元格公式至 B4 单元格

(20) 选中 B4 单元格,原公式为:"=IF(COUNTIF(记账凭证清单!\$D:\$D,\$F\$2)−ROW(B1)〉=0,INDEX(记账凭证清单!G:G,凭证所在的行号)+ROW(B1)−1),"")"。

更改 B4 单元格公式,即把 INDEX 函数取数列改为"总账科目"的列号"H"列之后,新的公式为:"=IF(COUNTIF(记账凭证清单!\$D:\$D,\$F\$2)−ROW(B1)〉=0,INDEX(记账凭证清单!H:H,凭证所在的行号)+ROW(B1)−1),"")"。

【公式解读：IF(COUNTIF(记账凭证清单!$D:$D,$F$2)－ROW(B1)>=0,INDEX(记账凭证清单!H:H,凭证所在的行号＋ROW(B1)－1),"")表示：如果对应记账凭证号的行数减 ROW(B1)(即"1")大于等于零，则显示对应的结果，即对应单元格的"总账科目"值，否则显示空值。】

(21) 复制 B4 单元格公式，选中 C4：E4 单元格，右击鼠标，选择"选择性粘贴"。在弹出对话框中，选择粘贴"公式"。按步骤(22)设置格式后，结果如图 2-61 所示。

图 2-61　复制 B4 单元格公式后

(22) 设置 A1：G13，零值不显示。点击"文件/选项/高级"选项，去掉选择"在具有零值的单元格中显示零"的选项，如图 2-62 所示。

图 2-62　零值不显示

(23) 选中 D12 单元格，点击 **Σ** 按钮，求和 D4:D11 区域。

(24) 同理，选中 E12 单元格，点击 **Σ** 按钮，求和 E4:E11 区域。

(25) 结果如图 2-63 所示。

| | A | B | C | D | E | F | G |
|---|---|---|---|---|---|---|---|
| 1 | 记 账 凭 证 | | | | | | |
| 2 | 2021年01月08日 | | | | 记 | 18 | 号 |
| 3 | 摘 要 | 总账科目 | 明细科目 | 借方金额 | 贷方金额 | | 记账✓ |
| 4 | 购入包装袋 | 周转材料 | | 6 000.00 | | | |
| 5 | 购入包装袋 | 应交税费 | 应交增值税（进项税额） | 780.00 | | | |
| 6 | 购入包装袋 | 预付账款 | 东莞市富润有限公司 | | 6 780.00 | | |
| 7 | | | | | | | |
| 8 | | | | | | | |
| 9 | | | | | | | |
| 10 | | | | | | | |
| 11 | | | | | | | |
| 12 | 附原始凭证 张 | 合 计 | | ¥6 780.00 | ¥6 780.00 | | |
| 13 | 财务主管： | 记账： | 出纳： | 审核： | 制单： | | |

**图 2-63 设置合计栏的自动显示**

(26) 完成设置之后，如果需要查询并且打印其他记账凭证，只需要在 F2 单元格中，输入需要查询的记账凭证序号即可。如“25”号，结果如图 2-64 所示。

| | A | B | C | D | E | F | G |
|---|---|---|---|---|---|---|---|
| 1 | 记 账 凭 证 | | | | | | |
| 2 | 2021年01月12日 | | | | 记 | 25 | 号 |
| 3 | 摘 要 | 总账科目 | 明细科目 | 借方金额 | 贷方金额 | | 记账✓ |
| 4 | 销售材料 | 应收账款 | 东莞市瑞祥贸易行 | 47 460.00 | | | |
| 5 | 销售材料 | 其他业务收入 | | | 42 000.00 | | |
| 6 | 销售材料 | 应交税费 | 应交增值税（销项税额） | | 5 460.00 | | |
| 7 | | | | | | | |
| 8 | | | | | | | |
| 9 | | | | | | | |
| 10 | | | | | | | |
| 11 | | | | | | | |
| 12 | 附原始凭证 张 | 合 计 | | ¥47 460.00 | ¥47 460.00 | | |
| 13 | 财务主管： | 记账： | 出纳： | 审核： | 制单： | | |

**图 2-64 记 25 号凭证的自动显示结果**

【注：这里设置的记账凭证中间有八行的空行，可自动显示八行会计科目的分录，如果会计实务工作企业的会计分录行次较多，可自由增加行次。】

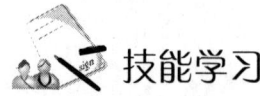

## 技能学习

### 函数介绍

1. MATCH(lookup_value, lookup_array, match_type)　查找指定元素的位置

【注：此函数一般不单独使用，习惯结合 INDEX 等函数使用。】

Lookup_value：为需要在 Look_array 中查找的数值。例如，如果要在电话簿中查找某人的电话号码，则应该将姓名作为查找值，但实际上需要的是电话号码。

Lookup_value 可以为数值（数字、文本或逻辑值）或对数字、文本或逻辑值的单元格引用。

Lookup_array：可能包含所要查找的数值的连续单元格区域。Lookup_array 应为数组或数组引用。

Match_type：为数字－1、0 或 1。Match-type 指明 Microsoft Excel 如何在 Lookup_array 中查找 Lookup_value。

如果 Match_type 为 1，函数 MATCH 查找小于或等于 Lookup_value 的最大数值。Lookup_array 必须按升序排列：…、－2、－1、0、1、2、…、A～Z、FALSE、TRUE。

如果 Match_type 为 0，函数 MATCH 查找等于 Lookup_value 的第一个数值。Lookup_array 可以按任何顺序排列。

如果 Match_type 为－1，函数 MATCH 查找大于或等于 lookup_value 的最小数值。Lookup_array 必须按降序排列：TRUE、FALSE、Z～A、…、2、1、0、－1、－2、…，等等。

如果省略 Match_type，则假设为 1。

【说明：函数 MATCH 返回 lookup_array 中目标值的位置，而不是数值本身。例如，MATCH("b",{"a","b","c"},0) 返回 2，即"b"在数组{"a","b","c"}中的相应位置。

查找文本值时，函数 MATCH 不区分大小写字母。

如果函数 MATCH 查找不成功，则返回错误值♯N/A。

如果 Match_type 为 0 且 Lookup_value 为文本，Lookup_value 可以包含通配符星号（*）和问号（?）。星号可以匹配任何字符序列；问号可以匹配单个字符。】

2. INDEX(array,row_num,column_num)

Array：为单元格区域或数组常量。

如果数组只包含一行或一列，则相对应的参数 Row_num 或 Column_num 为可选。

如果数组有多行和多列，但只使用 Row_num 或 Column_num，函数 INDEX 返回数组中的整行或整列，且返回值也为数组。

Row_num：数组中某行的行序号，函数从该行返回数值。如果省略 Row_num，则必须有 Column_num。

Column_num：数组中某列的列序号，函数从该列返回数值。如果省略 Column_num，则必须有 Row_num。

【说明：如果同时使用 Row_num 和 Column_num，函数 INDEX 返回 Row_num 和 Column_num 交叉处的单元格的数值。

Row_num 和 Column_num 必须指向 Array 中的某一单元格；否则，函数 INDEX 返回错误值♯REF!。】

**示例 2-5　利用 INDEX 函数结合 MATCH 函数进行向左查找**

前面介绍过 VLOOKUP 函数只能从左向右查询，而且关键字一般只在第一列。如果希望从右向左查询，VLOOKUP 函数在常规用法下就无法实现。但是，当 INDEX 函数和 MATCH 函数结合运用，正好能够实现类似 VLOOKUP 函数和 HLOOKUP 函数的查找功能，而且还可以进行逆向查询，即从右向左或者从下向上查询。

操作目的：从员工信息表（见图 2-65）中，利用员工姓名查询员工工号，如在 G2 单元格输入姓名“王五”后，G3 单元格会自动显示该员工工号。

| | A | B | C | D | E | F | G |
|---|---|---|---|---|---|---|---|
| 1 | 员工信息表 | | | | | 数据查询示例： | |
| 2 | 工号 | 姓名 | 部门 | 职务 | | 查找姓名： | 王五 |
| 3 | A014 | 张三 | 总经办 | 经理 | | 员工号： | |
| 4 | A076 | 李四 | 财务 | 会计 | | | |
| 5 | A026 | 王五 | 财务 | 经理 | | | |
| 6 | A052 | 赵倩 | 销售 | 经理 | | | |
| 7 | A018 | 姚云 | 生产 | 工人 | | | |

**图 2-65　数据查询示例题**

操作步骤：选中 G3 单元格，插入 INDEX 函数，选择第一种组合方式，在弹出的函数参数对话框中，如图 2-66(b)所示在 Array 数据源区域文本框中选择 A3:A7，光标移至 Row_num 行号文本框中，点击 fx，插入函数 MATCH，如图 2-66(c)、图 2-66(d)所示设置 MATCH 函数参数，点击“确定”按钮完成设置。查询结果如图 2-66(e)所示。

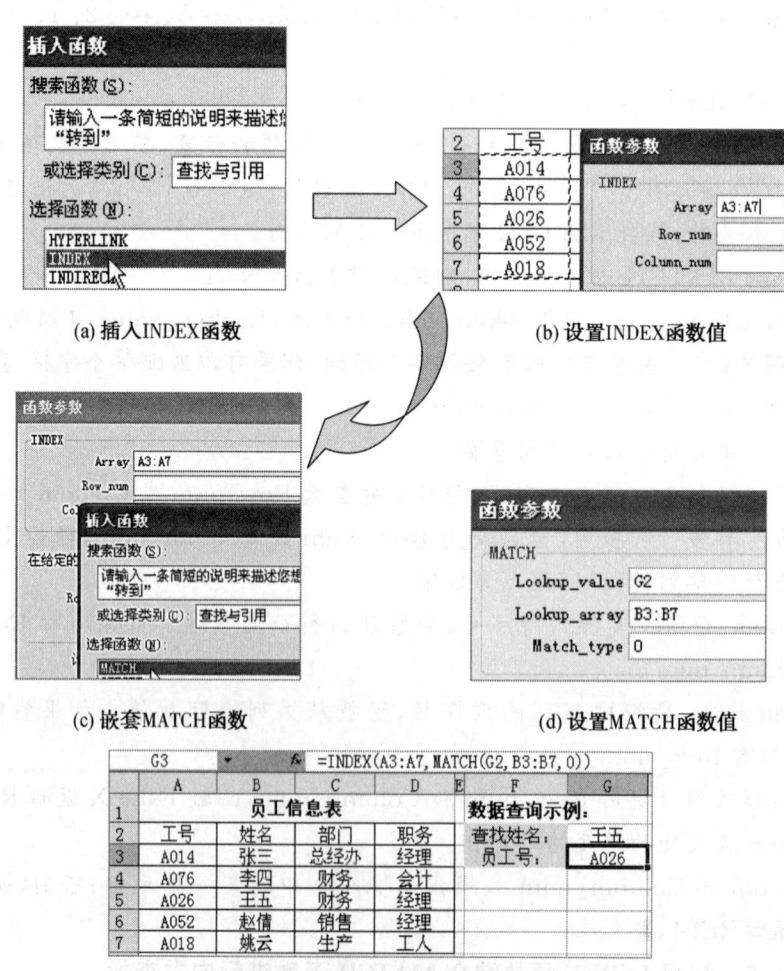

(a) 插入INDEX函数　(b) 设置INDEX函数值　(c) 嵌套MATCH函数　(d) 设置MATCH函数值　(e) 查询结果显示

**图 2-66　设置 MATCH 函数参数查询与引用函数**

## 3. ROW(reference)

Reference：为需要得到其行号的单元格或单元格区域。

如果省略 Reference，则假定是对函数 ROW 所在单元格的引用。

Reference 不能引用多个区域。

**示例 2-6　利用 ROW 函数生成永存的序列编号值**

操作目的：使用公式生成自动显示的永存的序列编号值，如 0、1、2、3、4 等。

操作步骤：在 A1 单元格，设置公式：=ROW()-1，向下拖动公式至需要的单元格，结果如图 2-67 所示。

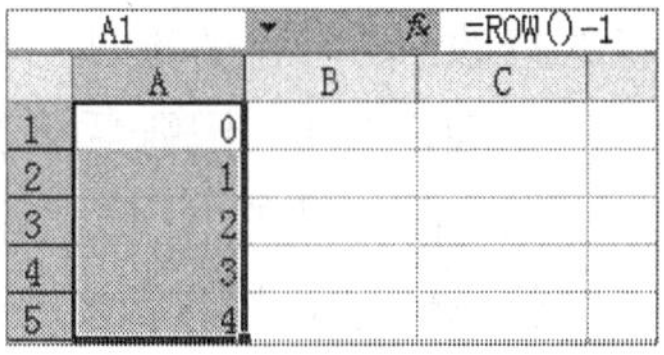

## 4. COUNTIF(range, criteria)　条件计数函数

Range：为需要计算其中满足条件的单元格数目的单元格区域。

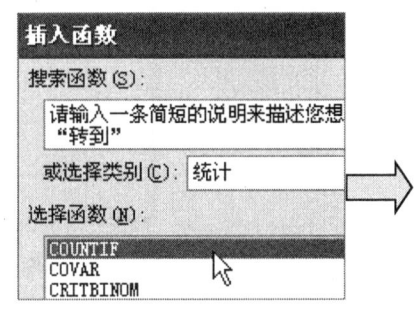

图 2-67　ROW 函数示例

Criteria：为确定哪些单元格将被计算在内的条件，其形式可以为数字、表达式、文本或者含"*"和"?"通配符的条件。例如，条件可以表示为 32、">32"、"女"、"张*"等。

**示例 2-7　利用 CUNTIF 计算不及格科目数**

操作目的：在成绩单中计算每个学生的不及格科目数。

操作步骤：选中 G2 单元格，插入 COUNTIF 函数，如图 2-68 所示设置函数参数，复制公式至 G6 单元格，完成函数条件计数。

(a) 需设置成绩单　　　　　　　　　　(b) 插入 COUNTIF 函数

(c) 设置 COUNTIF 参数　　　　　　　(d) 统计的结果

图 2-68　利用 COUNTIF 计算不及格科目数

## 2.4 数据的保护与隐藏

电脑操作可以十分方便且不留痕迹地更改记录,同时,也可能无意中更改或者破坏了数据信息。所以,必须对一些重要的资料进行保护或者隐藏。比如,"记账凭证打印"工作表的设置比较复杂,而且一经设置一般情况都不需要变动。因此,为了防止出现无意的修改、破坏等情况,应将工作表保护起来。

下面以保护"记账凭证打印"工作表为例,具体步骤如下:

(1) 在打开的"记账凭证打印"工作表中,选中需要保护的内容,如 A1:G13 区域,右击鼠标,选择"设置单元格格式"对话框的"保护"选项卡,把"锁定""隐藏"选项点上,如图 2-69 所示。

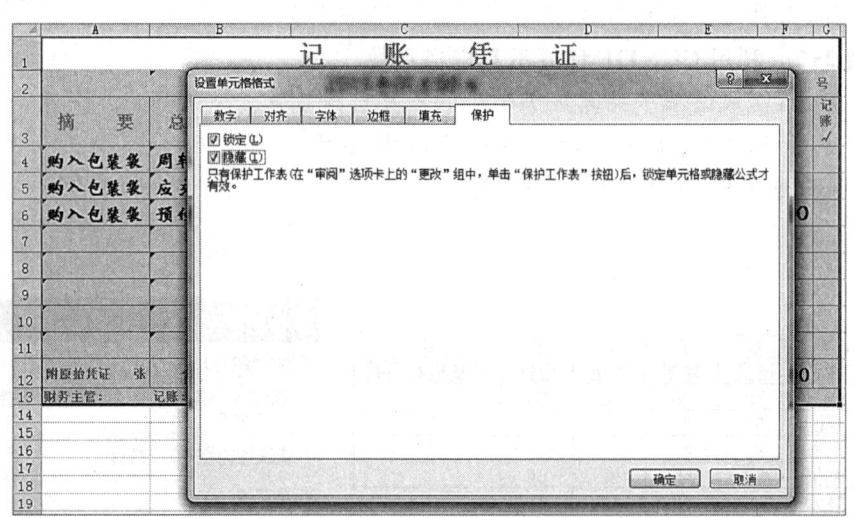

图 2-69 设置保护选项卡

(2) 完成上一步操作后,点击菜单栏"审阅/允许用户编辑区域",如图 2-70 所示。

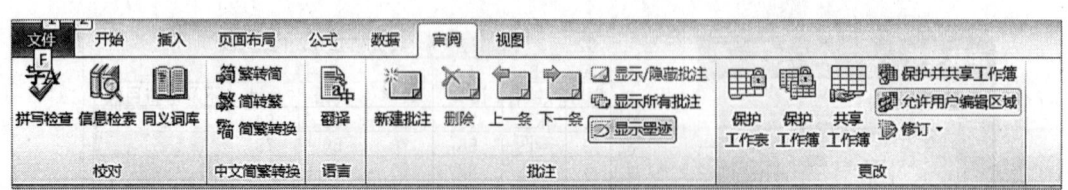

图 2-70 选择"保护"菜单

【注:这里主要考虑其中的 F2 单元格是允许修改的,所以采用"允许用户编辑区域"选项,否则可直接使用"保护工作表"选项。】

(3) 在弹出的"允许用户编辑区域"对话框中,点击"新建"按钮,如图 2-71 所示。

(4) 在弹出的"新区域"对话框中,如图 2-72 所示,设置 F2 单元格为允许更改的区域。

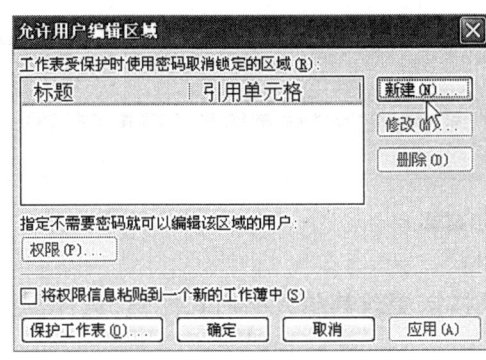

图 2-71 新建允许编辑区域

图 2-72 设置区域值

(5) 点击"确定"按钮后,自动回到"允许用户编辑区域"对话框后,点击"保护工作表"按钮,如图 2-73 所示。

(6) 在弹出"保护工作表"对话框中,输入密码,如"123"。点击"确定"按钮,如图 2-74 所示。

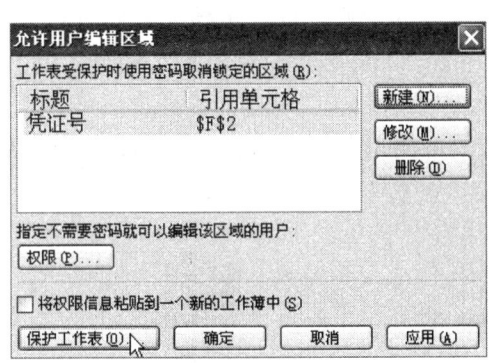

图 2-73 设置"保护工作表"

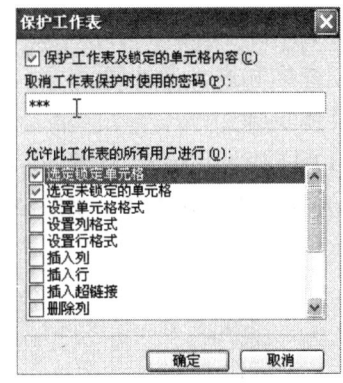

图 2-74 设置保护密码

(7) 在弹出的"确认密码"对话框中,重新输入密码,如"123",点击"确定"按钮,如图 2-75 所示。

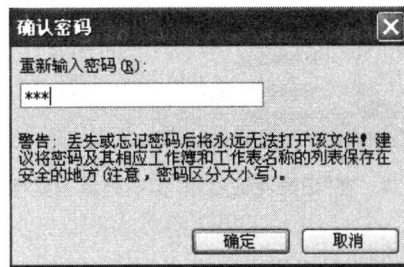

图 2-75 确认密码

(8) 如上操作后，完成工作表的保护。假设想更改 B4 单元格，Excel 会跳出如图 2-76 所示的提示，阻止更改。并且工作表中所有的公式都被隐藏起来。

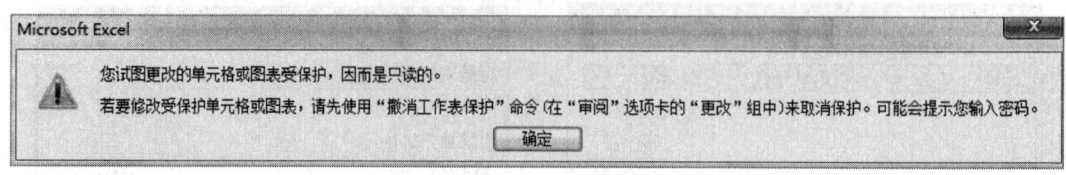

图 2-76　提示菜单

(9) 但是，对于不受影响的 F2 单元格可以按需更改其单元格所在的值，选择需要打印的记账凭证。

同样，可以对其他需要保护的工作表进行保护，也可以隐藏工作表的行列。

## 2.5　记账凭证的期末处理

实务工作中，每个月末都要将当月录入完成的记账凭证在审核无误后进行保存，以备后期查询和进一步处理。

具体步骤如下：

(1) 打开"创造公司账簿.xlsx"的"记账凭证清单"工作表，在左下角的"记账凭证清单"标签处单击鼠标右键。如图 2-77 所示。

图 2-77　在"记账凭证清单"标签处单击鼠标右键

(2) 在弹出的菜单中，单击"移动或复制"，并在"移动或复制工作表"对话框中选中"建立副本"。如图 2-78 所示。

图 2-78 打开的"移动或复制工作表"对话框

（3）在"移动或复制工作表"对话框中单击"工作簿"右侧的下拉箭头，并在其中选择"(新工作簿)"。如图 2-79 所示。

（4）单击"确定"，一个只有当月记账凭证清单的新工作簿就被打开了。

（5）选中第 1 行，单击鼠标右键删除。

（6）在列表框上，单击鼠标右键，剪切(即删除)。如图 2-80 所示。

图 2-79 在"移动或复制工作表"对话框中选择"(新工作簿)"

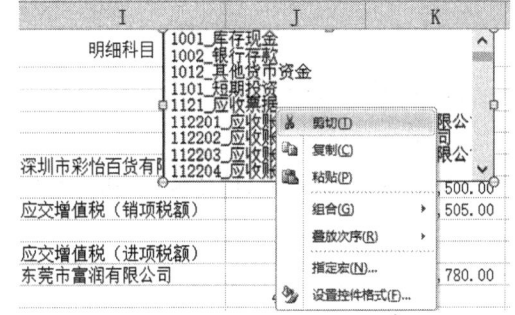

图 2-80 在新工作簿中剪切列表框

（7）在左下角的"记账凭证清单"标签上双击鼠标左键，将其修改为"2021 年 1 月份记账凭证清单"。如图 2-81 所示。

（8）将新工作簿改名为"记账凭证清单"，并保存在以后能够方便查找的文件夹中。

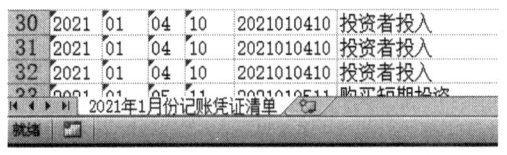

图 2-81 修改后新工作簿

（9）以后月份需要备份记账凭证清单时，在"移动或复制工作表"对话框中单击"工作簿"右侧的下拉箭头，选中该记账凭证清单工作簿。

(10) 按上述第(7)步的操作方法,将新备份的记账凭证清单表修改成新的名称,如"2021年2月份记账凭证清单"。以后月份的操作方法类似,不再赘述。

# 实验二 记账凭证处理

## 一、实验目的

建立新华厂的自动显示编号、会计科目以及科目编码有效性的记账凭证清单,然后再根据下面的实验资料填制记账凭证,进行试算平衡,并且设置记账凭证的打印与保护。

## 二、实验资料

(1) 根据实验一的基础设置资料,继续完成记账凭证的处理。
(2) 根据下面的经济业务填制记账凭证。

新华厂2021年1月发生如下经济业务:

1. 3日,签发现金支票,提取现金备发工资6 000元。

| | |
|---|---:|
| 借:库存现金 | 6 000 |
|   贷:银行存款 | 6 000 |

2. 4日,以现金发放上月欠发工资6 000元。

| | |
|---|---:|
| 借:应付职工薪酬 | 6 000 |
|   贷:库存现金 | 6 000 |

3. 7日,销售产品,价款400 000元,增值税征收率为3%,税额12 000,收到支票送存银行。

| | |
|---|---:|
| 借:银行存款 | 412 000 |
|   贷:主营业务收入 | 400 000 |
|     应交税费——应交增值税(销项税额) | 12 000 |

4. 9日,上缴上月所得税2 000元,以银行存款支付。

| | |
|---|---:|
| 借:应交税费——应交所得税 | 2 000 |
|   贷:银行存款 | 2 000 |

5. 12日,以现金购入办公用品750元,直接由厂部办公室领用。

| | |
|---|---:|
| 借:管理费用 | 750 |
|   贷:库存现金 | 750 |

6. 17日,签发转账支票271 200元,支付采购材料款,材料未到。其中,材料价款240 000元,增值税额31 200元。

借：在途物资 271 200
　　贷：银行存款 271 200

7. 20日，发生销售退回，应冲销主营业务收入15 000元，应交税费450元，退回银行存款15 450元。

借：银行存款 −15 450
　　贷：主营业务收入 −15 000
　　　　应交税费——应交增值税 −450

8. 24日，签发转账支票72 960元，购入自用小汽车一辆，当即交付使用。

借：固定资产 72 960
　　贷：银行存款 72 960

9. 27日，生产车间生产产品，领用材料40 000元。

借：生产成本 40 000
　　贷：原材料 40 000

10. 28日，以银行存款支付本月银行手续费2 117元。

借：财务费用 2 117
　　贷：银行存款 2 117

11. 29日，本月17日采购的材料及上月采购的材料一起验收入库，共计271 200元。

借：原材料 271 200
　　贷：在途物资 271 200

12. 30日，支付办公费含税额2 000元。

借：管理费用 2 000
　　贷：银行存款 2 000

13. 31日，分配本月应付工资。其中，车间生产工人工资320 000元，车间管理人员工资110 000元，行政管理人员工资70 000元。

借：生产成本 320 000
　　制造费用 110 000
　　管理费用 70 000
　　贷：应付职工薪酬 500 000

14. 31日，计提本月固定资产折旧费66 605元。其中，生产车间折旧61 605元，管理部门折旧5 000元。

借：制造费用 61 605
　　管理费用 5 000
　　贷：累计折旧 66 605

15. 31日,分配本月制造费用。

  借：生产成本　　　　　　　　　　　　　　　　　　　　　　　171 605
    贷：制造费用　　　　　　　　　　　　　　　　　　　　　　　171 605

16. 31日,结转本月完工产品成本531 605元。

  借：库存商品　　　　　　　　　　　　　　　　　　　　　　　531 605
    贷：生产成本　　　　　　　　　　　　　　　　　　　　　　　531 605

17. 31日,结转本月销售产品成本300 000元。

  借：主营业务成本　　　　　　　　　　　　　　　　　　　　　300 000
    贷：库存商品　　　　　　　　　　　　　　　　　　　　　　　300 000

18. 31日,结转当期损益。

  借：本年利润　　　　　　　　　　　　　　　　　　　　　　　379 867
    贷：管理费用　　　　　　　　　　　　　　　　　　　　　　　 77 750
      财务费用　　　　　　　　　　　　　　　　　　　　　　　  2 117
      主营业务成本　　　　　　　　　　　　　　　　　　　　　300 000
  借：主营业务收入　　　　　　　　　　　　　　　　　　　　　385 000
    贷：本年利润　　　　　　　　　　　　　　　　　　　　　　　385 000

【实验提示：首先,打开实验一的"新华厂"工作簿,插入一个"记账凭证清单"工作表,设置记账凭证清单的基本格式,通过和号"&"自动生成凭证编号;通过VLOOKUP函数自动显示会计科目名称;通过数据有效性设置科目代码的输入提示与检查。

其次,参照实验二的经济业务会计分录输入记账凭证清单。

最后,插入一个"凭证打印"工作表,如本章介绍的公式嵌套,设置记账凭证自动打印。】

## 巩固提高二

### 一、单选题

1. 生成按"年＋月＋日＋序号"的凭证编号,是为了(　　)。
   A. 提供一张凭证的唯一的查询条件　　B. 仅是设置一个编号
   C. 提供可选项　　　　　　　　　　　D. 无特别意义

2. 账簿数据来源的起点是(　　)。
   A. 基础设置　　B. 记账凭证清单　　C. 科目汇总表　　D. 余额表

3. Excel 2010的函数嵌套最多(　　)层。
   A. 6　　　　　B. 7　　　　　　　C. 8　　　　　　D. 9

4. 定义名称,可使用的快捷键是(　　)。
   A.〈Ctrl＋1〉　B.〈Ctrl＋F2〉　　C.〈Ctrl＋F3〉　D.〈Ctrl＋F4〉

5. 在记账凭证清单的科目代码列中,可以输入的科目代码是(　　)。
   A. 总账科目　　B. 明细科目　　　C. 非末级科目　　D. 末级科目

6. 设置记账凭证清单中的科目代码列时,只允许输入满足条件的科目代码可通过( )功能实现。
   A. 名称　　　　　　B. 函数　　　　　　C. 数据有效性　　　　D. 筛选
7. 建立有效会计科目索引,是为了( )。
   A. 建立科目查询窗体的数据源　　　　B. 设置函数的取数范围
   C. 方便查询　　　　　　　　　　　　D. 方便显示
8. 在设置数据有效性时,若需要跨工作表调用数据资料,需使用( )。
   A. 公式　　　　　　B. 名称　　　　　　C. 序列　　　　　　D. 定位
9. 在设置数据有效性时,选定的允许"序列"的来源区域有空值存在,而又需要进行出错警告设置,从而阻止输入无效数值,则( )。
   A. 在"数据有效性"的"设置"中,选择"忽略空值"
   B. 在"数据有效性"的"设置"中,不选择"忽略空值"
   C. 在"数据有效性"的"出错警告"中,不选择"停止"样式
   D. 在"数据有效性"的"出错警告"中,选择"警告"样式
10. 若在函数设置时,需要始终不变地对一个单元格的值进行引用,则需设置该值为( )。
    A. 相对引用　　　　B. 混合引用　　　　C. 绝对引用　　　　D. 行绝对引用
11. 通过( )功能键,可以实现各种引用的切换。
    A. F2　　　　　　　B. F3　　　　　　　C. F4　　　　　　　D. F5
12. IF($G3="","",VLOOKUP($G3,会计科目,2,FALSE)),以下解释该公式的含义,说法正确的是( )。
    A. 如果 G3 单元格值为空,则显示为空值,否则在"会计科目"名称的第一列中查询 G3 的单元格值,并显示该名称的第二列的值
    B. 如果 G3 单元格值为空,则在"会计科目"名称的第一列中查询 G3 的单元格值,并显示该名称的第二列的值,否则显示为空值
    C. 如果 G3 单元格值为空,则显示为空值,否则在"会计科目"名称中查询 G3 的单元格值,并显示该名称的第二列的值
    D. 如果 G3 单元格值为空,则显示为空值,否则显示"会计科目"
13. 根据指定的商品名称在库存信息表中查询其价格,最好使用( )函数。
    A. SUMIF　　　　　B. VLOOKUP　　　　C. LOOK　　　　　　D. IF
14. 若需要光标移至在科目代码列时,提示"请输入科目代码",则( )。
    A. 在"数据有效性/设置"中进行设置
    B. 在"数据有效性/出错警告"中进行设置
    C. 在"数据有效性/输入信息"中进行设置
    D. 在"数据有效性/输入法模式"中进行设置
15. 在记账凭证清单中,设置凭证查询,可用( )。
    A. 记录单　　　　　B. 高级筛选　　　　C. 有效性　　　　　D. 自动筛选

16. IF(SUM(J:J)=SUM(K:K),"","借贷不平衡"),该函数是用于设置(　　)。
   A. 记账凭证清单的借贷不平衡提示    B. 期初余额的试算平衡
   C. 期末余额试算平衡    D. 借贷求和

17. 若需统计借方金额大于2 000元的科目数目,可使用(　　)。
   A. SUM()    B. SUMIF()    C. COUNTIF()    D. IF()

二、多选题

1. 记账凭证的主要项目有(　　)。
   A. 日期    B. 编号    C. 摘要    D. 科目

2. 在设置"记账凭证清单"时,项目"年""月""日""序号""凭证编号""摘要""科目代码""总账科目""明细科目""借方金额"和"贷方金额"中,必须设置为文本格式的有(　　)。
   A. 年、月、日、序号    B. 科目代码
   C. 总账科目    D. 明细科目

3. 在设置自动生成凭证编号时,可以使用(　　)生成。
   A. ＋    B. &
   C. CONCATENATE函数    D. COUNTIF函数

4. 使用名称的优点有(　　)。
   A. 增强公式的可读性和便于公式修改    B. 有利于简化公式
   C. 突破函数嵌套的限制    D. 简化函数设置

5. 在设置"记账凭证清单"时,项目"年""月""日""序号""凭证编号""摘要""科目代码""总账科目""明细科目""借方金额"和"贷方金额"中,应采用公式的有(　　)。
   A. 科目代码    B. 总账科目    C. 凭证编号    D. 借方金额

6. 在设置了有效性的记账凭证清单中录入会计科目代码时,可能为无效的科目代码有(　　)。
   A. 总账科目    B. 二级科目    C. 明细科目    D. 末级科目

7. 在利用Excel输入记账凭证时,必须输入的项目有(　　)。
   A. 年、月、日、序号    B. 摘要
   C. 总账科目    D. 科目代码

8. 名称可以定义(　　)。
   A. 单元格区域    B. 函数公式
   C. 单元格    D. 间隔单元格区域

9. 利用Excel建立相应的账簿的保护,具体步骤为(　　)。
   A. 选中需保护的区域,调出"单元格格式"对话框的"保护"选项卡,把"锁定"、"隐藏"选项点上
   B. 选中需保护的区域,调出"单元格格式"对话框的"保护"选项卡,把"锁定"选项点上
   C. 点击"审阅/保护工作表"菜单项
   D. 输入密码,完成保护

## 三、判断题

1. 可以利用 VLOOKUP 函数来计算会计科目的本期发生额。 (　　)

2. 通过连接“年”“月”“日”和“序号”来自动生成按“年＋月＋日＋序号”的凭证编号,只能采用 & 作为连接符。 (　　)

3. 根据指定的商品名称在库存信息表中查询其价格,不可以使用 VLOOKUP 函数。 (　　)

4. 利用 Excel 编制账簿,其数据来源的起点是余额表。 (　　)

5. 定义名称,可使用的快捷键是〈Ctrl＋F3〉。 (　　)

6. 在设置数据有效性时,若需要跨工作表调用数据资料,需使用名称。 (　　)

7. 公式“＝IF(SUM(J:J)＝SUM(K:K),"输入的结果正确!","借贷不平衡,差额为:"&SUM(J:J)－SUM(K:K))”不能用于“记账凭证清单的借贷不平衡提示”。 (　　)

8. 在函数设置时,如果要求始终不变地对一个单元格的值进行引用,则需设置该值为相对引用。 (　　)

9. 在记账凭证清单中的科目代码列,可以输入的科目代码是末级科目。 (　　)

## 四、看图分析题

根据图 2-82、图 2-83 的内容,分析选择完成下列 1～5 题的不定项选择题。

| | A | B | C | D | E |
|---|---|---|---|---|---|
| 1 | 编码方案：**422** | | | 试算差额： | |
| 2 | ***** ** ** | | | 经试算已平衡 | |
| 3 | | | | | |
| 4 | 科目代码 | 总账科目 | 明细科目 | 期初借方余额 | 期初贷方余额 |
| 5 | 1001 | 库存现金 | | 1 100.00 | |
| 6 | 1002 | 银行存款 | | 923 000.00 | |
| 7 | 100201 | 银行存款 | 工行存款 | 892 000.00 | |
| 8 | 100202 | 银行存款 | 建行存款 | 31 000.00 | |

基础设置 / 记账凭证清单

图 2-82　某企业 1 月份科目的期初余额(部分)

| | A | B | C | D | E | F | G | H | I | J | K |
|---|---|---|---|---|---|---|---|---|---|---|---|
| 1 | | | | | | | 创造公司一月份记账凭证清单 | | | 1001_库存现金<br>1002_银行存款<br>1012_其他货币资金<br>1101_短期投资<br>1121_应收票据<br>112201_应收账款_东莞市宏达商场有限公<br>112202_应收账款_东莞市兴盛有限公司<br>112203_应收账款_深圳市彩怡百货有限公<br>112204_应收账款_东莞市瑞祥贸易行 | |
| 2 | 年 | 月 | 日 | 序号 | 凭证编号 | 摘要 | 科目代码 | 总账科目 | 明细科目 | 借方金额 | 贷方金额 |
| 3 | 2021 | 01 | 01 | 01 | 2021010101 | 支付租金 | 4101 | 制造费用 | | 7 000.00 | |
| 4 | 2021 | 01 | 01 | 01 | 2021010101 | 支付租金 | 1002 | 银行存款 | | | 7 000.00 |
| 5 | 2021 | 01 | 01 | 02 | 2021010102 | 提现 | 1001 | 库存现金 | | 8 000.00 | |
| 6 | 2021 | 01 | 01 | 02 | 2021010102 | 提现 | 1002 | 银行存款 | | | 8 000.00 |
| 7 | 2021 | 01 | 01 | 03 | 2021010103 | 销售商品 | 112203 | 应收账款 | 深圳市彩怡百货有限公司 | 439 005.00 | |
| 8 | 2021 | 01 | 01 | 03 | 2021010103 | 销售商品 | 5001 | 主营业务收入 | | | 388 500.00 |
| 9 | 2021 | 01 | 01 | 03 | 2021010103 | 销售商品 | 22210106 | 应交税费 | 应交增值税（销项税额） | | 50 505.00 |
| 10 | 2021 | 01 | 01 | 04 | 2021010104 | 预付款购入包装袋 | 1411 | 周转材料 | | 6 000.00 | |
| 11 | 2021 | 01 | 01 | 04 | 2021010104 | 预付款购入包装袋 | 22210101 | 应交税费 | 应交增值税（进项税额） | 780.00 | |
| 12 | 2021 | 01 | 01 | 04 | 2021010104 | 预付款购入包装袋 | 112302 | 预付账款 | 东莞市富润有限公司 | | 6 780.00 |
| 13 | 2021 | 01 | 02 | 05 | 2021010205 | 现金折扣1% | 1002 | 银行存款 | | 435 120.00 | |
| 14 | 2021 | 01 | 02 | 05 | 2021010205 | 现金折扣1% | 5603 | 财务费用 | | 3 885.00 | |
| 15 | 2021 | 01 | 02 | 05 | 2021010205 | 现金折扣1% | 112203 | 应收账款 | 深圳市彩怡百货有限公司 | | 439 005.00 |
| 16 | 2021 | 01 | 02 | 06 | 2021010206 | 购入材料 | 140301 | 原材料 | 高级羊绒布料 | 61 000.00 | |
| 17 | 2021 | 01 | 02 | 06 | 2021010206 | 购入材料 | 140302 | 原材料 | 竹纤维布料 | 37 720.00 | |
| 18 | 2021 | 01 | 02 | 06 | 2021010206 | 购入材料 | 22210101 | 应交税费 | 应交增值税（进项税额） | 12 833.60 | |
| 19 | 2021 | 01 | 02 | 06 | 2021010206 | 购入材料 | 220202 | 应付账款 | 东莞市飞跃纺织品公司 | | 111 553.60 |
| 20 | 2021 | 01 | 02 | 07 | 2021010207 | 分期销售商品 | 112201 | 应收账款 | 东莞市宏达商场有限公司 | 293 065.50 | |
| 21 | 2021 | 01 | 02 | 07 | 2021010207 | 分期销售商品 | 5001 | 主营业务收入 | | | 259 350.00 |
| 22 | 2021 | 01 | 02 | 07 | 2021010207 | 分期销售商品 | 22210106 | 应交税费 | 应交增值税（销项税额） | | 33 715.50 |

图 2-83　某企业 1 月份的记账凭证清单(部分)

1. 根据图 2-82 的内容，H5 单元格中设置的资产类计算公式是（    ）。

A. ＝SUMIF(A：A,"1???",D：D)－SUMIF(A：A,"1???",E：E)

B. ＝SUMIF(A：A,"1???", E：E)－SUMIF(A：A,"1???", D：D)

C. ＝SUMIF(A：A,"1＊",D：D)－SUMIF(A：A,"1＊",E：E)

D. ＝SUMIF(A：A,"1＊", E：E)－SUMIF(A：A,"1＊", D：D)

2. 如图 2-83 所示,若已经完成设置 H5 至 H10 单元格公式的设置,现需要在 D2 单元格设置一个期初余额的试算平衡提示,以下公式正确的是（    ）。

A. ＝IF(E1,"经试算已平衡","经试算不平衡")

B. ＝IF(H9＝H10,"经试算已平衡","经试算不平衡")

C. ＝IF(H9＝H10,"经试算不平衡","经试算已平衡")

D. ＝SUMIF(H9＝H10,"经试算已平衡","经试算不平衡")

3. 如图 2-83 所示,D5：D8 区域中公式 SUMIF(A：A,"1＊",D：D)的值是（    ）。

A. 1 301 000.00    B. 20 000.00    C. 1 321 000.00    D. 1 847 100.00

4. 如图 2-83 所示,若需在 I1 单元格设置一个借贷不平衡提示并且能够在不平衡时显示出差额,以下公式正确的是（    ）。

A. ＝IF(SUM(J：J)＝SUM(K：K),"","借贷不平衡")

B. ＝IF(SUM(J：J)＝SUM(K：K),"","借贷不平衡,"&"差额为:"&SUM(J：J)－SUM(K：K))

C. ＝IF(SUM(J：J)＝SUM(K：K),"","借贷不平衡,"&"差额为:"SUM(J：J)－SUM(K：K))

D. ＝IF(SUM(J：J)＝SUM(K：K),"","借贷不平衡,差额为:"&SUM(J：J)－SUM(K：K))

5. 如图 2-83 所示,H4 单元格若需最佳方式自动显示总账科目名称,公式应当为（    ）。

A. ＝IF($G4＝"","",VLOOKUP($G4,基础设置!$B:$C,1,FALSE))

B. ＝VLOOKUP($G4,基础设置!$A:$C,2,FALSE)

C. ＝IF($G4＝"","",VLOOKUP($G4,基础设置!$A:$C,2,FALSE))

D. ＝IF($G4＝"",VLOOKUP($G4,基础设置!$A:$C,2,FALSE))

### 五、简答题

1. 如何自动生成记账凭证编号？生成的记账凭证编号表示什么含义？
2. 举例说明定义和使用名称的优点。
3. 什么是有效科目代码？为什么必须设置有效科目代码？
4. 简述设置会计科目输入错误提示的步骤。
5. 简述设置借贷不平衡自动提示的步骤。
6. 试对公式"＝IF(COUNTIF(记账凭证清单!$D:$D,$F$2)－ROW(A1)>＝0,INDEX(记账凭证清单!F:F,凭证所在的行号+ROW(A1)－1),"")"进行解释。

## 【参考答案】

一、1. A  2. B  3. B  4. C  5. D  6. C  7. A  8. B  9. A  10. C  11. C  12. A  13. B  14. C  15. D  16. A  17. C

二、1. ABCD  2. AB  3. BC  4. ABCD  5. BC  6. ABC  7. ABD  8. ABCD  9. ACD

三、1. ×  2. ×  3. ×  4. ×  5. √  6. √  7. ×  8. ×  9. √

四、1. A  2. B  3. D  4. B  5. C

五、(略)

# 第 3 章　运用 Excel 设置会计账簿

本章学习要点

通过本章学习，学生应掌握 Excel 的自动筛选、高级筛选、数据透视表等功能在会计实务中的基本应用；熟练使用 VLOOKUP 函数、SUMIF 函数以及 IF 函数建立余额表；掌握使用数据透视表建立科目汇总表、总账等；理解使用高级筛选建立明细账。

## 3.1　建立日记账

依据记账凭证设置和登记账簿是账务处理工作的重要环节。本章主要介绍如何根据已建立的记账凭证清单等有关数据，利用 Excel 的自动筛选、数据透视表、函数等功能，建立总分类账、明细分类账、科目汇总表和余额表等会计工作账表。

日记账簿，又称序时账簿，是对各项经济业务按照其发生的时间先后顺序，逐日逐笔登记的账簿。按其记录内容的不同可分为普通日记账和特种日记账。其中，特种日记账包括现金日记账和银行存款日记账。

(1) 普通日记账是用来序时地反映和逐笔记录全部经济业务情况的日记账。将每天所发生的经济业务按照其先后顺序，编制成记账凭证，根据记账凭证逐笔登记到普通日记账中，如企业设置的日记总账就是普通日记账。表 3-1 是普通日记账的格式。

表 3-1　普通日记账的格式

| 年 | 月 | 日 | 凭证编号 | 摘要 | 账户名称 | 借方金额 | 贷方金额 |
|---|---|---|---|---|---|---|---|
|   |   |   |   |   |   |   |   |
|   |   |   |   |   |   |   |   |
|   |   |   |   |   |   |   |   |

(2) 现金日记账是由出纳员根据审核无误后的现金收、付款凭证和银行存款付款凭证(记录从银行提取现金的业务)，序时逐日逐笔登记和反映现金增减变动情况的一

种特种日记账。

(3) 银行存款日记账是由出纳员根据审核后的银行存款收、付款凭证和现金付款凭证(记录将现金存入银行的业务),序时逐日逐笔登记,用以反映银行存款增减变动情况的一种特种日记账。

显而易见,普通日记账的格式与前面设置的“记账凭证清单”的格式极为相似,其中“账户名称”就是“总账科目”和“明细科目”。这样在利用 Excel 进行核算时,不用再专门设置普通日记账。可以采用审核无误的记账凭证清单代替,即序时的记账凭证清单代替普通日记账簿。如图 3-1 所示的记账凭证清单表,即可作为一个普通日记账,并且可以通过自动筛选的下拉列表选择特殊要求的日记账簿,如图 3-2 所示的“库存现金”日记账。

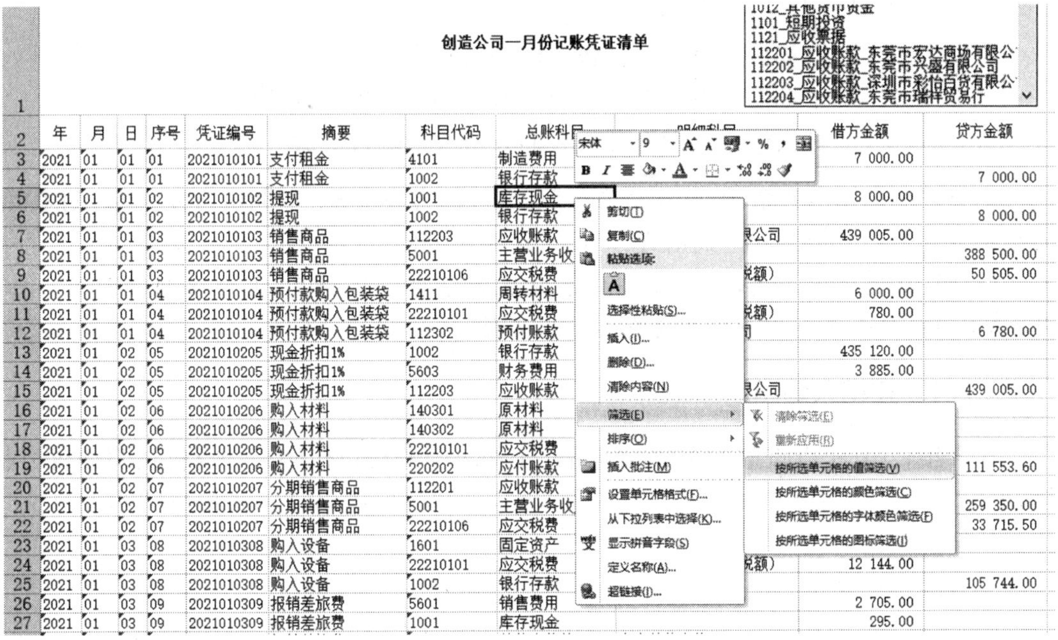


创造公司一月份记账凭证清单

| | 年 | 月 | 日 | 序号 | 凭证编号 | 摘要 | 科目代码 | 总账科目 | 明细科目 | 借方金额 | 贷方金额 |
|---|---|---|---|---|---|---|---|---|---|---|---|
| 3 | 2021 | 01 | 01 | 01 | 2021010101 | 支付租金 | 4101 | 制造费用 | | 7 000.00 | |
| 4 | 2021 | 01 | 01 | 01 | 2021010101 | 支付租金 | 1002 | 银行存款 | | | 7 000.00 |
| 5 | 2021 | 01 | 01 | 02 | 2021010102 | 提现 | 1001 | 库存现金 | | 8 000.00 | |
| 6 | 2021 | 01 | 01 | 02 | 2021010102 | 提现 | 1002 | 银行存款 | | | 8 000.00 |
| 7 | 2021 | 01 | 01 | 03 | 2021010103 | 销售商品 | 112203 | 应收账款 | 限公司 | 439 005.00 | |
| 8 | 2021 | 01 | 01 | 03 | 2021010103 | 销售商品 | 5001 | 主营业务收 | | | 388 500.00 |
| 9 | 2021 | 01 | 01 | 03 | 2021010103 | 销售商品 | 22210106 | 应交税费 | 税额) | | 50 505.00 |
| 10 | 2021 | 01 | 01 | 04 | 2021010104 | 预付款购入包装袋 | 1411 | 周转材料 | | 6 000.00 | |
| 11 | 2021 | 01 | 01 | 04 | 2021010104 | 预付款购入包装袋 | 22210101 | 应交税费 | 税额) | 780.00 | |
| 12 | 2021 | 01 | 01 | 04 | 2021010104 | 预付款购入包装袋 | 112302 | 预付账款 | 司 | | 6 780.00 |
| 13 | 2021 | 01 | 02 | 05 | 2021010205 | 现金折扣1% | 1002 | 银行存款 | | 435 120.00 | |
| 14 | 2021 | 01 | 02 | 05 | 2021010205 | 现金折扣1% | 5603 | 财务费用 | | 3 885.00 | |
| 15 | 2021 | 01 | 02 | 05 | 2021010205 | 现金折扣1% | 112203 | 应收账款 | 限公司 | | 439 005.00 |
| 16 | 2021 | 01 | 02 | 06 | 2021010206 | 购入材料 | 140301 | 原材料 | | | |
| 17 | 2021 | 01 | 02 | 06 | 2021010206 | 购入材料 | 140302 | 原材料 | | | |
| 18 | 2021 | 01 | 02 | 06 | 2021010206 | 购入材料 | 22210101 | 应交税费 | | | |
| 19 | 2021 | 01 | 02 | 06 | 2021010206 | 购入材料 | 220202 | 应付账款 | | | 111 553.60 |
| 20 | 2021 | 01 | 02 | 07 | 2021010207 | 分期销售商品 | 112201 | 应收账款 | | | |
| 21 | 2021 | 01 | 02 | 07 | 2021010207 | 分期销售商品 | 5001 | 主营业务收 | | | 259 350.00 |
| 22 | 2021 | 01 | 02 | 07 | 2021010207 | 分期销售商品 | 22210106 | 应交税费 | | | 33 715.50 |
| 23 | 2021 | 01 | 03 | 08 | 2021010308 | 购入设备 | 1601 | 固定资产 | | | |
| 24 | 2021 | 01 | 03 | 08 | 2021010308 | 购入设备 | 22210101 | 应交税费 | 税额) | 12 144.00 | |
| 25 | 2021 | 01 | 03 | 08 | 2021010308 | 购入设备 | 1002 | 银行存款 | | | 105 744.00 |
| 26 | 2021 | 01 | 03 | 09 | 2021010309 | 报销差旅费 | 5601 | 销售费用 | | 2 705.00 | |
| 27 | 2021 | 01 | 03 | 09 | 2021010309 | 报销差旅费 | 1001 | 库存现金 | | 295.00 | |

**图 3-1 建立普通日记账(部分)**

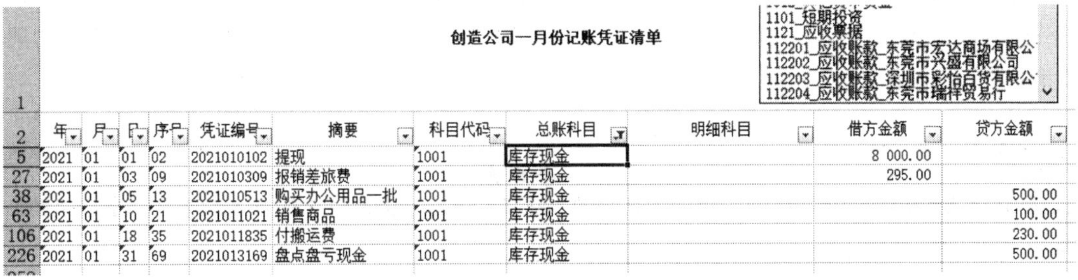


创造公司一月份记账凭证清单

| | 年 | 月 | 日 | 序号 | 凭证编号 | 摘要 | 科目代码 | 总账科目 | 明细科目 | 借方金额 | 贷方金额 |
|---|---|---|---|---|---|---|---|---|---|---|---|
| 5 | 2021 | 01 | 01 | 02 | 2021010102 | 提现 | 1001 | 库存现金 | | 8 000.00 | |
| 27 | 2021 | 01 | 03 | 09 | 2021010309 | 报销差旅费 | 1001 | 库存现金 | | 295.00 | |
| 38 | 2021 | 01 | 05 | 13 | 2021010513 | 购买办公用品一批 | 1001 | 库存现金 | | | 500.00 |
| 63 | 2021 | 01 | 10 | 21 | 2021011021 | 销售商品 | 1001 | 库存现金 | | | 100.00 |
| 106 | 2021 | 01 | 18 | 35 | 2021011835 | 付搬运费 | 1001 | 库存现金 | | | 230.00 |
| 226 | 2021 | 01 | 31 | 69 | 2021013169 | 盘点盘亏现金 | 1001 | 库存现金 | | | 500.00 |

**图 3-2 “库存现金”日记账**

实际工作中,通常采用 3.4 中介绍的方法来生成正式的现金日记账;采用 3.5 中的方法来生成正式的银行存款日记账。

## 3.2 编制余额表

尽管企业发生(或完成)的经济业务的原始数据经过了填制记账凭证的处理,但是这并不表明工作已经完成。因为某些记账凭证有可能错误,从而导致会计账簿数据失真,进而无法在期末得到准确无误的会计报表。因此,必须通过总账账户借方与贷方的平衡关系,对账户进行试算平衡。

根据"有借必有贷,借贷必相等"记账规则,记入总账借方的金额与记入其贷方的金额必然相等,即有以下三个平衡关系:

期初借方余额合计数＝期初贷方余额合计数
本期借方发生额合计数＝本期贷方发生额合计数
期末借方余额合计数＝期末贷方余额合计数

本节采用期初借方余额、期初贷方余额、本期借方发生额、本期贷方发生额、期末借方余额及期末贷方余额六栏式格式,以设置余额表为例进行介绍。

【说明:从通用性考虑,这里介绍的余额表既包含总账科目,也包含明细科目。但是,其明细科目余额合计一般是没有实际意义的。】

### 3.2.1 期初余额调用

在余额表中,可以直接调用"基础设置"工作表中的科目代码、总账科目、明细科目、期初借方余额、期初贷方余额。以后各月余额表的"科目代码""总账科目""明细科目"如无特殊情况,一般不要变动。

具体操作步骤如下:

(1) 在"创造公司账簿.xlsx"工作簿中增加一张工作表,重命名为"余额表"。

(2) 复制"基础设置"的 A4:E4 区域的"科目代码""总账科目""明细科目""期初借方余额""期初贷方余额",选择"余额表"的 A2 单元格进行粘贴,同时,选中 F2:I2 区域,分别输入"本期借方发生额""本期贷方发生额""期末借方余额""期末贷方余额"。结果如图 3-3 所示。

| | A | B | C | D | E | F | G | H | I |
|---|---|---|---|---|---|---|---|---|---|
| 1 | 余额表 | | | | | | | | |
| 2 | 科目代码 | 总账科目 | 明细科目 | 期初借方余额 | 期初贷方余额 | 本期借方发生额 | 本期贷方发生额 | 期末借方余额 | 期末贷方余额 |
| 3 | | | | | | | | | |
| 4 | | | | | | | | | |

图 3-3 设置余额表格式

【注:如果是其他月份,则将本月余额表的"期初借方余额"和"期初贷方余额"数值用上个月余额表的"期末借方余额"和"期末贷方余额"数值替换。】

(3) 选中“基础设置”工作表中 A5∶E117 区域(即全部期初余额区域),右击选择“复制”。

(4) 选中“余额表”工作表中的 A3 单元格,右击,选择“粘贴”。

(5) 选中 A2∶I2 的任一单元格,选择菜单栏“数据/筛选”命令。

(6) 点击 C2 单元格右侧下拉箭头,选择“(空白)”,这样可以筛选出所有的总账科目,如图 3-4 所示。

(7) D117 单元格公式为:“=SUMIF($A$3∶$A$116,"????",D3∶D116)”。

(8) 光标移至 D117 单元格右下角至出现实心十字,拖动至 I117 单元格,结果如图 3-5 所示。

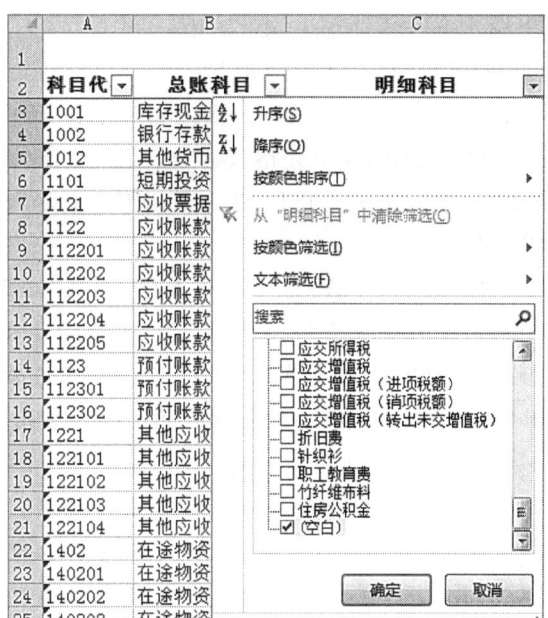

图 3-4 筛选总账科目

| | A | B | C | D | E |
|---|---|---|---|---|---|
| 1 | | | | | 余额表 |
| 2 | 科目代 | 总账科目 | 明细科目 | 期初借方余额 | 期初贷方余额 |
| 49 | 2202 | 应付账款 | | | 955 800.00 |
| 55 | 2203 | 预收账款 | | | 120 000.00 |
| 58 | 2211 | 应付职工薪酬 | | | 157 252.24 |
| 65 | 2221 | 应交税费 | | | 759 240.53 |
| 75 | 2231 | 应付利息 | | | 20 950.00 |
| 76 | 2232 | 应付利润 | | | 50 000.00 |
| 77 | 2241 | 其他应付款 | | | 11 660.00 |
| 79 | 2501 | 长期借款 | | | 150 000.00 |
| 80 | 3001 | 实收资本 | | | 739 581.20 |
| 81 | 3101 | 盈余公积 | | | 71 385.00 |
| 82 | 3103 | 本年利润 | | | |
| 83 | 3104 | 利润分配 | | | 60 489.60 |
| 87 | 4001 | 生产成本 | | 764 312.10 | |
| 90 | 4101 | 制造费用 | | | |
| 91 | 5001 | 主营业务收入 | | | |
| 92 | 5051 | 其他业务收入 | | | |
| 93 | 5301 | 营业外收入 | | | |
| 94 | 5401 | 主营业务成本 | | | |
| 95 | 5402 | 其他业务成本 | | | |
| 96 | 5403 | 税金及附加 | | | |
| 97 | 5601 | 销售费用 | | | |
| 98 | 5602 | 管理费用 | | | |
| 113 | 5603 | 财务费用 | | | |
| 114 | 5711 | 营业外支出 | | | |
| 115 | 5801 | 所得税费用 | | | |
| 116 | | | | | |
| 117 | | | | 3 160 195.24 | 3 160 195.24 |

图 3-5 期初余额设置

### 3.2.2 本期发生额调用

设置好期初余额后,可根据正确无误的记账凭证清单来自动生成本期的借贷方发生额。下列两种方法均可实现。

方法一的具体步骤如下：

(1) 打开"创造公司账簿.xlsx"工作簿的"余额表"工作表。

(2) 选中 F3 单元格，输入公式："=IF($C3="",SUMIF(记账凭证清单!$H:$H,$B3,记账凭证清单!$J:$J),SUMIF(记账凭证清单!$G:$G,$A3,记账凭证清单!$J:$J))"。

【公式解读：若 C3 单元格为空，则在"记账凭证清单"工作表的 H 列中搜索以 B3 单元格的值为查找条件，找到后求和"记账凭证清单"工作表所有的 J 列对应的相应值。否则在"记账凭证清单"工作表的 G 列中搜索以 A3 单元格的值为查找条件，找到后求和"记账凭证清单"工作表所有的 J 列对应的相应值。

即，若计算余额表中的只有总账科目（无明细科目）的科目余额，则本期发生额以"总账科目"为查找条件，在"记账凭证清单"工作表中查找"总账科目"列的相应值并计算求和"本期借方发生额"。若计算余额表中有带明细科目的科目余额，本期发生额则以"科目代码"为查找条件，在"记账凭证清单"工作表中查找"科目代码"列的相应值并计算求和"本期借方发生额"。】

(3) 光标移至 F3 单元格右下角至出现实心十字，拖动至 F116 单元格，完成 F 列单元格公式的设置工作。

(4) 复制 F3 单元格公式并粘贴到 G3 单元格，修改公式"=IF($C3="",SUMIF(记账凭证清单!$H:$H,$B3,记账凭证清单!$J:$J),SUMIF(记账凭证清单!$G:$G,$A3,记账凭证清单!$J:$J))"为"=IF($C3="",SUMIF(记账凭证清单!$H:$H,$B3,记账凭证清单!$K:$K),SUMIF(记账凭证清单!$G:$G,$A3,记账凭证清单!$K:$K))"，即求和范围更改为"记账凭证清单"的"贷方金额"列。

(5) 光标移至 G3 单元格右下角至出现实心十字，拖动至 G116 单元格，完成 G 列单元格公式的设置工作。

方法二的具体步骤如下：

(1) 打开"创造公司账簿.xlsx"工作簿的"余额表"工作表。

(2) 按图 3-4 筛选出总账科目后，在 F3 单元格中输入公式："=SUMIF(记账凭证清单!$H:$H,$B3,记账凭证清单!$J:$J)"。

【公式解读：在"记账凭证清单"工作表的 H 列中搜索以 B3 单元格的值为查找条件，找到后求和"记账凭证清单"工作表所有的 J 列对应的相应值。即，计算余额表中的无明细科目只有总账科目的科目余额，本期发生额则以"总账科目"为查找条件，在"记账凭证清单"工作表中查找"总账科目"列的相应值并计算求和"本期借方发生额"。】

(3) 光标移至 F3 单元格右下角至出现实心十字，按住鼠标左键拖动至 F116 单元格，初步完成 F 列单元格公式的设置工作。

(4) 选择 F3 单元格，光标移至右下角成实心十字，按住鼠标左键拖动至 G3 单元格，更改 G3 单元格公式，将"=SUMIF(记账凭证清单!$H:$H,$B3,记账凭证清单!$J:

$J)”改为“＝SUMIF(记账凭证清单!$H:$H,$B3,记账凭证清单!$K:$K)”,即求和范围更改为“记账凭证清单”的“贷方金额”列。

(5) 选择 G3 单元格,光标移至右下角成实心十字,拖动至 G116 单元格。

(6) 按照图 3-6 的方法去掉“空白”选项,筛选出明细科目。结果如图 3-7 所示。

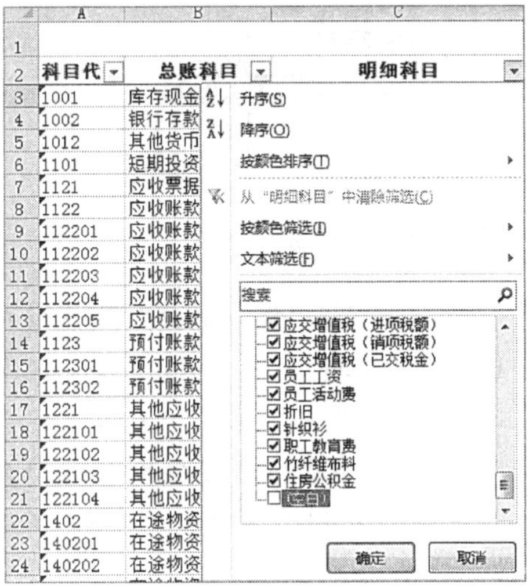


图 3-6 筛选明细科目

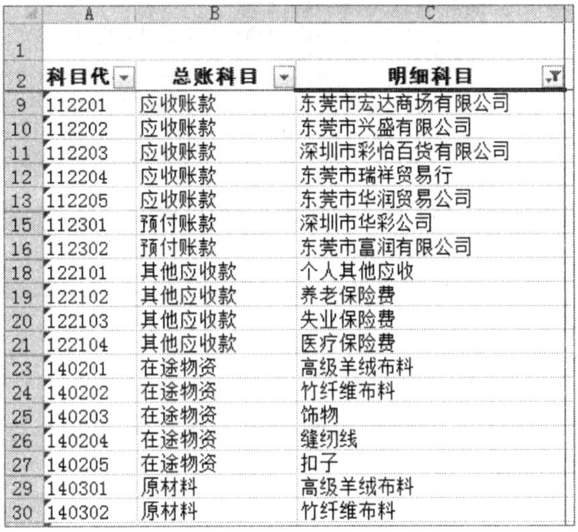

| | A 科目代 | B 总账科目 | C 明细科目 |
|---|---|---|---|
| 9 | 112201 | 应收账款 | 东莞市宏达商场有限公司 |
| 10 | 112202 | 应收账款 | 东莞市兴盛有限公司 |
| 11 | 112203 | 应收账款 | 深圳市彩怡百货有限公司 |
| 12 | 112204 | 应收账款 | 东莞市瑞祥贸易行 |
| 13 | 112205 | 应收账款 | 东莞市华润贸易公司 |
| 15 | 112301 | 预付账款 | 深圳市华彩公司 |
| 16 | 112302 | 预付账款 | 东莞市富润有限公司 |
| 18 | 122101 | 其他应收款 | 个人其他应收 |
| 19 | 122102 | 其他应收款 | 养老保险费 |
| 20 | 122103 | 其他应收款 | 失业保险费 |
| 21 | 122104 | 其他应收款 | 医疗保险费 |
| 23 | 140201 | 在途物资 | 高级羊绒布料 |
| 24 | 140202 | 在途物资 | 竹纤维布料 |
| 25 | 140203 | 在途物资 | 饰物 |
| 26 | 140204 | 在途物资 | 缝纫线 |
| 27 | 140205 | 在途物资 | 扣子 |
| 29 | 140301 | 原材料 | 高级羊绒布料 |
| 30 | 140302 | 原材料 | 竹纤维布料 |

图 3-7 筛选出的明细科目

(7) 在 F9 单元格(第 1 个明细科目)中输入公式:＝SUMIF(记账凭证清单!$G:$G,$A9,记账凭证清单!$J:$J)。

【公式解读:在“记账凭证清单”工作表的 G 列中搜索以 A9 单元格的值,找到后求和“记账凭证清单”工作表所有的 J 列对应的相应值。即,计算余额表中的带明细科目的科目余额,本期发生额则以“科目代码”为查找条件,在“记账凭证清单”工作表中查找“科目代码”列的相应值并计算求和“本期借方发生额”。】

(8) 光标移至 F9 单元格右下角至出现实心十字,拖动至 F116 单元格,这样,就完成了 F 列单元格公式的设置工作。

【注:

① 上述两种方法均可实现余额表中本期借借贷方发生额的调用。在学习了这两种方法以后,实际工作中就可以任选其中一种进行相应的处理了。

② 这里使用绝对引用、相对引用是为了复制公式的方便。】

(9) 选择 F9 单元格,光标移至右下角成实心十字,按住鼠标左键拖动至 G9 单元格,更改 G9 单元格公式,将“＝SUMIF(记账凭证清单!$G:$G,$A9,记账凭证清单!$J:$J)”改为“＝SUMIF(记账凭证清单!$G:$G,$A9,记账凭证清单!$K:$K) ”,即求和范围更改为“记账凭证清单”的“贷方金额”列。

【注:这里采用拖动加更改的方式,可以节约设置公式的时间。】

(10) 选择 G9 单元格,光标移至右下角成实心十字,拖动至 G116 单元格。

【说明:以上两种方法都存在一个缺陷,即对有三级及三级以上科目的中间级明细账的发生额,无法直接调用。实际工作中,用手工输入 SUM 函数求和相应下级明细科目发生额的方法来解决这一问题,如图 3-8 所示。】

| 科目代 | 总账科目 | 明细科目 | 期初贷方余额 | 本期借方发生 |
|---|---|---|---|---|
| 221106 | 应付职工薪酬 | 工会费 | 19 635.96 | |
| 221107 | 应付职工薪酬 | 职工教育费 | 14 726.97 | |
| 2221 | 应交税费 | | 759 240.53 | 997 274.89 |
| 222101 | 应交税费 | 应交增值税 | 438 989.04 | =SUM(F67:F69) |
| 22210101 | 应交税费 | 应交增值税(进项税额) | | 100 213.40 |
| 22210106 | 应交税费 | 应交增值税(销项税额) | | 414 173.55 |
| 22210107 | 应交税费 | 应交增值税(已交税金) | 438 989.04 | 438 989.04 |

图 3-8 使用 SUM 函数求和相应下级明细科目发生额

【如果事先定义了名称"科目代码""总账科目""借方金额"和"贷方金额",并能够理解公式"=IF(LEN($A3)=4,SUMIF(总账科目,$B3,借方金额),IF(AND(LEN($A3)=6,SUMIF(科目代码,$A3,借方金额)=0),SUMIF(科目代码,$A3&"*",借方金额),SUMIF(科目代码,$A3,借方金额)))",则可以在 F3 单元格中直接输入这个公式,然后拖动 F3 单元格到 G3 单元格,就可以避免如图 3-8 中用手工求和的方式,从而实现"本期借方发生额"和"本期贷方发生额"的自动化处理。】

### 3.2.3 期末余额计算

按会计核算的要求,根据期初借方余额、期初贷方余额、本期借方发生额合计、本期贷方发生额合计,计算期末余额,并确定其方向。可分下列两种情况:

(1) 期末余额的方向为"借"或"平",用公式 1 来计算余额。

期末余额=期初借方余额+本期借方发生额-本期贷方发生额　　(公式1)

如果结果为正数,余额的方向仍为"借";如果结果为负数,取绝对值,并且余额的方向转为"贷"。

(2) 期末余额的方向为"贷",那么用公式 2 来计算余额。

期末余额=期初贷方余额+本期贷方发生额-本期借方发生额　　(公式2)

如果结果为正数,余额的方向仍为"贷";如果结果为负数,取绝对值,并且余额的方向转为"借"。

综合上述两种情况,可采用公式 3 计算余额,即:

期末余额=(期初借方余额-期初贷方余额)+(本期借方发生额-本期贷方发生额)

(公式3)

如果上述公式 3 的值为正数,将其值记入借方;否则将其绝对值记入贷方。

期末余额计算的具体步骤如下:

(1) 打开"创造公司账簿.xlsx"工作簿的"余额表"工作表。

(2) 选中 H3 单元格。

(3) 单击 fx 按钮,执行"插入函数"命令。参照图 1-14 所示插入 IF 函数后,如图 3-9 所示,输入 IF 函数的各个参数。

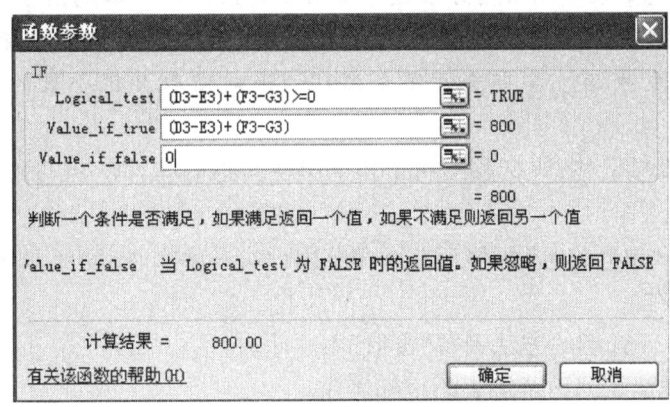

图 3-9　用 IF 函数设置期末余额

(4) 对上述输入完成的公式中的"(D3－E3)＋(F3－G3)"再套上一个取 2 位小数的函数,公式结果如下:

"＝IF((D3－E3)＋(F3－G3)>＝0,ROUND((D3－E3)＋(F3－G3),2),0)"

【公式解读:若(期初借方余额－期初贷方余额)＋(本期借方发生额－本期贷方发生额)大于等于零,则"期末借方余额"栏显示(期初借方余额－期初贷方余额)＋(本期借方发生额－本期贷方发生额)的结果,否则显示"0"值。】

(5) 选中 I3 单元格。

(6) 单击 fx 按钮,执行"插入函数"命令。参照图 1-14 所示插入 IF 函数后,如图 3-10 所示,输入函数。表示:若(期初借方余额－期初贷方余额)＋(本期借方发生额－本期贷方发生额)<0,则"期末贷方余额"栏显示(期初借方余额－期初贷方余额)＋(本期借方发生额－本期贷方发生额)的绝对值,否则显示"0"值。

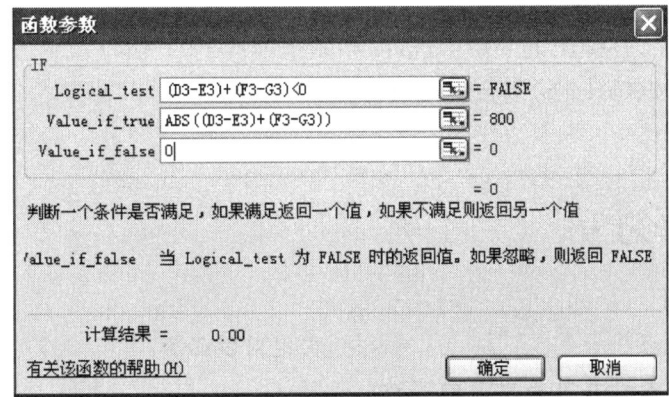

图 3-10　用 IF 函数嵌套设置期末余额

(7) 对上述输入完成的公式中的"ABS((D3－E3)＋(F3－G3))"再套上一个取 2 位小数的函数,公式结果如下:

"＝IF((D3－E3)＋(F3－G3)〈0,ROUND(ABS((D3－E3)＋(F3－G3)),2),0)"

【公式的解读:如果"(期初借方余额－期初贷方余额)＋(本期借方发生额－本期贷方发生额)"的结果小于零,则"期末贷方余额"栏显示"(期初借方余额－期初贷方余额)＋(本期借方发生额－本期贷方发生额)"的绝对值取 2 位小数的结果,否则显示"0"值。】

(8) 选中 H3 单元格,光标移至右下角至出现实心十字,拖动至 H116 单元格,完成 H 列的公式设置工作。

同时,选中 I3 单元格,光标移至右下角至出现实心十字,拖动至 I116 单元格,完成 I 列的公式设置工作。

(9) 按图 2-29 介绍的方法设置"零值"不显示。

至此,已完成建账月份余额表的全部操作。

在"期末余额"公式设置时,考虑到会计科目有可能出现借方余额,也有可能出现贷方余额,而且余额方向只能在一个方向,因此使用 IF 函数进行判断显示,从而得到需要的效果。由此可见,在利用 Excel 设置公式时,要养成良好的逻辑思维,从各种条件限制中找出共性和个性内容并进行归纳整理,得到简洁而不遗漏的条件描述。

以后月份开始时,应于第一时间更新余额表的期初借方余额和期初贷方余额。方法和步骤如下:

(1) 打开"创造公司账簿.XLSX"工作簿的"余额表"工作表。

(2) 选中 H3 单元格。

(3) 同时按住键盘上的〈Ctrl＋Shift〉组合键不放,再按键盘上向右的光标键,此时已选中 H3:I3 单元格区域。

(4) 继续同时按住键盘上的〈Ctrl＋Shift〉组合键不放,再按键盘上向下的光标键,此时已选中 H3:I115 单元格区域。

(5) 松开〈Ctrl＋Shift〉组合键,再按〈Ctrl＋C〉组合键,复制已选中的内容。

(6) 选中 D3 单元格。

(7) 右键单击,在弹出的菜单中选择"粘贴选项:"下的"值"后,单击鼠标左键。

(8) 最后再按〈Ctrl＋S〉组合键进行保存。

技能学习

### 函数介绍

ABS(number)                                   求绝对值函数

Number:需要计算其绝对值的实数。

如＝ABS(－4),返回结果为 4。

## 3.3 建立科目汇总表

在传统的会计核算方法中,科目汇总表账务处理程序是应用较广泛的一种。在没有实行会计电算化,或者正处于电算化与手工账并行期间的单位会计核算过程中,编制科目汇总表是一项比较繁重的工作。本节介绍利用 Excel 编制科目汇总表的方法将会大大减少会计工作量。

编制科目汇总表通常有两种方法可以选择,一是根据"余额表"建立,另一个就是直接根据记账凭证清单建立。下面将对两种方法进行详细说明。

方法一:根据"余额表"建立科目汇总表

具体步骤如下:

(1) 打开"创造公司账簿.xlsx"工作簿的"余额表"工作表,光标移至任一单元格。

(2) 在做好的余额表中,按图 3-4 所示筛选出总账科目,复制 A1:B116 区域,粘贴到新建的"科目汇总表"工作表中,如图 3-11 所示。

图 3-11 初步的科目汇总表

(3) 在"科目汇总表"工作表中的 A1 单元格输入"科目汇总表",并设置其在 A1:D1 区域为"跨列居中",设置字型为"粗体",字号为"18"。

(4) 在"科目汇总表"工作表中的 C2、D2 单元格分别输入"借方金额"和"贷方金额",设置字体为"黑体",字型为"粗体",字号为"11"。

(5) 在 C3 单元格,设置公式,如图 3-12 所示。

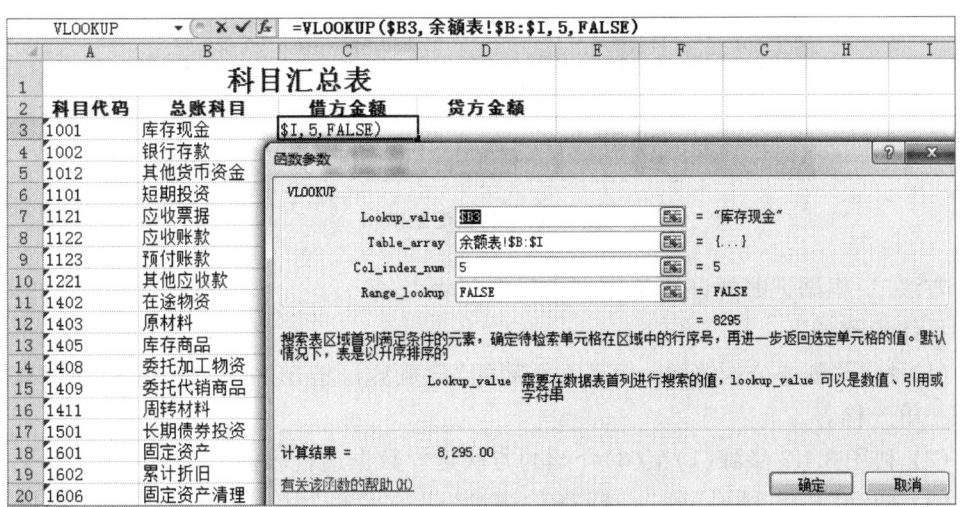

图 3-12 设置科目汇总表公式

(6) 选中 C3 单元格，至光标出现实心十字后拖动至 D3 单元格，复制 C3 单元格的公式至 D3，并修改 D3 单元格公式为"=VLOOKUP($B3,余额表!$B:$I,6,FALSE)"。

(7) 选中 C3:D3 区域，至光标出现实心十字后，双击鼠标。完成 C4:D50 的公式复制。结果如图 3-13 所示。

C3 　=VLOOKUP($B3,余额表!$B:$I,5,FALSE)

| | A | B | C | D | E |
|---|---|---|---|---|---|
| 1 | 科目汇总表 | | | | |
| 2 | 科目代码 | 总账科目 | 借方金额 | 贷方金额 | |
| 39 | 4101 | 制造费用 | 121 618.98 | 121 618.98 | |
| 40 | 5001 | 主营业务收入 | 2 394 315.00 | 2 394 315.00 | |
| 41 | 5051 | 其他业务收入 | 42 000.00 | 42 000.00 | |
| 42 | 5301 | 营业外收入 | 3 492.40 | 3 492.40 | |
| 43 | 5401 | 主营业务成本 | 2 014 174.40 | 2 014 174.40 | |
| 44 | 5402 | 其他业务成本 | 37 335.00 | 37 335.00 | |
| 45 | 5403 | 营业税金及附加 | 31 396.02 | 31 396.02 | |
| 46 | 5601 | 销售费用 | 90 889.77 | 90 889.77 | |
| 47 | 5602 | 管理费用 | 89 889.80 | 89 889.80 | |
| 48 | 5603 | 财务费用 | 11 485.00 | 16 690.90 | |
| 49 | 5711 | 营业外支出 | 31 272.50 | 31 272.50 | |
| 50 | 5801 | 所得税费用 | - | - | |
| 51 | | | | | |

**图 3-13　复制公式**

(8) 最后，在 B51 单元格输入"合计"，选中 C51:D51，点击"开始/自动求和"，如图 3-14 所示。

C51 　=SUM(C3:C50)

| | A | B | C | D |
|---|---|---|---|---|
| 1 | 科目汇总表 | | | |
| 2 | 科目代码 | 总账科目 | 借方金额 | 贷方金额 |
| 39 | 4101 | 制造费用 | 121 618.98 | 121 618.98 |
| 40 | 5001 | 主营业务收入 | 2 394 315.00 | 2 394 315.00 |
| 41 | 5051 | 其他业务收入 | 42 000.00 | 42 000.00 |
| 42 | 5301 | 营业外收入 | 3 492.40 | 3 492.40 |
| 43 | 5401 | 主营业务成本 | 2 014 174.40 | 2 014 174.40 |
| 44 | 5402 | 其他业务成本 | 37 335.00 | 37 335.00 |
| 45 | 5403 | 税金及附加 | 31 396.02 | 31 396.02 |
| 46 | 5601 | 销售费用 | 90 889.77 | 90 889.77 |
| 47 | 5602 | 管理费用 | 89 889.80 | 89 889.80 |
| 48 | 5603 | 财务费用 | 11 485.00 | 11 485.00 |
| 49 | 5711 | 营业外支出 | 31 272.50 | 31 272.50 |
| 50 | 5801 | 所得税费用 | - | - |
| 51 | | 合计 | 17 521 133.04 | 17 521 133.04 |

**图 3-14　科目汇总求和**

方法二：根据记账凭证清单建立科目汇总表

具体步骤如下：

(1) 打开"创造公司账簿.xlsx"工作簿的"记账凭证清单"工作表，光标移至有内容的任一单元格。

(2) 利用 3.4.2 步骤(1)至(3)介绍的方法建立数据透视表。

(3) 拖动"总账科目"到"行标签"，拖动"借方金额"和"贷方金额"至"数值"，如图 3-15 所示。

(4) 单击数值下的“计数项:借…”,在弹出的菜单中选“值字段设置”。如图 3-16 所示。

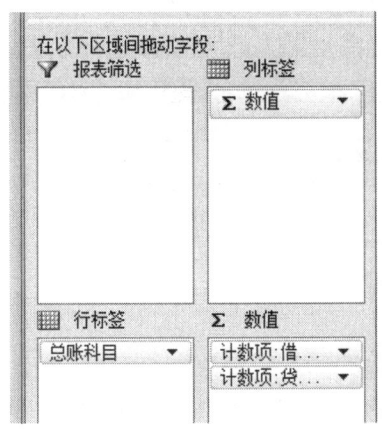

图 3-15 拖动字段

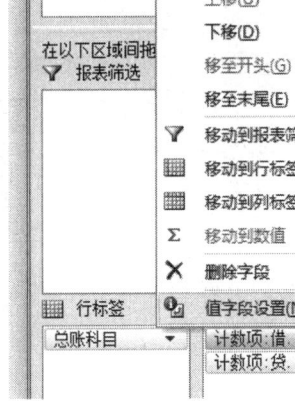

图 3-16 打开“值字段设置”

(5) 在计算类型中选择“求和”。如图 3-17 所示。

(6) 用同样的方法将“计数项:贷…”修改为“求和”后,得到了一个初步的“科目汇总表”。结果如图 3-18 所示。

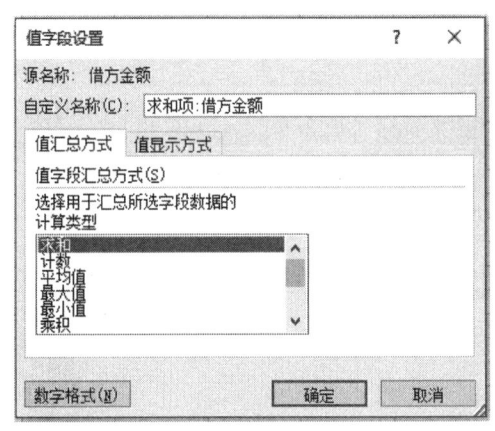

图 3-17 在计算类型中选择“求和”

| 2 | | | |
|---|---|---|---|
| 3 | 行标签 | 求和项:借方金额 | 求和项:贷方金额 |
| 4 | 本年利润 | 2 298 798.9 | 2 439 807.4 |
| 5 | 财务费用 | 11 485 | 11 485 |
| 6 | 待处理财产损溢 | 6 830.1 | 6 830.1 |
| 7 | 短期借款 | 50 000 | 50 000 |
| 8 | 短期投资 | 50 000 | |
| 9 | 固定资产 | 243 600 | 12 600 |
| 10 | 固定资产清理 | 10 500 | |
| 11 | 管理费用 | 89 889.8 | 89 889.8 |
| 12 | 库存商品 | 1 385 921.06 | 2 023 278.4 |
| 13 | 库存现金 | 8 295 | 1 330 |
| 14 | 累计摊销 | | 2 150 |
| 15 | 累计折旧 | 2 100 | 79 231.95 |
| 16 | 其他业务成本 | 37 335 | 37 335 |
| 17 | 其他业务收入 | 42 000 | 42 000 |
| 18 | 其他应付款 | 11 660 | 11 660 |
| 19 | 其他应收款 | 10 139.45 | 12 639.45 |
| 20 | 生产成本 | 556 943.26 | 1 321 255.36 |

图 3-18 未经修饰的科目汇总表(部分)

以下步骤为初步的“科目汇总表”进行自定义排序:

(1) 打开“基础设置”工作表,选中 B5:B117 单元格区域,将其复制到 G2 单元格,当然也可以复制到其他空白的单元格区域。

(2) 单击菜单中的“数据”,在“数据”下单击“删除重复项”。如图 3-19 所示。

(3) 单击“确定”,即可删除重复的总账科目。

(4) 单击菜单中的“文件”,单击“选项”,在“Excel 选项”中,选择“高级”。

(5) 拖动流动条到最下边,找到“编辑自定义列表”。如图 3-20 所示。

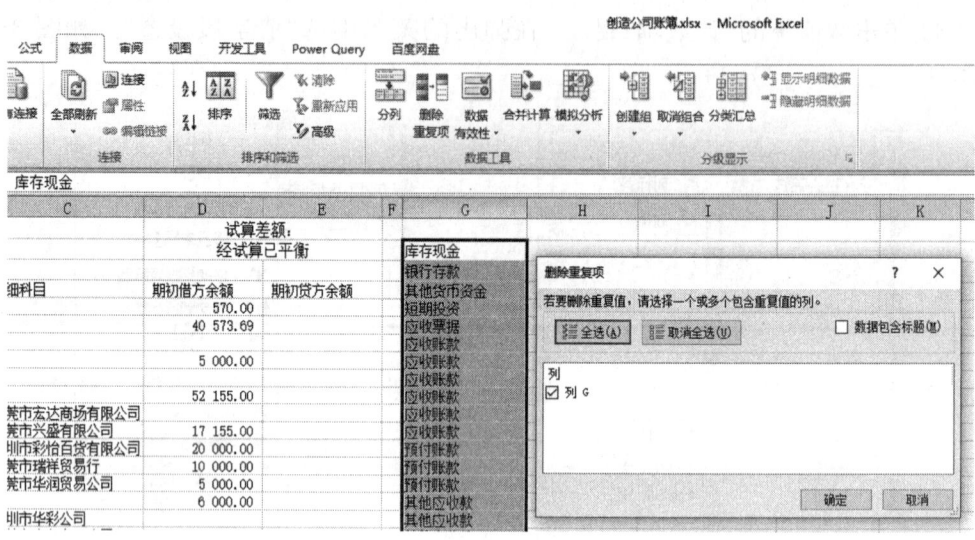

图 3-19 删除重复项(部分)

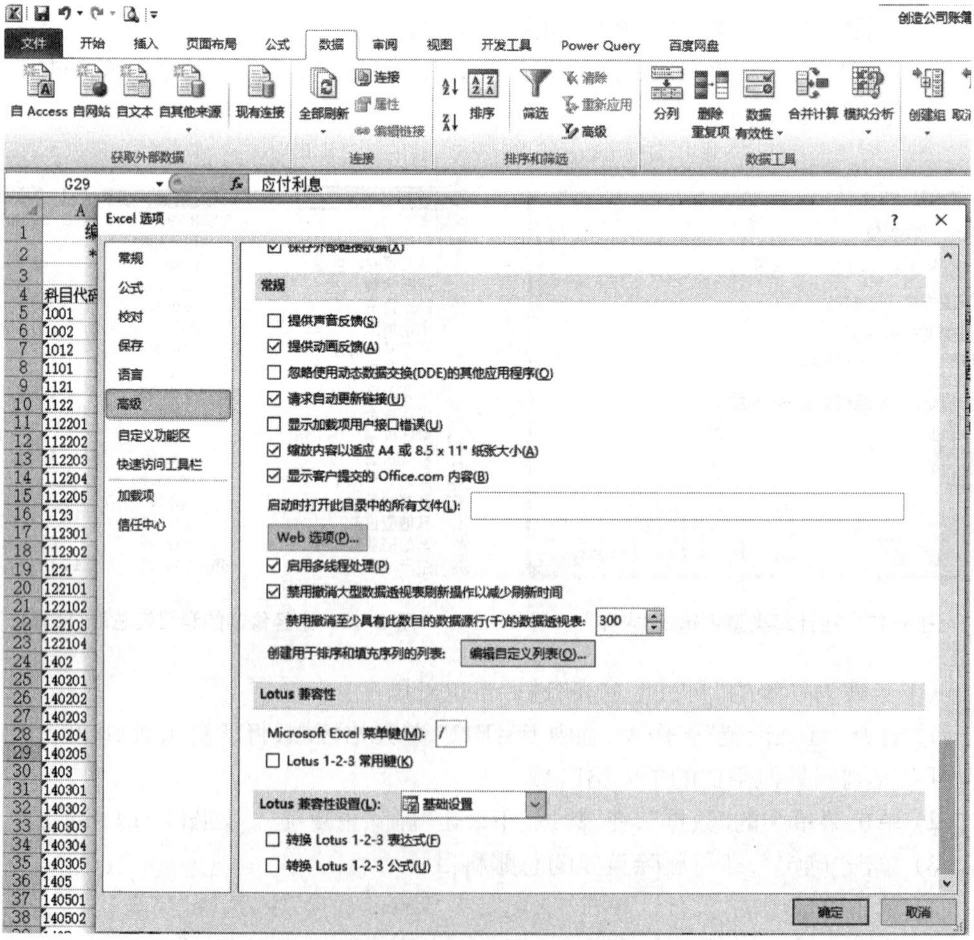

图 3-20 自定义列表的位置

(6) 单击"编辑自定义列表",弹出"自定义序列"对话框,如图 3-21 所示。

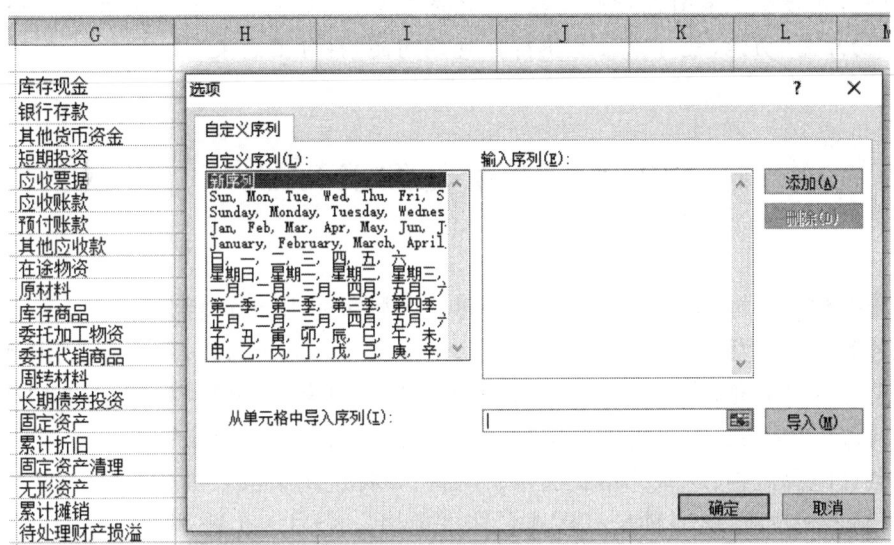

图 3-21　编辑自定义列表

(7) 单击"导入"按钮左侧的折叠按钮,选择 G2:G49 单元格区域后,再单击"导入"按钮。如图 3-22 所示。

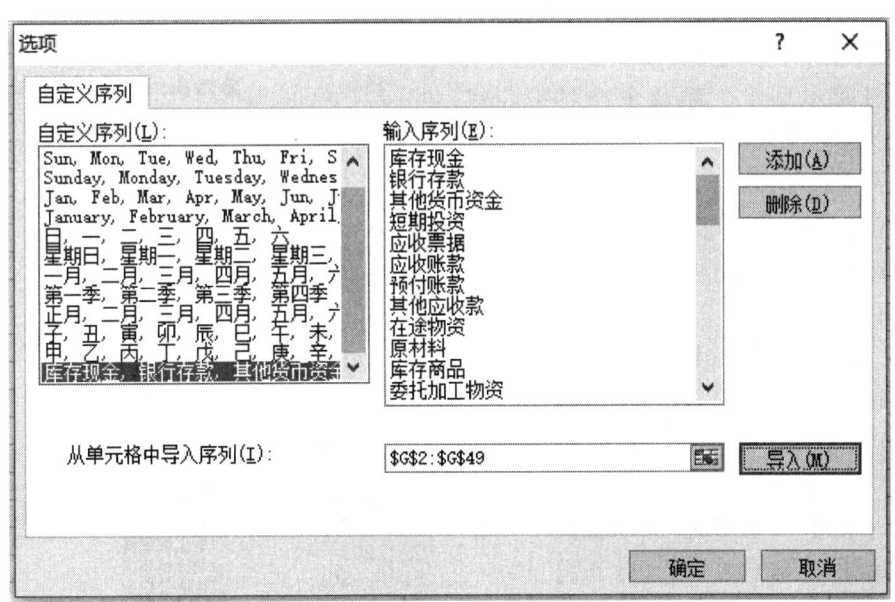

图 3-22　导入自定义列表

(8) 单击"确定"按钮。

(9) 打开前面已经建立的未经修饰的"科目汇总表"。

(10) 选中 A 列中任意有内容的单元格区域,单击"排序",按自定义序列排序,选择已定义的自定义序列,即可得到与方法一基本相同的"科目汇总表"。

【说明:从步骤上看好像比较复杂,但熟练之后,将带来非常理想的效果。如果进一步学习"切片器"功能,就可以轻易获得任意期间的"科目汇总表"了。】

## 3.4 建立总分类账表

账簿按提供指标的详细程度,可分为总分类账簿和明细分类账簿。

总分类账簿,也称总分类账,简称总账,是根据总分类科目(一级科目)开设账户,用来登记全部经济业务,进行总分类核算,提供总括核算资料的分类账簿。总账所提供的核算资料,是编制会计报表的主要依据,任何单位都必须设置该账簿。

在会计电算化中,总账的格式通常有两种:一种是用余额表中的总账余额表代替总账,即余额表式总账,另一种是三栏式总账。前者一个月一个账页,反映所有总账科目在某月份的发生额和余额;后者每个一级科目一个账页,反映某一总账科目在一年内各月份的发生额和余额。这里将分别介绍两种总账的生成。

### 3.4.1 建立余额表式总账

由于《会计核算软件基本功能规范》和《会计电算化工作规范》均提出总账可以用总分类账簿本期发生额及余额对照表代替。所以目前比较流行的一种总账形式就是余额表式总账。

建立余额表式总账的具体步骤如下:

(1) 打开"创造公司账簿.xlsx"工作簿的"余额表"工作表。

【说明:如果是非建账月份,则打开相应月份的余额表,下同。】

(2) 在"数据"菜单中,选择"筛选",然后单击"自动筛选"命令。

【注:采用"自动筛选"可以生成一个可以自由选择"总账科目"的工作表。】

(3) 点击"明细科目"下的黑三角,并选择"空白",如图3-23所示。

(4) 选中C列并隐藏,完成余额表式总账的建立工作。如图3-24所示。

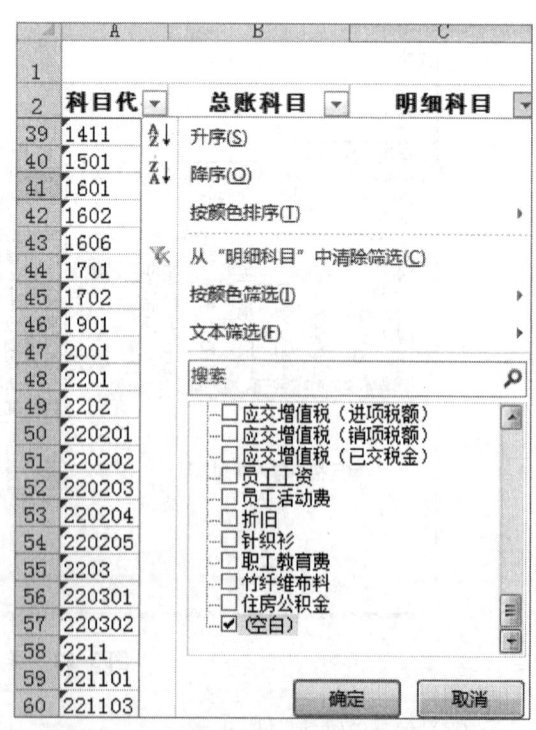

图3-23　设置显示仅"总账科目"及其余额

# 第 3 章 运用 Excel 设置会计账簿

|  | A | B | D | E | F | G | H | I |
|---|---|---|---|---|---|---|---|---|
| 1 |  |  |  |  | 余额表 |  |  |  |
| 2 | 科目代码 | 总账科目 | 期初借方余额 | 期初贷方余额 | 本期借方发生额 | 本期贷方发生额 | 期末借方余额 | 期末贷方余额 |
| 87 | 4001 | 生产成本 | 764,312.10 |  | 556 943.26 | 1 321 255.36 |  |  |
| 90 | 4101 | 制造费用 |  |  | 121 618.98 | 121 618.98 |  |  |
| 91 | 5001 | 主营业务收入 |  |  | 2 394 315.00 | 2 394 315.00 |  |  |
| 92 | 5051 | 其他业务收入 |  |  | 42 000.00 | 42 000.00 |  |  |
| 93 | 5301 | 营业外收入 |  |  | 3 492.40 | 3 492.40 |  |  |
| 94 | 5401 | 主营业务成本 |  |  | 2 014 174.40 | 2 014 174.40 |  |  |
| 95 | 5402 | 其他业务成本 |  |  | 37 335.00 | 37 335.00 |  |  |
| 96 | 5403 | 营业税金及附加 |  |  | 31 396.02 | 31 396.02 |  |  |
| 97 | 5601 | 销售费用 |  |  | 90 889.77 | 90 889.77 |  |  |
| 98 | 5602 | 管理费用 |  |  | 89 889.80 | 89 889.80 |  |  |
| 113 | 5603 | 财务费用 |  |  | 11 485.00 | 11 485.00 |  |  |
| 114 | 5711 | 营业外支出 |  |  | 31 272.50 | 31 272.50 |  |  |
| 115 | 5801 | 所得税费用 |  |  |  |  |  |  |
| 116 |  |  |  |  |  |  |  |  |
| 117 |  |  | 3 160 195.24 | 3 160 195.24 | 17 521 133.04 | 17 521 133.04 | 3 591 829.92 | 3 591 829.92 |

图 3-24 余额表式总账(部分)

## 3.4.2 建立三栏式总账

三栏式总账是比较传统的一种账页格式,其内容直接来自记账凭证或科目汇总表等。用 Excel 建立三栏式总账,可以通过数据透视表的功能来实现。

1. 初步建立三栏式总账

运用数据透视表功能建立三栏式总账,具体步骤如下:

(1) 打开"创造公司账簿.xlsx"工作簿的"记账凭证清单"工作表,光标移至任一单元格。

(2) 点击"插入/数据透视表/数据透视表"按钮,如图 3-25 所示。

图 3-25 插入数据透视表

(3) 在弹出的"创建数据透视表"对话框中,选择一个足够大的记账凭证清单区域,并在新工作表中生存数据透视表,如图 3-26 所示。

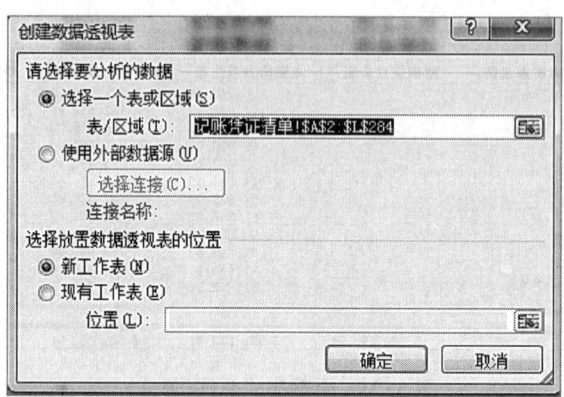

图 3-26　创建数据透视表之一

（4）拖动"数据透视表字段列表"中相应的字段至相应的位置，如图 3-27 所示。

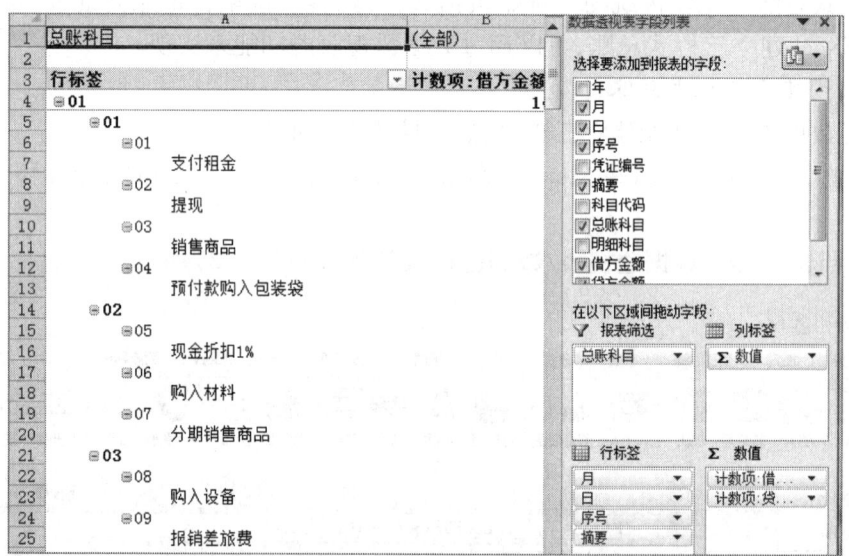

图 3-27　拖动字段列表

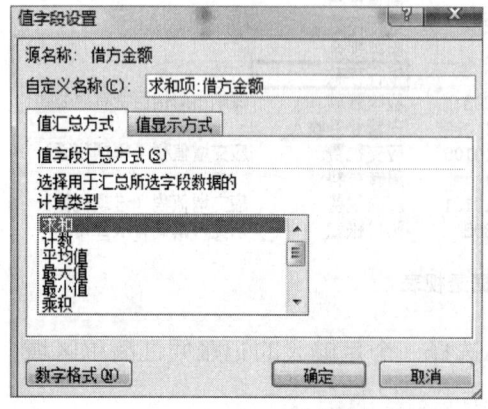

图 3-28　更改值汇总方式

（5）点击如图 3-28 所示的右下方的"计数项：借方金额"的下拉列表，选择"值字段设置"，如图 3-28 所示，更改其"值汇总方式"为"求和"。同理更改"计数项：贷方金额"的"值汇总方式"为"求和"。

（6）重命名本工作表为"三栏式总账"，结果如图 3-29 所示，完成三栏账的初步建立步骤。

2．修饰三栏式总账

如图 3-29 所示的三栏式总账，与常用的

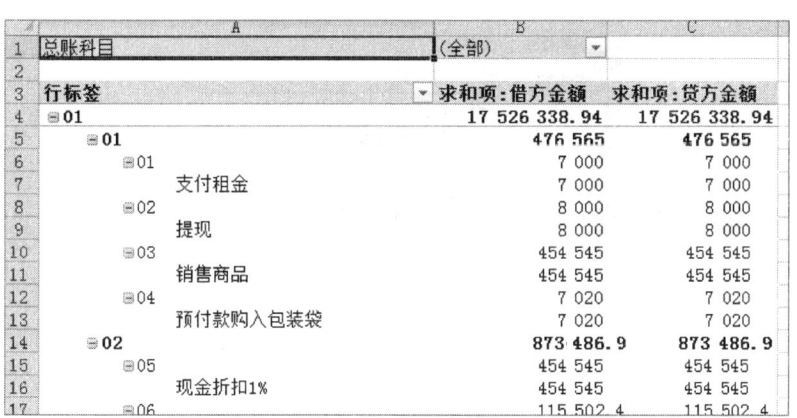

图 3-29 初步建立三栏式总账

总账账页不完全一致。为了账页规范,需要进一步修饰三栏式总账格式。

具体步骤如下:

(1) 打开"创造公司账簿.xlsx"工作簿的"三栏式总账"工作表。如图 3-29 所示。

(2) 单击 A4 单元格,右击鼠标,选择"字段设置",更改"分类汇总和筛选"选项卡的"分类汇总"设置为"无",并更改"布局和打印"选项卡的"布局"设置为"以表格形式显示项目标签"。分别如图 3-30 和图 3-31 所示。

图 3-30 更改分类汇总选项

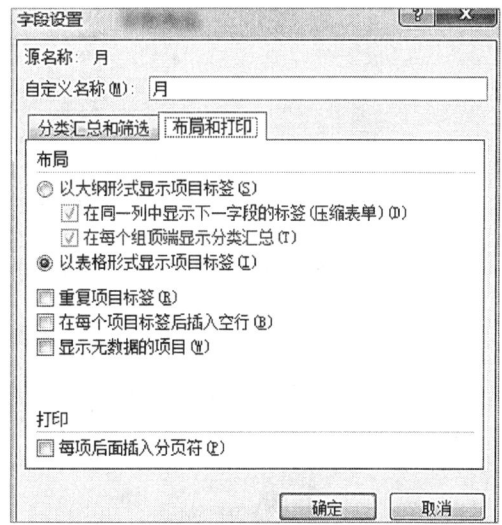

图 3-31 更改布局选项

(3) 光标定位 B4 单元格,移动光标至单元格 B4 上方,直至出现黑色实心下箭头后点击鼠标,选中同一类型的"日"字段,如图 3-32 所示。

(4) 如图 3-32 所示后,右击鼠标,选择"字段设置",如本节步骤(2)的图 3-30 和图 3-31 所示更改"字段设置"。

(5) 同理,光标定位 C4 单元格,重复步骤(3)和步骤(4),更改"序号"的字段设置。

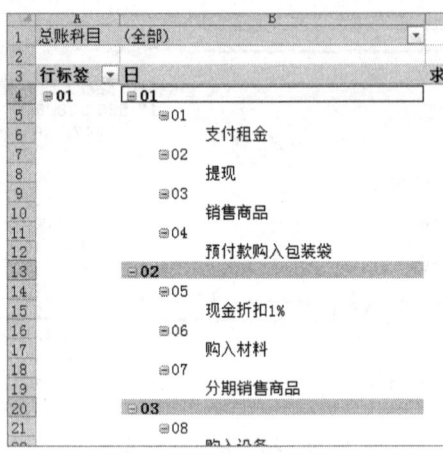

图 3-32　选择同类字段

(6) 结果如图 3-33 所示。

| 行标签 | 日 | 序号 | 摘要 | 求和项:借方金额 | 求和项:贷方金额 |
|---|---|---|---|---|---|
| 01 | 01 | 01 | 支付租金 | 7 000 | 7 000 |
| | | 02 | 提现 | 8 000 | 8 000 |
| | | 03 | 销售商品 | 454 545 | 454 545 |
| | | 04 | 预付款购入包装袋 | 7 020 | 7 020 |
| | 02 | 05 | 现金折扣1% | 454 545 | 454 545 |
| | | 06 | 购入材料 | 115 502.4 | 115 502.4 |
| | | 07 | 分期销售商品 | 303 439.5 | 303 439.5 |
| | 03 | 08 | 购入设备 | 109 410 | 109 410 |
| | | 09 | 报销差旅费 | 3 000 | 3 000 |
| | 04 | 10 | 投资者投入 | 420 000 | 420 000 |
| | 05 | 11 | 购买短期投资 | 50 000 | 50 000 |
| | | 12 | 预收货款 | 50 000 | 50 000 |
| | | 13 | 购买办公用品一批 | 500 | 500 |
| | | 14 | 购入材料 | 47 970 | 47 970 |

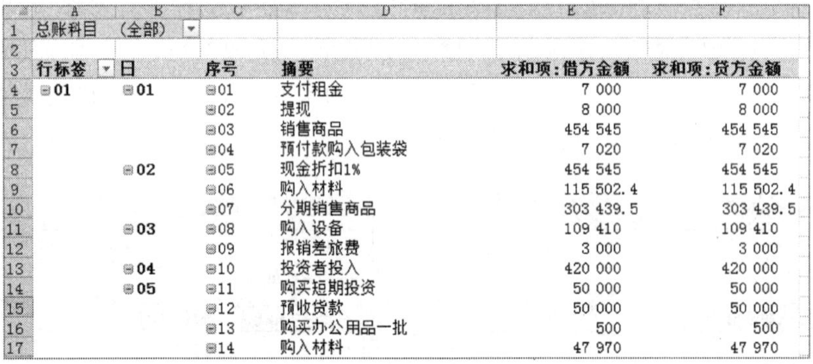

图 3-33　三栏账雏形

(7) 选择 E:F 列,右击鼠标,选择“设置单元格格式”,如图 3-34 所示设置。

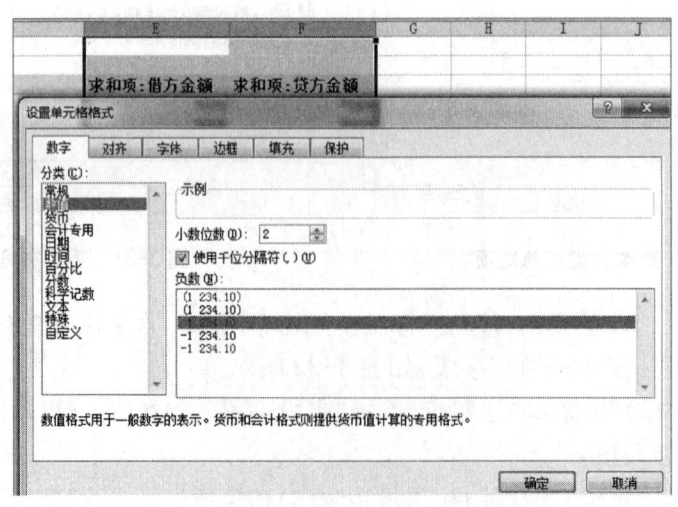

图 3-34　设置格式

(8) 如图 3-35 所示,在下拉列表框中选择有关总账科目,如选择"银行存款"科目,点击"确定"。

【说明:总账科目属于页字段,默认是显示"(全部)"总账科目,实际使用时可根据情况选择需要的字段名显示,即需要查询的总账科目。】

(9) 选择 A3、E3、F3、A81,分别更改为"月""借方发生额""贷方发生额""本月合计"。

(10) 在 G2、H2、I2、I3,分别输入"方向""余额""备注""期初余额"并设置格式为"居中",如图 3-36 所示。

(11) 选择 H3 单元格,点击 $f_x$ 按钮,插入 VLOOKUP 函数。

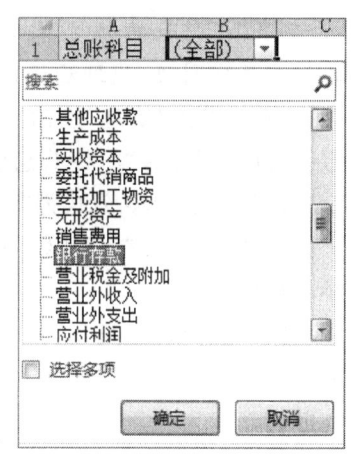

图 3-35 选择总账科目

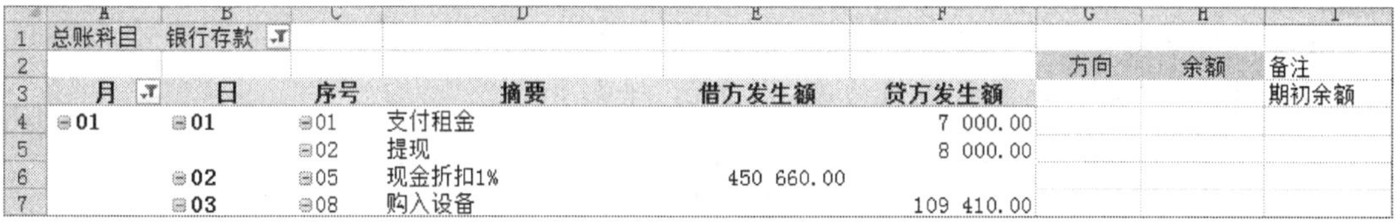

图 3-36 输入余额栏标题

(12) 在 VLOOKUP 函数对话框中,光标移至 Lookup_value(查找对象)自变量后,点击 B1 单元格,按 F4 功能键一次,设为绝对引用。光标移至 Table_array(查找的范围)自变量后,选择"余额表"工作表的 B:E 列,按 F4 功能键一次,设为绝对引用。光标移至 Col_index_num(找到查找对象后显示查找范围中第几列)自变量后,输入"3"。在 Range_lookup 自变量后输入"0"。结果如图 3-37 所示。

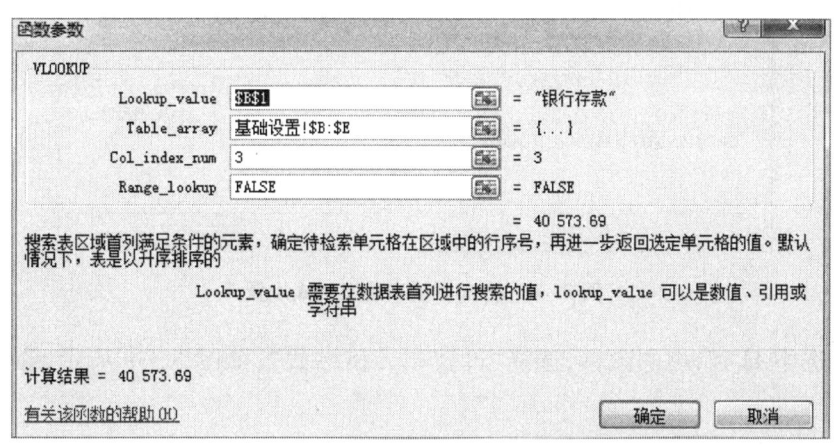

图 3-37 总账的期初余额查找

【公式解读:在"余额表"工作表的 B:E 固定区域的 B 列中,查找"三栏式总账"工作表的固定的 B1 单元格中显示的总账科目名称。如果找到相应的总账科目名称,则显示

"余额表"工作表的 B:E 固定区域的第三列中对应单元格的值。即,查找该三栏式总账的相应总账科目,找到后返回其相应的期初借方余额。】

(13) 点击"确定"按钮。在余额表的 B 到 E 列中查找银行存款总账科目的期初借方余额后,显示在"三栏式总账"的 H3 单元格中。

(14) 更改 H3 公式为"＝期初借方余额－期初贷方余额"的动态余额自动显示公式。具体公式为:"＝VLOOKUP($B$1,余额表!$B:$E,3,0)－VLOOKUP($B$1,余额表!$B:$E,4,0)"

【公式解读:查找"三栏式总账"工作表的固定的 B1 单元格中显示的总账科目的期初借方余额减去其期初贷方余额的差额。在此为简化操作,若差额为负数,则表示贷方余额。】

(15) 选中 G 列,右击鼠标,选择"设置单元格格式",如图 3-38 所示,设置自定义格式。

【格式解读:该列的任何一个单元格,若单元格值为正数,则显示"借";若单元格值为负数,则显示"贷";若单元格值为零,则显示"平"。】

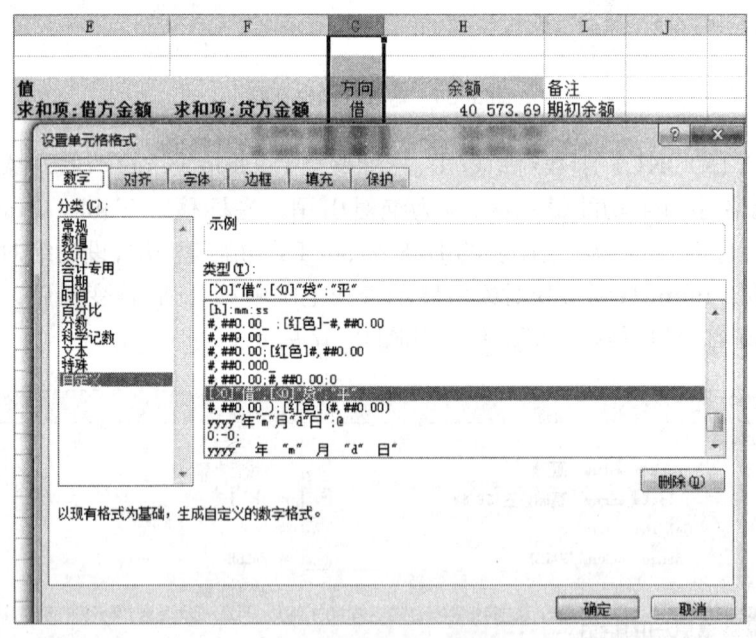

图 3-38　方向栏的自定义格式设置

(16) 选中 H 列,右击鼠标,选择"设置单元格格式",如图 3-39 所示,设置自定义格式。

【格式解读:该列的任何一个单元格,若单元格值为正数,则显示正数并以千位分隔符、两位小数的形式显示;若单元格值为负数,则也显示为正数,且以千位分隔符、两位小数的形式显示;若单元格值为零,则显示为"0"。】

(17) 选择 G3 单元格,设置公式为"＝H3",结果如图 3-40 所示。

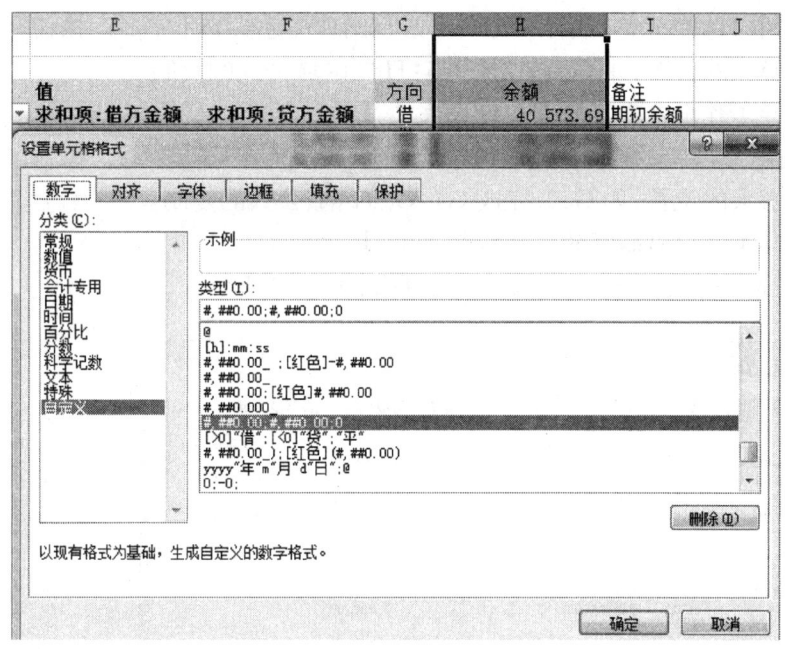

图 3-39　余额栏的自定义格式设置

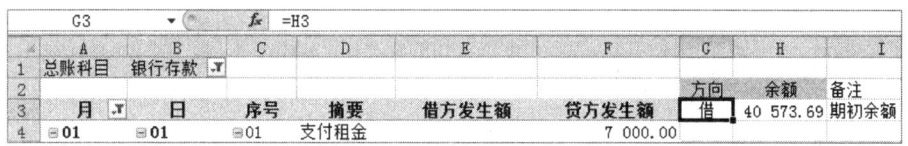

图 3-40　设置方向栏公式

（18）设置本期滚动余额。选择 H4 单元格，插入 IF 函数，如图 3-41 所示设置公式。表示如果 A 列单元格值为："本月合计"，则显示期初余额 G4 单元格值＋本月合计的借方发生额－本月合计的贷方发生额，否则若 D4 单元格没有"摘要"显示，则显示为空格。否则显示 H3＋E4－F4 即期初余额＋借方发生额－贷方发生额。

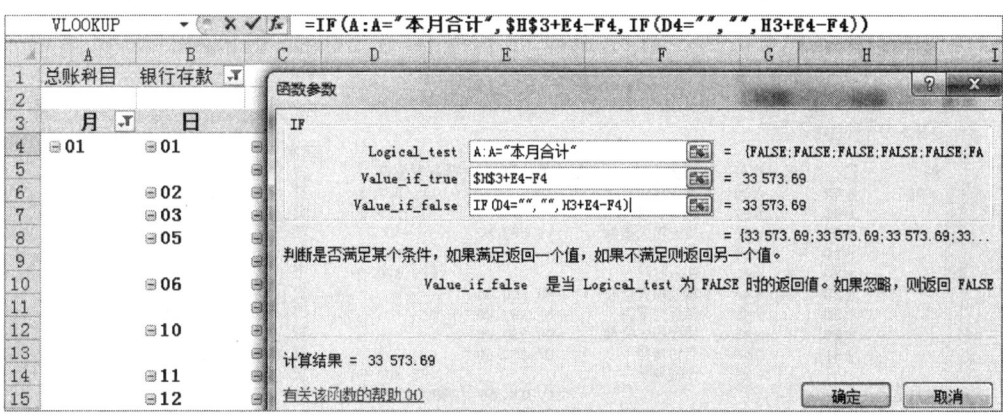

图 3-41　设置 H4 单元格公式

(19) 选中 H4 单元格,鼠标移至右下方至出现黑色实心十字后。按住鼠标左键,向下拖动至足够大的位置,如 H60,完成 H5:H60 区域公式的复制。

【注:实际工作中以账页的最大行数决定。】

(20) 选中 G3 单元格,鼠标移至右下方至出现黑色实心十字后。按住鼠标左键,向下拖动至足够大的位置,如 G60,完成 G4:G60 区域公式的复制。

【注:实际工作中以账页的最大行数决定。】

(21) 完成三栏式总账的设置,显示结果如图 3-42 所示。

| | A | B | C | D | E | F | G | H | I |
|---|---|---|---|---|---|---|---|---|---|
| 1 | 总账科目 | 银行存款 | | | | | | | |
| 2 | | | | | | | 方向 | 余额 | 备注 |
| 3 | 月 | 日 | 序号 | 摘要 | 借方发生额 | 贷方发生额 | 借 | 40 573.69 | 期初余额 |
| 4 | 01 | 01 | 01 | 支付租金 | | 7 000.00 | 借 | 33 573.69 | |
| 5 | | | 02 | 提现 | | 8 000.00 | 借 | 25 573.69 | |
| 6 | | 02 | 05 | 现金折扣1% | 435 120.00 | | 借 | 460 693.69 | |
| 7 | | 03 | 08 | 购入设备 | | 105 744.00 | 借 | 354 949.69 | |
| 8 | | 04 | 10 | 投资者投入 | 30 000.00 | | 借 | 384 949.69 | |
| 9 | | 05 | 11 | 购买短期投资 | | 50 000.00 | 借 | 334 949.69 | |
| 10 | | | 12 | 预收货款 | 50 000.00 | | 借 | 384 949.69 | |
| 11 | | 06 | 15 | 偿还前欠货款 | | 111 553.60 | 借 | 273 396.09 | |
| 12 | | | 16 | 支付委托加工费等 | | 3 390.00 | 借 | 270 006.09 | |
| 13 | | 10 | 19 | 销售商品 | 209 773.20 | | 借 | 479 779.29 | |
| 14 | | | 20 | 收到预收款 | 70 000.00 | | 借 | 549 779.29 | |
| 15 | | | 22 | 缴纳税费 | | 482 887.94 | 借 | 66 891.35 | |
| 16 | | 12 | 24 | 借款 | 50 000.00 | | 借 | 116 891.35 | |
| 17 | | 13 | 26 | 收到代销商品款5%手续费 | 671 328.00 | | 借 | 788 219.35 | |
| 18 | | | 27 | 借款 | 80 000.00 | | 借 | 868 219.35 | |
| 19 | | 14 | 28 | 偿还利息 | | 55 200.00 | 借 | 813 019.35 | |
| 20 | | 15 | 29 | 交公积金及社会保险 | | 52 324.73 | 借 | 760 694.62 | |
| 21 | | | 30 | 发工资 | | 98 179.81 | 借 | 662 514.81 | |
| 22 | | | 31 | 分配利润 | 50 000.00 | | 借 | 612 514.81 | |
| 23 | | 16 | 32 | 预付款 | | 80 000.00 | 借 | 532 514.81 | |
| 24 | | 18 | 34 | 维修生产设备 | | 80 000.00 | 借 | 452 514.81 | |
| 25 | | | 37 | 付广告费 | | 23 000.00 | 借 | 429 514.81 | |
| 26 | | 19 | 38 | 收到前欠货款 | 40 000.00 | | 借 | 469 514.81 | |
| 27 | | | 39 | 收违约罚款 | 3 400.00 | | 借 | 472 914.81 | |
| 28 | | 20 | 42 | 折扣销售商品95% | | 150.00 | 借 | 472 764.81 | |
| 29 | | 21 | 43 | 购买国债 | | 250 000.00 | 借 | 222 764.81 | |
| 30 | | 23 | 44 | 偿还前欠货款 | | 35 000.00 | 借 | 187 764.81 | |
| 31 | | 26 | 46 | 分期销售收款 | 900 000.00 | | 借 | 1 087 764.81 | |
| 32 | | 29 | 49 | 偿还前欠货款 | | 46 330.00 | 借 | 1 041 434.81 | |
| 33 | | 31 | 57 | 支付电费 | | 98 536.00 | 借 | 942 898.81 | |
| 34 | | | 67 | 向灾区捐款 | | 20 000.00 | 借 | 922 898.81 | |
| 35 | 本月合计 | | | | 2 539 621.20 | 1 657 296.08 | 借 | 922 898.81 | |

图 3-42 "银行存款"总账

(22) 完成自动显示的总账设置后,可通过点击 B1 单元格右侧下拉箭头选择其他总账科目的三栏式总账账簿。例如,选择"应付账款"总账科目,结果如图 3-43 所示。

| | A | B | C | D | E | F | G | H | I |
|---|---|---|---|---|---|---|---|---|---|
| 1 | 总账科目 | 应付账款 | | | | | | | |
| 2 | | | | | | | 方向 | 余额 | 备注 |
| 3 | 月 | 日 | 序号 | 摘要 | 借方发生额 | 贷方发生额 | 贷 | 955 800.00 | 期初余额 |
| 4 | 01 | 02 | 06 | 购入材料 | | 111 553.60 | 贷 | 1 067 353.60 | |
| 5 | | 05 | 14 | 购入材料 | | 46 330.00 | 贷 | 1 113 683.60 | |
| 6 | | 06 | 15 | 偿还前欠货款 | 111 553.60 | | 贷 | 1 002 130.00 | |
| 7 | | 10 | 23 | 购入材料 | | 61 133.00 | 贷 | 1 063 263.00 | |
| 8 | | 20 | 41 | 购入材料 | | 179 670.00 | 贷 | 1 242 933.00 | |
| 9 | | 23 | 44 | 偿还前欠货款 | 35 000.00 | | 贷 | 1 207 933.00 | |
| 10 | | 28 | 48 | 转应付票据 | 61 133.00 | | 贷 | 1 146 800.00 | |
| 11 | | 29 | 49 | 偿还前欠货款 | 46 330.00 | | 贷 | 1 100 470.00 | |
| 12 | | 31 | 57 | 支付电费 | 87 200.00 | | 贷 | 1 013 270.00 | |
| 13 | | | 58 | 计提电费 | | 87 200.00 | 贷 | 1 100 470.00 | |
| 14 | 本月合计 | | | | 341 216.60 | 485 886.60 | 贷 | 1 100 470.00 | |

图 3-43 "应付账款"总账

## 3.5 建立明细账

明细账簿是根据明细科目开设的账簿,它能详细地反映企业某项经济活动的具体情况。其格式如表3-2所示。

表3-2 三栏式明细账格式

会计科目: 第 页

| 月 | 日 | 凭证编号 | 摘要 | 借方金额 | 贷方金额 | 借或贷 | 余额 |
|---|---|---|---|---|---|---|---|
|  |  |  |  |  |  |  |  |
|  |  |  |  |  |  |  |  |

运用 Excel 建立明细账,可采用 3.4 中建立总账的方式生成明细账,只需根据明细科目建立透视表即可。此外,还可以通过其他功能生成明细账。本节以采用高级筛选功能生成"管理费用——折旧费"明细账为例来进行介绍。

### 3.5.1 初步建立明细分类账

具体步骤如下:

(1) 打开"创造公司账簿.xlsx"工作簿,新建一个工作表,重命名为"明细账"。

(2) 选择 A1 单元格,输入"=B3&"—"&C3&"　明细账""。

【公式解读:令 A1 单元格中显示"总账科目名称+横线+明细科目名称+　明细账"四个项目连接后的文本。提示:为了美观,在"明细账"三个字前添加了若干个空格。】

(3) 选中 A1:I1,设置跨列居中,字体为"粗体",字号为"12"。

(4) 在"记账凭证清单"工作表中,选中 G2:I2 单元格区域和 G16 单元格进行复制,并分别粘贴在"明细账"工作表的 A2 单元格和 A3 单元格。分别为 B3、C3 单元格设置公式,即:

B3=VLOOKUP($A3,会计科目,2,0)

C3=VLOOKUP($A3,会计科目,3,0)

(5) 在"记账凭证清单"工作表中,按住 Ctrl 键分别选中 B2、C2、E2、F2、J2 和 K2 单元格,复制后粘贴在"明细账"工作表的 A5 单元格。结果如图 3-44 所示。

图 3-44 设置明细账

（6）选中"记账凭证清单"工作表中足够大的一个记账凭证数据区域，如A2:K300区域，点击菜单"公式/定义名称"，在打开的"新建名称"对话框中，将A2:K300区域定义为"记账凭证"。

【说明：所谓足够大，是指能够包含企业任一月份所有的记账凭证清单的区域。】

（7）在"明细账"工作表的空白任一单元格，点击菜单栏的"数据/高级"命令，如图3-45所示。

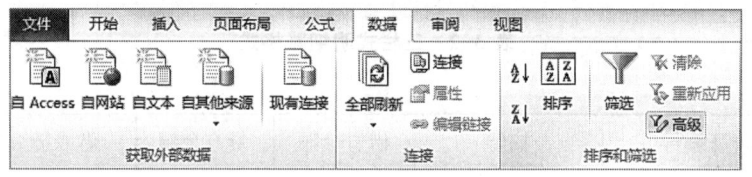

图3-45　点击高级筛选按钮

（8）在弹出的高级筛选对话框中，点击"将筛选结果复制到其他位置"按钮，光标移至"列表区域"文本框，选择菜单栏"公式/用于公式"，选择"记账凭证"名称，如图3-46所示。

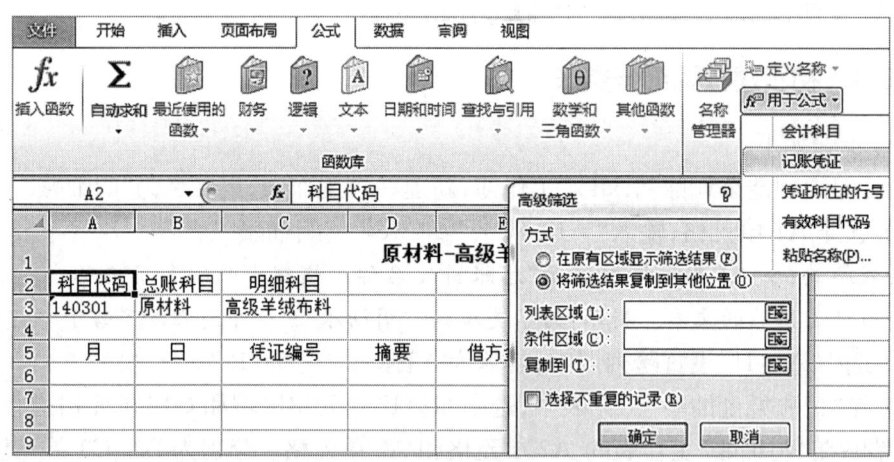

图3-46　插入名称

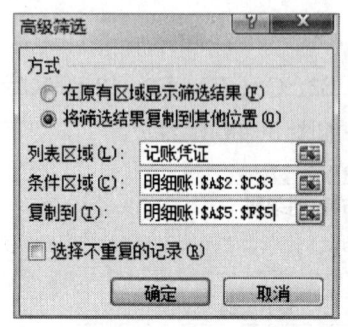

图3-47　设置高级筛选

（9）如图3-47所示，选择"条件区域"和"复制到"的值。点击"确定"按钮。

（10）得到如图3-48所示的高级筛选后的结果。

（11）执行高级筛选后看不到具体的数值，如借方金额和贷方金额下都出现了"#"号，经适当调整C到F列的宽度，如图3-49所示，生成了初步的"原材料——高级羊绒布料"的明细账。

| | A | B | C | D | E | F | G |
|---|---|---|---|---|---|---|---|
| 1 | | | | 原材料—高级羊绒布料 明细账 | | | |
| 2 | 科目代码 | 总账科目 | 明细科目 | | | | |
| 3 | 140301 | 原材料 | 高级羊绒布料 | | | | |
| 4 | | | | | | | |
| 5 | 月 | 日 | 凭证编号 | 摘要 | 借方金额 | 贷方金额 | |
| 6 | 01 | 02 | 2021010206 | 购入材料 | 61 000.00 | | |
| 7 | 01 | 10 | 2021011023 | 购入材料 | 36 900.00 | | |
| 8 | 01 | 20 | 2021012041 | 购入材料 | ######### | | |
| 9 | 01 | 31 | 2021013150 | 领料 | | ######### | |
| 10 | 01 | 31 | 2021013166 | 结转材料成本 | | ######### | |
| 11 | 01 | 31 | 2021013170 | 盘点材料 | | 6 022.50 | |
| 12 | | | | | | | |

图 3-48 高级筛选后

| | A | B | C | D | E | F |
|---|---|---|---|---|---|---|
| 1 | | | | 原材料—高级羊绒布料 明细账 | | |
| 2 | 科目代码 | 总账科目 | 明细科目 | | | |
| 3 | 140301 | 原材料 | 高级羊绒布料 | | | |
| 4 | | | | | | |
| 5 | 月 | 日 | 凭证编号 | 摘要 | 借方金额 | 贷方金额 |
| 6 | 01 | 02 | 2021010206 | 购入材料 | 61 000.00 | |
| 7 | 01 | 10 | 2021011023 | 购入材料 | 36 900.00 | |
| 8 | 01 | 20 | 2021012041 | 购入材料 | 119 000.00 | |
| 9 | 01 | 31 | 2021013150 | 领料 | | 120 450.00 |
| 10 | 01 | 31 | 2021013166 | 结转材料成本 | | 36 135.00 |
| 11 | 01 | 31 | 2021013170 | 盘点材料 | | 6 022.50 |
| 12 | | | | | | |

图 3-49 初步形成明细账

### 3.5.2 修饰明细分类账

图 3-49 所示的明细账与常见的手工明细账还有一定差异，下面将进一步修饰该明细账。具体步骤如下：

（1）打开"创造公司账簿.xlsx"工作簿的"明细账"工作表。

（2）在第 5 行和第 6 行中间插入一行，在如图 3-50 所示的 D6、G5、H5 单元格分别输入"期初余额""方向""余额"。

| | A | B | C | D | E | F | G | H |
|---|---|---|---|---|---|---|---|---|
| 1 | | | | 原材料—高级羊绒布料 明细账 | | | | |
| 2 | 科目代码 | 总账科目 | 明细科目 | | | | | |
| 3 | 140301 | 原材料 | 高级羊绒布料 | | | | | |
| 4 | | | | | | | | |
| 5 | 月 | 日 | 凭证编号 | 摘要 | 借方金额 | 贷方金额 | 方向 | 余额 |
| 6 | | | | 期初余额 | | | | |
| 7 | 01 | 02 | 2021010206 | 购入材料 | 61 000.00 | | | |
| 8 | 01 | 10 | 2021011023 | 购入材料 | 36 900.00 | | | |
| 9 | 01 | 20 | 2021012041 | 购入材料 | 119 000.00 | | | |
| 10 | 01 | 31 | 2021013150 | 领料 | | 120 450.00 | | |
| 11 | 01 | 31 | 2021013166 | 结转材料成本 | | 36 135.00 | | |
| 12 | 01 | 31 | 2021013170 | 盘点材料 | | 6 022.50 | | |
| 13 | | | | | | | | |

图 3-50 设置余额栏

(3) 选中 G 列,右击鼠标,选择"设置单元格格式",如三栏式总账设置中的图 3-31 所示,设置自定义格式为:[＞0]"借";[＜0]"贷";"平"。

【格式解读:该列的任何一个单元格,若单元格值为正数,则显示"借";若单元格值为负数,则显示"贷";若单元格值为零,则显示"平"。】

(4) 选中 H 列,右击鼠标,选择"设置单元格格式",如三栏式总账设置中的图 3-31 所示,设置自定义格式为:#,##0.00;#,##0.00;0。

【格式解读:该列的任何一个单元格,若单元格值为正数,则显示正数并以千位分隔符,两位小数的形式显示;若单元格值为负数,则也显示为正数,且以千位分隔符,两位小数的形式显示;若单元格值为零,则显示为"0"。】

(5) 点击"公式/定义名称"菜单栏,定义公式名称为"明细账余额",使其引用位置＝VLOOKUP(明细账!$A$3,余额表!$A:$E,4,0)－VLOOKUP(明细账!$A$3,余额表!$A:$E,5,0)。

【说明:定义公式名称时可以先任选一单元格设置好公式后剪切并粘贴该公式至引用位置,否则必须全部手工录入该公式内容。】

【公式解读:在余额表的 A 到 E 列中查找"明细账"工作表固定的 A3 单元格中显示的明细账科目的代码,找到后,取其相应的期初借方余额,然后再减去其期初贷方余额。】

(6) 选择 H6 单元格,点击"公式/fx 用于公式"菜单栏的"明细账余额"名称,用于计算的期初余额借贷方的差额。

(7) 选择 H7 单元格,输入"＝IF(D7="","",I6+E7－F7)"。

【公式解读:如果 D7 为空,即 D7 单元格中没有摘要内容,则 H7 单元格中不显示任何内容。否则显示期初余额借贷方的差额加上借方金额再减去贷方金额。】

(8) 拖动 H7 向下复制到足够大的区域,如 H7:H60,如图 3-51 所示。

| | A | B | C | D | E | F | G | H |
|---|---|---|---|---|---|---|---|---|
| | H7 | | fx | =IF(D7="","",H6+E7-F7) | | | | |
| 1 | | | | 原材料－高级羊绒布料　　明细账 | | | | |
| 2 | 科目代码 | 总账科目 | 明细科目 | | | | | |
| 3 | 140301 | 原材料 | 高级羊绒布料 | | | | | |
| 4 | | | | | | | | |
| 5 | 月 | 日 | 凭证编号 | 摘要 | 借方金额 | 贷方金额 | 方向 | 余额 |
| 6 | | | | 期初余额 | | | | 24 000.00 |
| 7 | 01 | 02 | 2021010206 | 购入材料 | 61 000.00 | | | 85 000.00 |
| 8 | 01 | 10 | 2021011023 | 购入材料 | 36 900.00 | | | 121 900.00 |
| 9 | 01 | 20 | 2021012041 | 购入材料 | 119 000.00 | | | 240 900.00 |
| 10 | 01 | 31 | 2021013150 | 领料 | | 120 450.00 | | 120 450.00 |
| 11 | 01 | 31 | 2021013166 | 结转材料成本 | | 36 135.00 | | 84 315.00 |
| 12 | 01 | 31 | 2021013170 | 盘点材料 | | 6 022.50 | | 78 292.50 |
| 13 | | | | | | | | |

图 3-51　拖动 H7 向下复制公式

【说明:此处的足够大,是指能够包含企业任一月份任一明细账所有记录的区域。】

(9) 选择 G6 单元格,设置公式:"＝H6"。

(10) 鼠标移至 G6 单元格的右下方直至光标变成实心十字形(填充柄),双击。

(11) 如图 3-52 所示,完成明细账修饰的工作。

| | A | B | C | D | E | F | G | H |
|---|---|---|---|---|---|---|---|---|
| 1 | | | | 原材料－高级羊绒布料 | | 明细账 | | |
| 2 | 科目代码 | 总账科目 | 明细科目 | | | | | |
| 3 | 140301 | 原材料 | 高级羊绒布料 | | | | | |
| 4 | | | | | | | | |
| 5 | 月 | 日 | 凭证编号 | 摘要 | 借方金额 | 贷方金额 | 方向 | 余额 |
| 6 | | | | 期初余额 | | | 借 | 24 000.00 |
| 7 | 01 | 02 | 2021010206 | 购入材料 | 61 000.00 | | 借 | 85 000.00 |
| 8 | 01 | 10 | 2021011023 | 购入材料 | 36 900.00 | | 借 | 121 900.00 |
| 9 | 01 | 20 | 2021012041 | 购入材料 | 119 000.00 | | 借 | 240 900.00 |
| 10 | 01 | 31 | 2021013150 | 领料 | | 120 450.00 | 借 | 120 450.00 |
| 11 | 01 | 31 | 2021013166 | 结转材料成本 | | 36 135.00 | 借 | 84 315.00 |
| 12 | 01 | 31 | 2021013170 | 盘点材料 | | 6 022.50 | 借 | 78 292.50 |

图 3-52 修饰后的明细账

## 小提示

按上述步骤,通过使用高级筛选,可以设置如银行存款——工行存款正式的日记账及其他科目的明细账。

使用执行高级筛选的方法建立明细账,每次都必须做大量的重复工作。这样,对于会计人员来说是十分不便的。为了解决这一问题,建议采用录制并执行宏。

### 3.5.3 录制并执行宏

简单地说,宏是一组动作的集合。所谓"录制宏"其实就是将工作的一系列操作结果录制下来,并命名存储。所谓"执行宏"就是使已录制的"宏"执行相应的操作。下面将介绍如何录制宏并执行宏。

具体步骤如下:

(1) 打开前面已经建立的"明细账"工作表。单击 A3 右下角的黑三角,选择需要建立明细账的明细科目,如"140302"。

(2) 点击"文件/选项"在打开的"Excel 选项"对话框中,选择"自定义功能区"的"开发工具",如图 3-53 所示。

(3) 单击"开发工具/录制宏"。如图 3-54 所示。

(4) 在"录制新宏"对话框,如图 3-55 所示。修改宏名"Macro1"为"自动建立明细账"。可设置快捷键 Ctrl＋Shift＋M,也可其他内容可不修改,单击"确定"。

【注意:从此步骤开始,电脑将记录并录制你在 Excel 上做的每一步操作,请干脆利落的操作如下步骤,避免录制不必要的操作。】

图 3-53 开启"开发工具"

图 3-54 录制新宏

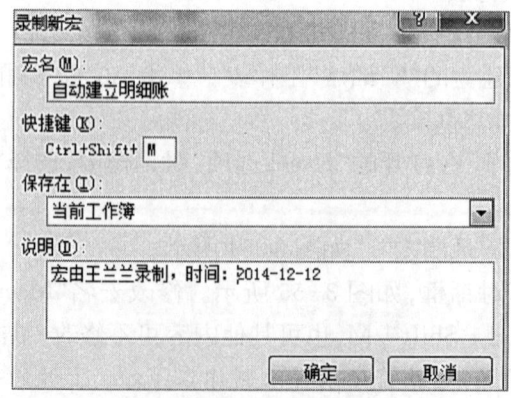

图 3-55 录制新宏对话框

(5) 此时,屏幕的 Excel 窗体的左下方,出现一个蓝色正方图标的"停止录制"按钮,表示录制新宏工作正式开始。如图 3-56 所示。

图 3-56 "停止录制"按钮

【说明:在为新宏命名时,最好使用一个与新建宏在意义上相关的名称。】

(6) 选中并删除第 6 行及以下全部内容。

(7) 点击菜单栏的"数据/高级筛选"命令。

(8) 在弹出的高级筛选对话框中,点击"将筛选结果复制到其他位置"按钮,光标移至"列表区域"文本框,选择菜单栏"公式/用于公式",点击选择"记账凭证"。

(9) 选择"条件区域"$A$2:$C$3 和"复制到"$A$5:$F$5 的值。点击"确定"按钮。

(10) 适当调整初步生成的"原材料一竹纤维布料"明细账,使用美观。

(11) 选择 H6 单元格,点击选择"公式/fx 用于公式"菜单栏的"明细账余额"名称。

(12) 选择 H7 单元格,输入"=IF(D7="","",I6+E7-F7)"。

(13) 拖动 H7 向下复制到足够大的区域,如 H7:H60。

(14) 选择 G6 单元格,设置公式:"=H6"。

(15) 鼠标移至 G6 单元格的右下方直至光标变成实心十字形(填充柄),双击。

(16) 单击图 3-56 所示的"停止录制"按钮。完成名为"自动建立明细账"新宏的录制工作。

【说明:到此为止,已经可以在选择想要建立的明细科目之后,执行"自动建立明细账"宏了。具体方法是:

图 3-57 选择宏命令

① 选择"开发工具/宏",如图 3-57 所示。

② 单击"宏"后,出现如图 3-58 所示的对话框。选择将要执行的宏,单击"执行"。

为了方便和美观,一般不采用这种直接执行宏的方法,而是接步骤(16)继续执行下面的操作。】

【注:如前面录制时设置了快捷键 Ctrl+Shift+M,则可选择需要查询的科目代码后,按快捷键即可。】

(17) 选择"开发工具/插入",鼠标移到

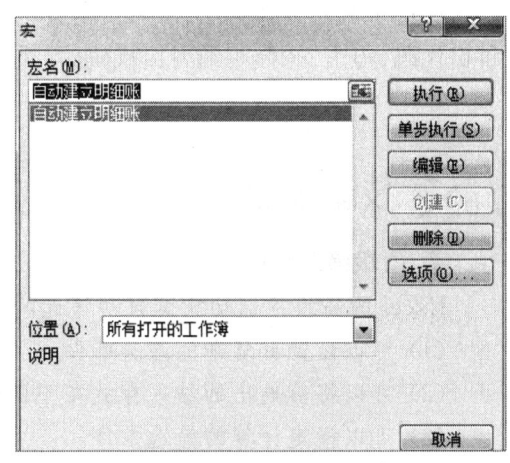

图 3-58 执行宏

"按钮"处单击。出现如图 3-59 所示的窗体工具栏。

(18) 在图 3-60 所示的位置(或其他适当位置)通过拖动鼠标左键画出一个按钮,同时指定该按钮将要执行的宏名,然后按"确定"。

图 3-59　单击开发工具栏"按钮"处

图 3-60　画按钮并指定宏名

(19) 选中并编辑按钮,如将该按钮的名称改为"选择明细科目代码后,执行"等。结果如图 3-61 所示。

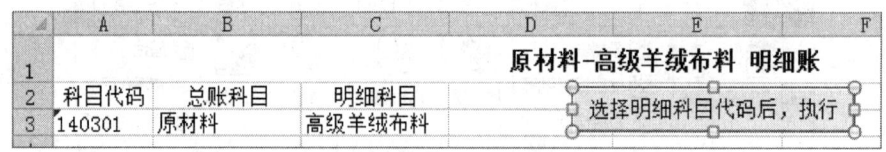

图 3-61　编辑按钮

通过录制宏并执行宏,以后日常会计处理中,只要在 A3 单元格中选择需要的明细科目代码,点击"选择明细科目代码后,执行"按钮,即可查询任一明细账。

 技能学习

**高级筛选功能**

Excel 的高级筛选功能是自动筛选的升级。高级筛选能够提供以下功能:
(1) 可以设置更复杂的筛选条件。
(2) 可以将筛选出的结果存放在不同的位置。
(3) 可以指定计算的筛选条件。
(4) 可以筛选出不重复的记录项。

一个"高级筛选"的条件区域至少要包括两行,第一行是列标题,列标题应和数据列表中的标题匹配,建议采用"复制""粘贴"命令将数据列表中的标题粘贴到条件区域的顶行;第二行必须由筛选条件构成。条件区域并不需要含有数据列表中的所有列的标题,与筛选过程无关的列可以不使用。

Excel 根据以下规则解释"高级筛选"条件区域中的条件:

(1) 同一行中的条件之间的关系是"与"。

(2) 不同行中的条件之间的关系是"或"。

(3) 条件区域中的空白单元格表示筛选出该列的所有数据。

高级筛选的文本条件中,通配符和运算符的使用,如表 3-3 所示。

表 3-3　高级筛选文本条件设置及效果

| 条 件 设 置 | 筛 选 效 果 |
| --- | --- |
| <>1* | 包含除了 1 开头的任何文本的记录 |
| *~?* | 包含?号的文本记录 |
| = | 记录为空 |
| <> | 任何非空记录 |
| G*S | 第一个字母为 G 最后个字母为 S 的(产品)名称 |
| G??S | 第一个字母为 G 最后个字母为 S,且只有 4 位的(产品)名称 |
| Ch* | 以 Ch 开头的文本的记录 |
| *88* | 包含 88 的记录 |
| <>0 | 不为零的记录 |
| >=50 | 大于等于 50 |
| <=50 | 小于等于 50 |
| <>???? | 不包含 4 个字符的记录 |

此外,高级筛选的文本条件还可以使用公式。

## 3.6　自动更新会计数据

在 Excel 中,使用数据透视表功能生成的数据,如三栏式总账等,均可以随着其数据源的资料更新而更新,即随着记账凭证的更新,自动生成最新的总账等会计数据。

本节以"三栏式总账"为例,介绍其具体的操作步骤:

(1) 打开"创造公司账簿.xlsx"工作簿的"三栏式总账"工作表。

(2) 光标移至透视表中任一位置,右击鼠标,出现如图 3-62 所示列表,选择"刷新"。

(3) "三栏式总账"的数据便自动更新了。

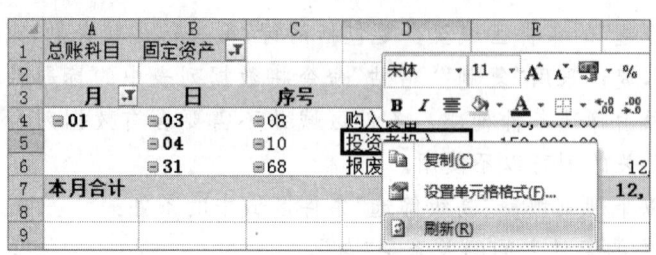

图 3-62　自动刷新

## 技能学习

### 刷新数据透视表

刷新数据透视表的方式有两种：手动刷新和自动刷新。

第一，手动刷新。

如果数据透视表的源数据发生变化，用户需要手动刷新数据透视表，以反映出最新的数据。

手动刷新的方法是鼠标右键单击数据透视表的任意区域，在弹出的快捷菜单中单击"刷新"命令，如图 3-63 所示。

第二，在工作簿打开时自动刷新透视表。

（1）鼠标右击数据透视表的任意区域，在弹出的快捷菜单中单击"数据透视表选项"命令。

（2）在"数据透视表选项"对话框中的数据栏，勾选"打开文件时刷新数据"复选项，如图 3-64 所示。

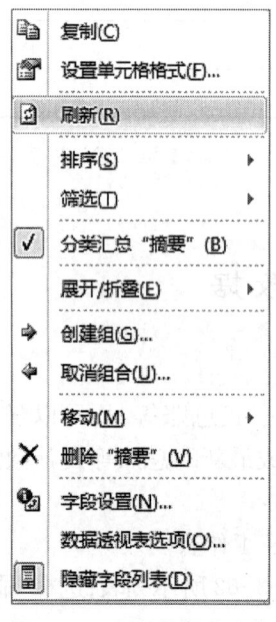

图 3-63　刷新数据选项卡

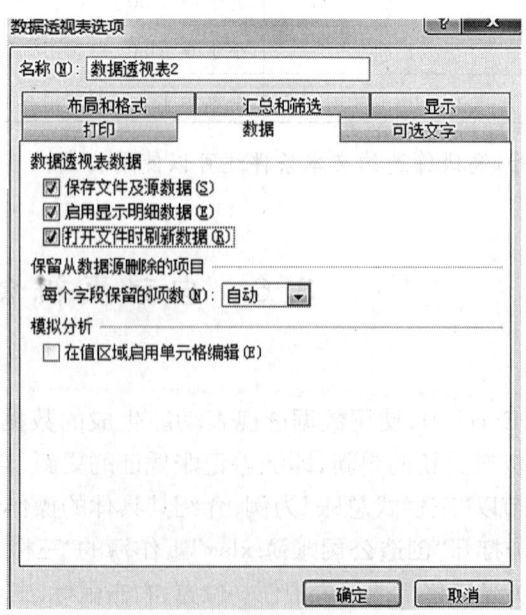

图 3-64　设置"自动刷新"选项

(3) 单击"确定"按钮,关闭对话框。

## 实验三 账 簿 设 置

### 一、实验目的

根据实验一和实验二的数据,完成建立日记账、编制余额表、编制科目汇总表以及建立三栏式总账和明细账等操作,熟练掌握 Excel 在会计账簿中的应用。

### 二、实验资料

详见实验一、实验二的实验结果。

### 三、实验步骤

(1) 建立普通日记账。
(2) 编制余额表。
(3) 编制科目汇总表。
(4) 建立三栏式总账账簿。
(5) 建立应交增值税和应交所得税明细账。

【实验提示:打开"新华厂"工作簿,根据实验二生成的"记账凭证清单"工作表的数据,采用自动筛选建立日记账;利用 VLOOKUP 函数查找期初余额,利用 SUMIF 函数对本期发生额进行求和,利用 IF 函数计算期末余额,建立余额表;采用数据透视表建立科目汇总表;采用数据透视表建立三栏式总账;利用高级筛选建立应交增值税明细账并使用宏生成应交所得税明细账。】

巩固提高三

### 一、单选题

1. 通过对( )进行简单修改,即可形成普通日记账。
   A. 基础信息　　　　　　　　　B. 记账凭证清单
   C. 余额表　　　　　　　　　　D. 科目汇总表
2. 建立"余额表"时,必须采用文本格式的项目是( )。
   A. 总账科目　　　　　　　　　B. 期初借方余额
   C. 本期借方发生额　　　　　　D. 科目代码
3. 在建立"余额表"时,计算本期发生额时,可以用( )。
   A. VLOOKUP 函数　　　　　　B. 复制数据
   C. SUMIF 函数　　　　　　　　D. SUM 函数

4. 利用数据透视表建立三栏式总账时,页字段项目是(　　)。

A. 总账科目　　　　　　　　　　B. 科目代码

B. 凭证编号　　　　　　　　　　D. 月

5. 若需要查询对应总账科目的期初余额,可通过(　　)得到。

A. SUMIF 函数　　　　　　　　　B. VLOOKUP 函数

C. INDEX 函数　　　　　　　　　D. HLOOKUP 函数

6. 建立三栏式总账时,需要判断余额的方向时,总体上可使用(　　)。

A. VLOOKUP 函数　　　　　　　B. SUMIF 函数

C. IF 函数　　　　　　　　　　　D. COUNTIF 函数

7. 利用高级筛选建立明细账时,若事先已经有一个"记账凭证"的范围名称(包含所有记账凭证清单),那么它应该是(　　)的参数值。

A. 条件区域　　　B. 列表区域　　　C. 复制到　　　D. 求和区域

8. IF(H6＞0,"借",IF(H6＝0,"平","贷")),其含义是(　　)。

A. 如果 H6 单元格大于零,显示"借",否则若 H6 单元格等于零,显示"平",否则显示"贷"

B. 如果 H6 单元格的值大于零,显示"贷",否则若 H6 单元格的值等于零,显示"平",否则显示"借"

C. 如果 H6 单元格大于零,显示"贷",否则若 H6 单元格等于零,显示"平",否则显示"借"

D. 如果 H6 单元格的值大于零,显示"借",否则若 H6 单元格的值等于零,显示"平",否则显示"贷"

9. 采用数据透视表生成的科目汇总表等,若数据变动,则最好通过(　　)来更新数据。

A. 刷新数据　　　B. 更新　　　C. 重新制作　　　D. "工具/选项"

二、多选题

1. 在建立余额表时,调用期初余额,可以用(　　)方式。

A. 手工输入　　　　　　　　　　B. 复制基础设置中的项目

C. 采用 VLOOKUP 函数查找　　　D. 采用 SUMIF 函数查找

2. 利用 Excel 建立科目汇总表,可采用(　　)方法。

A. 数据透视表　　B. 自动筛选　　C. SUMIF 函数　　D. 高级筛选

3. 利用 Excel 的数据透视表建立科目汇总表时,数据区域应包括(　　)。

A. 总账科目　　　B. 借方金额　　C. 贷方金额　　　D. 明细科目

4. 可以利用 Excel 的(　　)功能生成总分类账簿。

A. 函数　　　　　B. 数据透视表　C. 高级筛选　　　D. 分类汇总

5. 利用 Excel 的数据透视表建立三栏式总账时,行项目应当包含(　　)。

A. 总账科目　　　B. 月、日　　　C. 摘要　　　　　D. 明细科目

6. 利用高级筛选建立明细账时,需要的台头字段有(　　)。

A. 月、日、序号　　B. 摘要　　　　C. 借方金额　　　　D. 贷方金额

7. 定义一个"记账凭证"的范围名称,包含所有记账凭证清单,以下步骤正确的有( )。

A. 选中一个包含所有记账凭证清单的足够大的区域

B. 点击"公式/定义名称"命令,打开新建名称对话框,输入"记账凭证"名称

C. 点击"确定"按钮,完成定义

D. 点击"添加",按"确定"按钮,完成定义

### 三、判断题

1. 若"期初借方余额－期初贷方余额＋本期借方发生额－本期贷方发生额"的值大于零,说明该科目的期末余额在贷方。　　　　　　　　　　　　　　　　　　( )

2. 通过"期初借方余额＋本期借方发生额－本期贷方发生额"的值正负,可以判断科目的期末余额方向。　　　　　　　　　　　　　　　　　　　　　　　　( )

3. 采用 SUMIF 函数,可自动显示余额表的期末余额项目。　　　　　　　( )

4. 会计科目的期末余额方向只能在一个方向。　　　　　　　　　　　　( )

5. 通过 ABC 函数,可以实现负数余额的正数显示。　　　　　　　　　　( )

6. 利用 Excel 生成科目汇总表,其数据源区域为记账凭证清单。　　　　( )

7. 数据透视表的数据项目,必须采用计数项。　　　　　　　　　　　　　( )

8. 只需要选择相同类型的一个数据透视表的汇总项,就可以隐藏所有同类型的汇总项。　　　　　　　　　　　　　　　　　　　　　　　　　　　　　　　( )

9. 科目汇总表的汇总关键字是总账的科目代码。　　　　　　　　　　　( )

10. 若需要不显示零值,可以在菜单栏"文件/选项/高级"中进行设置。　　( )

11. 记账凭证清单中的会计科目是有效的末级科目。　　　　　　　　　　( )

12. 设置窗体显示提示信息时,最好使用"列表框"选项。　　　　　　　　( )

13. 记账凭证清单中的提示窗体的数据源值是有效科目代码。　　　　　　( )

14. 在电算化中,本期发生额及余额对照表可以代替总分类账簿。　　　　( )

15. 利用 Excel 生成三栏式总账时,数据源区域来自记账凭证清单。　　　( )

16. 利用数据透视表生成科目汇总表时,可以在本工作表中生成。　　　　( )

17. 利用数据透视表生成三栏式总账时,数据区域只要足够大即可。　　　( )

18. 利用数据透视表生成三栏式总账时,列项目上应当有月、日、摘要等项目。
　　　　　　　　　　　　　　　　　　　　　　　　　　　　　　　　( )

19. 数据透视表的数据项是可以拖动的。　　　　　　　　　　　　　　　( )

20. 采用高级筛选设置明细账时,台头字段可以跟数据区域的台头字段不一致。
　　　　　　　　　　　　　　　　　　　　　　　　　　　　　　　　( )

21. 公式"＝IF(H6＞0,"借",IF(H6＝0,"平","贷"))",可用来判断余额的方向。
　　　　　　　　　　　　　　　　　　　　　　　　　　　　　　　　( )

22. 采用数据透视表生成的科目汇总表,如果其数据源(记账凭证)数据变动,不用任何设置,科目汇总表中的数据也会随之变动。　　　　　　　　　　　　( )

### 四、看图分析题

| | A | B | C | D | E | F | G | H | I |
|---|---|---|---|---|---|---|---|---|---|
| 1 | | | | | 余额表 | | | | |
| 2 | 科目代码 | 总账科目 | 明细科目 | 期初借方余额 | 期初贷方余额 | 本期借方发生额 | 本期贷方发生额 | 期末借方余额 | 期末贷方余额 |
| 3 | 1001 | 库存现金 | | | | | | | |
| 4 | 1002 | 银行存款 | | | | | | | |
| 5 | 100201 | 银行存款 | 工行存款 | | | | | | |

图 3-65 某企业 1 月份余额表(部分)

根据图 3-65 的内容,分析选择完成下列 1~4 题的不定项选择题:

1. D3 单元格需调用期初借方余额时,以下公式正确且方便以后同类型公式复制的是(　　)。

　　A.＝VLOOKUP(A$3,基础设置!$A:$E,4,FALSE)
　　B.＝VLOOKUP($B3,基础设置!$A:$E,4,FALSE)
　　C.＝VLOOKUP($A3,基础设置!$A:$E,4,FALSE)
　　D.＝VLOOKUP($B3,基础设置!$B:$E,3,FALSE)

2. F5 单元格需计算本期发生额,可使用公式(　　)。

　　A.＝VLOOKUP(记账凭证清单!$I:$I,$C5,记账凭证清单!$J:$J)
　　B.＝SUMIF(记账凭证清单!$G:$G,$A5,记账凭证清单!$J:$J)
　　C.＝SUMIF(记账凭证清单!$H:$H,$B5,记账凭证清单!$J:$J)
　　D.＝SUMIF(记账凭证清单!$I:$I,$C5,记账凭证清单!$J:$J)

3. "本期贷方发生额"栏只需用统一的一个只含 SUMIF 函数的公式即可计算所有的"本期贷方发生额"。(　　)

　　A. 对　　　　　　B. 错

4. H3 单元格公式"＝IF((D3－E3)＋(F3－G3)>＝0,(D3－E3)＋(F3－G3),0)"的含义,以下解读正确的是(　　)。

　　A. 经判断如果是期末借方余额,则显示期初借方余额加上本期借方发生额减去本期贷方发生额的结果,否则显示零
　　B. 公式中"(D3－E3)＋(F3－G3)"的值,如果大于零,则表示该科目期末是借方余额,若小于零,则表示该科目期末为贷方余额
　　C. 公式中"(D3－E3)＋(F3－G3)"的值,如果小于零,则表示该科目期末是借方余额,若大于零,则表示该科目期末为贷方余额
　　D. 如果"(D3－E3)＋(F3－G3)"的值大于等于零,则显示"(D3－E3)＋(F3－G3)"的值,否则显示零

### 五、简答题

1. 简述余额表期末余额栏的公式设置及其含义。
2. 简述利用 Excel 生成科目汇总表的步骤。
3. 分析说明用高级筛选建立明细账的缺点,并说明改进的方法。
4. 简述更新 Excel 数据透视表生成的会计数据资料的方法。

【参考答案】

一、1. B  2. D  3. C  4. A  5. B  6. C  7. B  8. D  9. A

二、1. ABC  2. AC  3. BC  4. BC  5. BC  6. ABCD  7. ABC

三、1. ×  2. ×  3. ×  4. √  5. √  6. √  7. ×  8. √  9. ×  10. √  11. √  12. √  13. √  14. √  15. √  16. √  17. √  18. ×  19. √  20. ×  21. √  22. ×

四、1. C  2. B  3. B  4. ABD

五、(略)

# 第 4 章  运用 Excel 编制会计报表

 本章学习要点

会计报表是会计账务处理的最终环节,是基于记账凭证、会计账簿或发生额及余额表等会计资料编制的。通过本章学习,学生应掌握使用 Excel 的函数功能,利用以前建立的余额表等数据源,建立利润表和资产负债表,并且熟练掌握连续编制会计报表的方法。

## 4.1 利 润 表

### 4.1.1 利润表的内容和结构

利润表是反映企业在一定期间(年度、半年度、季度、月度)经营成果的会计报表,也称损益表。作为一种动态会计报表,利润表是根据"收入－费用＝利润"这一会计等式和收入与费用配比原则编制而成的。

《小企业会计准则》的利润表的格式如表 4-1 所示。

表 4-1 利 润 表

会企 02 表

编制单位：　　　　　　　　　　　　　　年　　月　　　　　　　　　　　　单位:元

| 项　目 | 行次 | 本年累计金额 | 本月金额 |
|---|---|---|---|
| 一、营业收入 | 1 | | |
| 减:营业成本 | 2 | | |
| 税金及附加 | 3 | | |
| 其中:消费税 | 4 | | |
| 城市维护建设税 | 5 | | |

（续表）

| 项　　目 | 行次 | 本年累计金额 | 本月金额 |
|---|---|---|---|
| 　　资源税 | 6 | | |
| 　　土地增值税 | 7 | | |
| 　　城镇土地使用税、房产税、车船税、印花税 | 8 | | |
| 　　教育费附加、矿产资源补偿费、排污费 | 9 | | |
| 　销售费用 | 10 | | |
| 　　其中:商品维修费 | 11 | | |
| 　　　广告费和业务宣传费 | 12 | | |
| 　管理费用 | 13 | | |
| 　　其中:开办费 | 14 | | |
| 　　　业务招待费 | 15 | | |
| 　　　研究费用 | 16 | | |
| 　财务费用 | 17 | | |
| 　　其中:利息费用(收入以"－"号填列) | 18 | | |
| 　加:投资收益(损失以"－"号填列) | 19 | | |
| 二、营业利润(亏损以"－"号填列) | 20 | | |
| 　加:营业外收入 | 21 | | |
| 　　其中:政府补助 | 22 | | |
| 　减:营业外支出 | 23 | | |
| 　　其中:坏账损失 | 24 | | |
| 　　　无法收回的长期债券投资损失 | 25 | | |
| 　　　无法收回的长期股权投资损失 | 26 | | |
| 　　　自然灾害等不可抗力因素造成的损失 | 27 | | |
| 　　　税收滞纳金 | 28 | | |
| 三、利润总额(亏损总额以"－"号填列) | 29 | | |
| 　减:所得税费用 | 30 | | |
| 四、净利润(净亏损以"－"号填列) | 31 | | |

### 4.1.2 利用 Excel 编制利润表

**1. 利润表的编制说明**

利润表的各项目的内容及其填列方法如下：

利润表结构有单步式和多步式两种，我国小企业采取多步式利润表。利润表各项目分为"本年累计金额"和"本月金额"两栏，其格式如表4-1所示。

1) 利润表项目的填列方法

"本年累计金额"栏反映各项目自年初起至报告期末（月末、季末、年末）止的累计实际发生额。本栏各项目金额应根据本期利润表"本月金额"加上期利润表"本年累计金额"栏的数字填列。

"本月金额"栏反映各项目的本月实际发生额，应根据本期各损益类科目的发生额分析填列。在编制季度利润表时，应将"本月金额"栏改为"上季度金额"栏，反映各项目本季度实际发生额。小企业编制年度利润表时，应将"本月金额"栏改为"上年金额"栏，填列上年全年实际发生额。如果上年度利润表的项目名称和内容与本年度利润表不一致，应对上年度利润表项目的名称和数字按本年度的规定进行调整，填入报表的"上年金额"栏。

2) 利润表项目的内容及其填列说明

（1）"营业收入"项目，反映小企业销售商品和提供劳务所实现的收入总额。本项目应根据"主营业务收入"科目和"其他业务收入"科目的发生额合计填列。

（2）"营业成本"项目，反映小企业所销售商品的成本和所提供劳务的成本。本项目应根据"主营业务成本"科目和"其他业务成本"科目的发生额合计填列。

（3）"税金及附加"项目，反映小企业开展日常生产活动应负担的消费税、营业税、城市维护建设税、资源税、土地增值税、城镇土地使用税、房产税、车船税、印花税和教育费附加、矿产资源补偿费、排污费等。本项目应根据"税金及附加"科目的发生额填列。

（4）"销售费用"项目，反映小企业销售商品或提供劳务过程中发生的费用。本项目应根据"销售费用"科目的发生额填列。

（5）"管理费用"项目，反映小企业为组织和管理生产经营发生的其他费用。本项目应根据"管理费用"科目的发生额填列。

（6）"财务费用"项目，反映小企业为筹集生产经营所需资金发生的筹资费用。本项目应根据"财务费用"科目的发生额填列。

（7）"投资收益"项目，反映小企业股权投资取得的现金股利（或利润），债券投资取得的利息收入，处置股权投资和债券投资取得的处置价款扣除成本或账面余额、相关税费后的净额。本项目应根据"投资收益"科目的发生额填列，如为投资损失，以"－"号填列。

（8）"营业利润"项目，反映小企业当期开展日常生产经营活动实现的利润。本项目应根据营业收入扣除营业成本、税金及附加、销售费用、管理费用和财务费用，加上投资收益后的金额填列,如为亏损,以"－"号填列。

(9)"营业外收入"项目,反映小企业实现的各项营业外收入金额。包括:非流动资产处置净收益、政府补助、捐赠收益、盘盈收益、汇兑收益、出租包装物和商品的租金收入、逾期未退包装物押金收益、确实无法偿付的应付款项、已做坏账损失处理后又收回的应收款项、违约金收益等。本项目应根据"营业外收入"科目的发生额填列。

(10)"营业外支出"项目,反映小企业发生的各项营业外支出金额。包括:存货的盘亏、毁损、报废损失,非流动资产处置净损失,坏账损失,无法收回的长期债券投资损失,无法收回的长期股权投资损失,自然灾害等不可抗力因素造成的损失,税收滞纳金,罚金,罚款,被没收财物的损失,捐赠支出,赞助支出等。本项目应根据"营业外支出"科目的发生额填列。

(11)"利润总额"项目,反映小企业当期实现的利润总额。本项目应根据营业利润加上营业外收入减去营业外支出后的金额填列,如为亏损总额,以"－"号填列。

(12)"所得税费用"项目,反映小企业根据企业所得税法确定的应从当期利润总额中扣除的所得税费用。本项目应根据"所得税费用"科目的发生额填列。

(13)"净利润"项目,反映小企业当期实现的净利润。本项目应根据利润总额扣除所得税费用后的金额填列,如为净亏损,以"－"号填列。

3) 利润表中各项目之间的勾稽关系

利润表中各项目之间的勾稽关系为:

行 21＝行 1－行 2－行 3－行 11－行 14－行 18＋行 20;

行 3≥行 4＋行 5＋行 6＋行 7＋行 8＋行 9＋行 10;

行 11≥行 12＋行 13;

行 14≥行 15＋行 16＋行 17;

行 18≥行 19;

行 30＝行 21＋行 22－行 24;

行 22≥行 23;

行 24≥行 25＋行 26＋行 27＋行 28＋行 29;

行 32＝行 30－行 31。

2. 利用 Excel 编制利润表

沿用创造公司 1 月份的账簿资料,假设该公司 2021 年 1 月成立,出具 2021 年 1 月份的利润表。

具体步骤如下:

(1) 打开"创造公司账簿.xlsx"工作簿,新建一个工作表,并重命名为"利润表"。

(2) 如图 4-1 所示,输入并设计利润表的基本格式。

(3) 根据会计报表制作的基本原理,在"利润表"的有关单元格中,设置计算公式,如图 4-1 所示。

由于编制报表时,当期账簿均已结账,所以,无论收入类的项目还是费用类的项目,在设置调用公式时取余额表中的数据时,均可以取借方发生额,如 F 列相应金额,或取贷方发生额,如本例中取 G 列相应金额。

| | A | B | C |
|---|---|---|---|
| 1 | 利 润 表 | | |
| 2 | | | 会小企02表 |
| 3 | 编制单位:创造公司　　　　2021 年 01月 | | 单位:元 |
| 4 | 项　　目 | 本年累计金额 | 本月金额 |
| 5 | 一、营业收入 | =C5 | =余额表!F91+余额表!F92 |
| 6 | 减:营业成本 | =C6 | =余额表!G94+余额表!G95 |
| 7 | 　　税金及附加 | =C7 | =余额表!G96 |
| 8 | 　　销售费用 | =C8 | =余额表!G97 |
| 9 | 　　管理费用 | =C9 | =余额表!G98 |
| 10 | 　　研发费用 | =C10 | |
| 11 | 　　财务费用 | =C11 | =余额表!G113 |
| 12 | 　　其中:利息费用 | =C12 | |
| 13 | 　　　　利息收入 | =C13 | |
| 14 | 加:其他收益 | =C14 | |
| 15 | 　　投资收益(损失以"-"号填列) | =C15 | |
| 16 | 　　其中:对联营企业和合营企业的投资收益 | =C16 | |
| 17 | 　　以摊余成本计量的金融资产终止确认收益(损失以"-"号填列) | =C17 | |
| 18 | 　　净敞口大项收益(损失以"-"号填列) | =C18 | |
| 19 | 　　公允价值变动收益(损失以"-"号填列) | =C19 | |
| 20 | 　　信用减值损失(损失以"-"号填列) | =C20 | |
| 21 | 　　资产减值损失(损失以"-"号填列) | =C21 | |
| 22 | 　　资产处置收益(损失以"-"号填列) | =C22 | |
| 23 | 二、营业利润(亏损以"-"号填列) | =C23 | =C5-C6-C7-C8-C9-C11 |
| 24 | 加:营业外收入 | =C24 | =余额表!G93 |
| 25 | 减:营业外支出 | =C25 | =余额表!G114 |
| 26 | 三、利润总额(亏损总额以"-"号填列) | =C26 | =C23+C24-C25 |
| 27 | 减:所得税费用 | =C27 | =余额表!G114 |
| 28 | 四、净利润(净亏损以"-"号填列) | =C28 | =C26-C27 |
| 29 | (一)持续经营净利润(净亏损以"-"号填列) | =C29 | |
| 30 | (二)终止经营净利润(净亏损以"-"号填列) | =C30 | |

图 4-1　利润表单元格公式一览表

【说明:实务工作中,因不同期间会计科目有可能增加或减少,从而使报表中取余额表金额数据的公式可能发生位置的变化,进而使获得的数据不正确。因此,建议在 B 列前插入 2 列,分别命名为"科目代码1"和"科目代码2",并录入对应的科目代码,如在 B5 单元格中输入"5001",在 C5 单元格中输入"5051",其余单元格依此设置。

隐藏 B 列和 C 列,不仅美观,也方便打印上报报表。

为了输入公式方便,选中余额表的 A:I 列,定义名称为"余额表"。然后在 E 列中使用 VLOOKUP 函数来获取余额表中对应的数据,如在 E5 单元格输入公式:
"=IFERROR(VLOOKUP(B5,余额表,6,0)+VLOOKUP(C5,余额表,6,0),0)"

建议:在使用"附录二 综合实训资料"进行练习时,采用上述方法设置"本月金额"公式。】

(4) 由于该公司是 2021 年 1 月成立并开始建账,则 2021 年 1 月份利润表的"本年累计金额"等于"本期金额"。因此复制 B 列公式到 C 列即可。此略。

(5) 运用 Excel 设置的利润表的结果,如图 4-2 所示。

| | A | B | C |
|---|---|---|---|
| 1 | 利 润 表 | | |
| 2 | | | 会小企02表 |
| 3 | 编制单位：创造公司　　　　2021 年 01月 | | 单位：元 |
| 4 | 项　　　目 | 本年累计金额 | 本月金额 |
| 5 | 一、营业收入 | 2 436 315.00 | 2 436 315.00 |
| 6 | 　减：营业成本 | 2 051 509.40 | 2 051 509.40 |
| 7 | 　　　税金及附加 | 24 002.43 | 24 002.43 |
| 8 | 　　　销售费用 | 90 889.77 | 90 889.77 |
| 9 | 　　　管理费用 | 89 889.80 | 89 889.80 |
| 10 | 　　　研发费用 | | |
| 11 | 　　　财务费用 | 11 485.00 | 11 485.00 |
| 12 | 　　其中：利息费用 | | |
| 13 | 　　　　　利息收入 | | |
| 14 | 　加：其他收益 | | |
| 15 | 　　　投资收益（损失以"-"号填列） | | |
| 16 | 　　其中：对联营企业和合营企业的投资收益 | | |
| 17 | 　　　　　以摊余成本计量的金融资产终止确认<br>　　　　　收益（损失以"-"号填列） | | |
| 18 | 　　　净敞口大项收益（损失以"-"号填列） | | |
| 19 | 　　　公允价值变动收益（损失以"-"号填列） | | |
| 20 | 　　　信用减值损失（损失以"-"号填列） | | |
| 21 | 　　　资产减值损失（损失以"-"号填列） | | |
| 22 | 　　　资产处置收益（损失以"-"号填列） | | |
| 23 | 二、营业利润（亏损以"-"号填列） | 168 538.60 | 168 538.60 |
| 24 | 　加：营业外收入 | 3 492.40 | 3 492.40 |
| 25 | 　减：营业外支出 | 31 022.50 | 31 022.50 |
| 26 | 三、利润总额（亏损总额以"-"号填列） | 141 008.50 | 141 008.50 |
| 27 | 　减：所得税费用 | 31 022.50 | 31 022.50 |
| 28 | 四、净利润（净亏损以"-"号填列） | 109 986.00 | 109 986.00 |
| 29 | 　（一）持续经营净利润（净亏损以"-"号填列） | | |
| 30 | 　（二）终止经营净利润（净亏损以"-"号填列） | | |

图 4-2　创造公司建账月份(2021 年 1 月份)利润表

## 4.2　资产负债表

### 4.2.1　资产负债表的内容及结构

资产负债表是反映企业某一特定日期(月末、季末、半年末、年末)财务状况的会计报表。

在我国,资产负债表采用账户式结构,根据"资产＝负债＋所有者权益"的基本公式,报表分为左右两方,左方列示资产各项目,反映全部资产的分布及存在形态;右方列示负债和所有者权益各项目,反映全部负债和所有者权益的内容及构成情况。资产负债表左右双方平衡,即资产总计等于负债和所有者权益总计。资产负债表的基本格式如图 4-3 所示。

资产和负债应当分别以流动资产和非流动资产,流动负债和非流动负债列示。

## 资产负债表

编制单位：　　　　　　　　　　　年　月　日

会小企01　单位：元

| 资　产 | 行次 | 期末余额 | 年初余额 | 负债和所有者权益 | 行次 | 期末余额 | 年初余额 |
|---|---|---|---|---|---|---|---|
| **流动资产：** | | | | **流动负债：** | | | |
| 货币资金 | 1 | | | 短期借款 | 31 | | |
| 短期投资 | 2 | | | 应付票据 | 32 | | |
| 应收票据 | 3 | | | 应付账款 | 33 | | |
| 应收账款 | 4 | | | 预收账款 | 34 | | |
| 预付账款 | 5 | | | 应付职工薪酬 | 35 | | |
| 应收股利 | 6 | | | 应交税费 | 36 | | |
| 应收利息 | 7 | | | 应付利息 | 37 | | |
| 其他应收款 | 8 | | | 应付利润 | 38 | | |
| 存货 | 9 | | | 其他应付款 | 39 | | |
| 其中：原材料 | 10 | | | 其他流动负债 | 40 | | |
| 　　　在产品 | 11 | | | **流动负债合计** | 41 | | |
| 　　　库存商品 | 12 | | | **非流动负债：** | | | |
| 　　　周转材料 | 13 | | | 长期借款 | 42 | | |
| 其他流动资产 | 14 | | | 长期应付款 | 43 | | |
| **流动资产合计** | 15 | | | 递延收益 | 44 | | |
| **非流动资产：** | | | | 其他非流动负债 | 45 | | |
| 长期债券投资 | 16 | | | **非流动负债合计** | 46 | | |
| 长期股权投资 | 17 | | | **负债合计** | 47 | | |
| 固定资产原价 | 18 | | | | | | |
| 减：累计折旧 | 19 | | | | | | |
| 固定资产账面价值 | 20 | | | | | | |
| 在建工程 | 21 | | | | | | |
| 工程物资 | 22 | | | | | | |
| 固定资产清理 | 23 | | | | | | |
| 生产性生物资产 | 24 | | | **所有者权益（或股东权益）：** | | | |
| 无形资产 | 25 | | | 实收资本（或股本） | 48 | | |
| 开发支出 | 26 | | | 资本公积 | 49 | | |
| 长期待摊费用 | 27 | | | 盈余公积 | 50 | | |
| 其他非流动资产 | 28 | | | 未分配利润 | 51 | | |
| **非流动资产合计** | 29 | | | **所有者权益（或股东权益）合计** | 52 | | |
| **资产总计** | 30 | | | **负债和所有者权益（或股东权益）总计** | 53 | | |

图 4-3　资产负债表格式

### 4.2.2　资产负债表的编制

在建立好的余额表基础上，可以很容易地编制出资产负债表。因为资产负债表的编制是根据各账户的余额加或减之后分析填列的。

我国小企业的资产负债表采用账户式结构，报表分为左右两方，左方列示资产各项目，反映全部资产的分布及存在形态；右方列示负债和所有者权益各项目，反映全部负债和所有者权益的内容及构成情况。资产负债表左右两方平衡，即资产总计等于负债和所有者权益总计。资产负债表中一般设有"期末余额"和"年初余额"两栏，其格式如图 4-3 所示。编制资产负债表时，要填报"期末余额"和"年初余额"两栏数据。

**1. "年初余额"的编制方法**

资产负债表"年初余额"栏内各项数字，应根据上年年末资产负债表"期末余额"栏内所列数字填列。如果上年年末资产负债表的项目名称和内容与本年年末资产负债表不一致，应对上年年末资产负债表的项目名称和数字按本年年末资产负债表的规定进行调整，并填入"年初余额"栏。

**2. "期末余额"的编制方法**

1) 资产负债表"期末余额"的填列方法

资产负债表各项目的"期末余额"，一般根据资产、负债和所有者权益类科目的期末余额填列，具体区分为以下几种填列方法：

（1）根据总账科目余额直接填列。例如，"短期投资""应收票据""应收股利""应收利息""其他应收款""长期债券投资""长期股权投资""固定资产原价""累计折旧""在建工程""工程物资""固定资产清理""开发支出""长期待摊费用""短期借款""应付票据""应付职工薪酬""应交税费""应付利息""应付股利""其他应付款""实收资本（或股本）""资本公积""盈余公积"等项目，应根据有关总账科目的期末余额直接填列。

（2）根据总账科目余额计算填列。例如，"货币资金"项目，根据"库存现金""银行存款""其他货币资金"科目的期末余额合计数计算填列。

（3）根据明细科目余额计算填列。例如，"应收账款"项目，应根据"应收账款"和"预收账款"两个科目所属的相关明细科目的期末借方余额合计数填列；"应付账款"项目，应根据"应付账款"和"预付账款"两个科目所属的相关明细科目的期末贷方余额合计数填列；"未分配利润"项目，应根据"利润分配"科目中所属的"未分配利润"明细科目期末余额填列。

（4）根据总账科目和明细科目余额分析计算填列。例如，"长期借款"项目，应根据"长期借款"总账科目余额扣除"长期借款"科目所属明细科目中将于一年内到期的部分填列。

（5）根据科目余额减去其备抵项目后的净额填列。例如，"无形资产"项目，应根据"无形资产"科目的期末余额减去"累计摊销"科目的期末余额后的金额填列。

（6）综合运用上述方法分析填列。例如，"存货"项目，应根据"材料采购""在途物资""原材料""生产成本""库存商品""委托加工物资""周转材料""消耗性生物资产"等科目的期末余额合计填列，材料采用计划成本核算，以及库存商品采用计划成本核算或售价核算的小企业，还应按加或减"材料成本差异""商品进销差价"后的金额填列。

（7）根据有关项目的金额计算填列。例如，"流动资产合计""非流动资产合计""资产总计""流动负债合计""非流动负债合计""负债合计""所有者权益（或股东权益）合计""负债和所有者权益（或股东权益）总计"等项目，应根据表中的相关项目的合计额填列。"固定资产账面价值"项目则需根据"固定资产原价"项目金额减去"累计折旧"项目金额后的余额填列。

2) 资产负债表项目的内容及填列说明

（1）"货币资金"项目，反映小企业库存现金、银行存款、其他货币资金的合计数。本项目应根据"库存现金""银行存款"和"其他货币资金"科目的期末余额合计填列。

(2)"短期投资"项目,反映小企业购入的能随时变现并且持有时间不准备超过1年的股票、债券和基金投资的余额。本项目应根据"短期投资"科目的期末余额填列。

(3)"应收票据"项目,反映小企业收到的未到期收款也未向银行贴现的应收票据(银行承兑汇票和商业承兑汇票)。本项目应根据"应收票据"科目的期末余额填列。

(4)"应收账款"项目,反映小企业因销售商品、提供劳务等日常生产经营活动应收取的款项。本项目应根据"应收账款"的期末余额分析填列。例如,"应收账款"科目明细账期末为贷方余额,应当在"预收账款"项目列示。

(5)"预付账款"项目,反映小企业按照合同规定预付的款项。包括:根据合同规定预付的购货款、租金、工程款等。本项目应根据"预付账款"科目的期末余额分析填列,如"预付账款"科目明细账期末为贷方余额,应当在"应付账款"项目列示。

属于超过1年期以上的预付账款的借方余额应当在"其他非流动资产"项目列示。

(6)"应收股利"项目,反映小企业应收取的现金股利或利润。本项目应根据"应收股利"科目的期末余额填列。

(7)"应收利息"项目,反映小企业债券投资应收取的利息。小企业购入一次还本付息债券应收的利息,不包括在本项目内。本项目应根据"应收利息"科目的期末余额填列。

(8)"其他应收款"项目,反映小企业除应收票据、应收账款、预付账款、应收股利、应收利息等以外的其他各种应收及暂付款项。包括:各种应收的赔款、应向职工收取的各种垫付款项等。本项目应根据"其他应收款"科目的期末余额填列。

(9)"存货"项目,反映小企业期末在库、在途和在加工中的各项存货的成本。包括:各种原材料在产品半成品产成品商品周转材料(包装物、低值易耗品等)消耗性生物资产等。本项目应根据"材料采购""在途物资""原材料""材料成本差异""生产成本""库存商品""商品进销差价""委托加工物资""周转材料""消耗性生物资产"等科目的期末余额分析填列。

(10)"其他流动资产"项目,反映小企业除以上流动资产项目外的其他流动资产(含1年内到期的非流动资产)。本项目应根据有关科目的期末余额分析填列。

(11)"长期债券投资"项目,反映小企业准备长期持有的债券投资的本息。本项目应根据"长期债券投资"科目的期末余额分析填列。

(12)"长期股权投资"项目,反映小企业准备长期持有的权益性投资的成本。本项目应根据"长期股权投资"科目的期末余额填列。

(13)"固定资产原价"和"累计折旧"项目,反映小企业固定资产的原价(成本)及累计折旧。这两个项目应根据"固定资产"科目和"累计折旧"科目的期末余额填列。

(14)"固定资产账面价值"项目,反映小企业固定资产原价扣除累计折旧后的余额。本项目应根据"固定资产"科目的期末余额减去"累计折旧"科目的期末余额后的金额填列。

(15)"在建工程"项目,反映小企业尚未完工或虽已完工,但尚未办理竣工决算的工程成本。本项目应根据"在建工程"科目的期末余额填列。

（16）"工程物资"项目，反映小企业为在建工程准备的各种物资的成本。本项目应根据"工程物资"科目的期末余额填列。

（17）"固定资产清理"项目，反映小企业因出售、报废、毁损、对外投资等原因处置固定资产所转出的固定资产账面价值以及在清理过程中发生的费用等。本项目应根据"固定资产清理"科目的期末借方余额填列；如"固定资产清理"科目期末为贷方余额，以"—"号填列。

（18）"生产性生物资产"项目，反映小企业生产性生物资产的账面价值。本项目应根据"生产性生物资产"科目的期末余额减去"生产性生物资产累计折旧"科目的期末余额后的金额填列。

（19）"无形资产"项目，反映小企业无形资产的账面价值。本项目应根据"无形资产"科目的期末余额减去"累计摊销"科目的期末余额后的金额填列。

（20）"开发支出"项目，反映小企业正在进行的无形资产研究开发项目满足资本化条件的支出。本项目应根据"研发支出"科目的期末余额填列。

（21）"长期待摊费用"项目，反映小企业尚未摊销完毕的已提足折旧的固定资产的改建支出、经营租入固定资产的改建支出、固定资产的大修理支出和其他长期待摊费用。本项目应根据"长期待摊费用"科目的期末余额分析填列。

（22）"其他非流动资产"项目，反映小企业除以上非流动资产以外的其他非流动资产。本项目应根据有关科目的期末余额分析填列。

（23）"短期借款"项目，反映小企业向银行或其他金融机构等借入的期限在1年内的、尚未偿还的各种借款本金。本项目应根据"短期借款"科目的期末余额填列。

（24）"应付票据"项目，反映小企业因购买材料、商品和接受劳务等日常生产经营活动开出、承兑的商业汇票(银行承兑汇票和商业承兑汇票)尚未到期的票面金额。本项目应根据"应付票据"科目的期末余额填列。

（25）"应付账款"项目，反映小企业因购买材料、商品和接受劳务等日常生产经营活动尚未支付的款项。本项目应根据"应付账款"科目的期末余额分析填列。如"应付账款"科目明细账期末为借方余额，应当在"预付账款"项目列示。

（26）"预收账款"项目，反映小企业根据合同规定预收的款项。包括：预收的购货款、工程款等。本项目应根据"预收账款"科目的期末贷方余额分析填列；如"预收账款"科目明细账期末为借方余额，应当在"应收账款"项目列示。

属于超过1年期以上的预收账款的贷方余额应当在"其他非流动负债"项目列示。

（27）"应付职工薪酬"项目，反映小企业应付未付的职工薪酬。本项目应根据"应付职工薪酬"科目期末余额填列。

（28）"应交税费"项目，反映小企业期末未交、多交或尚未抵扣的各种税费。本项目应根据"应交税费"科目的期末贷方余额填列；例如，"应交税费"科目期末为借方余额，以"—"号填列。

（29）"应付利息"项目，反映小企业尚未支付的利息费用。本项目应根据"应付利息"科目的期末余额填列。

（30）"应付利润"项目，反映小企业尚未向投资者支付的利润。本项目应根据"应付利润"科目的期末余额填列。

（31）"其他应付款"项目，反映小企业除应付账款、预收账款、应付职工薪酬、应交税费、应付利息、应付利润等以外的其他各项应付、暂收的款项。包括：应付租入固定资产和包装物的租金、存入保证金等。本项目应根据"其他应付款"科目的期末余额填列。

（32）"其他流动负债"项目，反映小企业除以上流动负债以外的其他流动负债（含1年内到期的非流动负债）。本项目应根据有关科目的期末余额填列。

（33）"长期借款"项目，反映小企业向银行或其他金融机构借入的期限在1年以上的、尚未偿还的各项借款本金。本项目应根据"长期借款"科目的期末余额分析填列。

（34）"长期应付款"项目，反映小企业除长期借款以外的其他各种应付未付的长期应付款项。包括：应付融资租入固定资产的租赁费、以分期付款方式购入固定资产发生的应付款项等。本项目应根据"长期应付款"科目的期末余额分析填列。

（35）"递延收益"项目，反映小企业收到的、应在以后期间计入损益的政府补助。本项目应根据"递延收益"科目的期末余额分析填列。

（36）"其他非流动负债"项目，反映小企业除以上非流动负债项目以外的其他非流动负债。本项目应根据有关科目的期末余额分析填列。

（37）"实收资本（或股本）"项目，反映小企业收到投资者按照合同协议约定或相关规定投入的、构成小企业注册资本的部分。本项目应根据"实收资本（或股本）"科目的期末余额分析填列。

（38）"资本公积"项目，反映小企业收到投资者投入资本超出其在注册资本中所占份额的部分。本项目应根据"资本公积"科目的期末余额填列。

（39）"盈余公积"项目，反映小企业（公司制）的法定公积金和任意公积金、小企业（外商投资）的储备基金和企业发展基金。本项目应根据"盈余公积"科目的期末余额填列。

（40）"未分配利润"项目，反映小企业尚未分配的历年结存的利润。本项目应根据"利润分配"科目的期末余额填列。未弥补的亏损，在本项目内以"－"号填列。

3）资产负债表中各项目之间的勾稽关系

资产负债表中各项目之间的勾稽关系为：

行15＝行1＋行2＋行3＋行4＋行5＋行6＋行7＋行8＋行9＋行14；

行9≥行10＋行11＋行12＋行13；

行29＝行16＋行17＋行20＋行21＋行22＋行23＋行24＋行25＋行26＋行27＋行28

行20＝行18－行19；

行30＝行15＋行29；

行41＝行31＋行32＋行33＋行34＋行35＋行36＋行37＋行38＋行39＋行40；

行46＝行42＋行43＋行44＋行45；

行47＝行41＋行46；

行 52＝行 48＋行 49＋行 50＋行 51；

行 53＝行 47＋行 52＝行 30。

利用 Excel 编制会计报表，可以依照各项目不同的数据来源，采用多种方式进行资产负债表的编制。本节以直接引用建账月份余额表方式建立资产负债表为例进行介绍。

### 4.2.3　利用 Excel 编制资产负债表

根据建账月份余额表编制资产负债表的具体步骤：

(1) 打开"创造公司账簿.xlsx"工作簿，新增一个工作表，重命名为"资产负债表"。

(2) 如图 4-3 所示，输入并设计资产负债表的基本格式。

(3) 根据会计报表制作的基本原理，在"资产负债表"的有关单元格中，设置资产项目"期末余额"的计算公式，如图 4-4 所示。

| | A | B | C |
|---|---|---|---|
| 1 | | | |
| 2 | | | |
| 3 | 编制单位： | 创造公司 | |
| 4 | 资产 | 行次 | 期末余额 |
| 5 | 流动资产： | | |
| 6 | 货币资金 | 1 | =余额表!H3+余额表!H4+余额表!H5 |
| 7 | 短期投资 | 2 | =余额表!H6 |
| 8 | 应收票据 | 3 | =余额表!H7 |
| 9 | 应收账款 | 4 | =余额表!H9+余额表!H10+余额表!H11+余额表!H12+余额表!H13+余额表!H56+余额表!H57 |
| 10 | 预付账款 | 5 | =余额表!H15+余额表!H16+余额表!H50+余额表!H51+余额表!H52+余额表!H53+余额表!H54 |
| 11 | 应收股利 | 6 | |
| 12 | 应收利息 | 7 | |
| 13 | 其他应收款 | 8 | =余额表!H17 |
| 14 | 存货 | 9 | =余额表!H22+余额表!H28+余额表!H34+余额表!H37+余额表!H38+余额表!H39+余额表!H87+余额表!H90 |
| 15 | 其中：原材料 | 10 | =余额表!H28 |
| 16 | 在产品 | 11 | =余额表!H87+余额表!H90 |
| 17 | 库存商品 | 12 | =余额表!H34 |
| 18 | 周转材料 | 13 | =余额表!H39 |
| 19 | 其他流动资产 | 14 | |
| 20 | 流动资产合计 | 15 | =SUM(C6:C14,C19) |
| 21 | 非流动资产： | | |
| 22 | 长期债券投资 | 16 | =余额表!H40 |
| 23 | 长期股权投资 | 17 | |
| 30 | 生产性生物资产 | 24 | |
| 31 | 无形资产 | 25 | =余额表!H44-余额表!I45 |
| 32 | 开发支出 | 26 | |
| 33 | 长期待摊费用 | 27 | |
| 34 | 其他非流动资产 | 28 | |
| 35 | 非流动资产合计 | 29 | =SUM(C22:C23,C26:C34) |
| 36 | 资产总计 | 30 | =C20+C35 |

图 4-4　"期末余额"的计算公式(隐藏了部分内容)

(4) 设置资产项目"年初余额"的计算公式,如图 4-5 所示。

| | A | B | D |
|---|---|---|---|
| 1 | | | 资产 |
| 2 | | | |
| 3 | 编制单位： | 创142035 | |
| 4 | 资　产 | 行次 | 年初余额 |
| 5 | 流动资产： | | |
| 6 | 货币资金 | 1 | =余额表!D3+余额表!D4+余额表!D5 |
| 7 | 短期投资 | 2 | =余额表!D6 |
| 8 | 应收票据 | 3 | =余额表!D7 |
| 9 | 应收账款 | 4 | =余额表!D9+余额表!D10+余额表!D11+余额表!D12+余额表!D13+余额表!D56+余额表!D57 |
| 10 | 预付账款 | 5 | =余额表!D15+余额表!D16+余额表!D50+余额表!D51+余额表!D52+余额表!D53+余额表!D54 |
| 11 | 应收股利 | 6 | |
| 12 | 应收利息 | 7 | |
| 13 | 其他应收款 | 8 | =余额表!D17 |
| 14 | 存货 | 9 | =余额表!D22+余额表!D28+余额表!D34+余额表!D37+余额表!D38+余额表!D39+余额表!D87+余额表!D90 |
| 15 | 其中：原材料 | 10 | =余额表!D28 |
| 16 | 在产品 | 11 | =余额表!D87+余额表!D90 |
| 17 | 库存商品 | 12 | =余额表!D34 |
| 18 | 周转材料 | 13 | =余额表!D39 |
| 19 | 其他流动资产 | 14 | |
| 20 | 流动资产合计 | 15 | =SUM(D6:D14,D19) |
| 21 | 非流动资产： | | |
| 22 | 长期债券投资 | 16 | =余额表!D40 |
| 23 | 长期股权投资 | 17 | |
| 30 | 生产性生物资产 | 24 | |
| 31 | 无形资产 | 25 | =余额表!D44-余额表!E45 |
| 32 | 开发支出 | 26 | |
| 33 | 长期待摊费用 | 27 | |
| 34 | 其他非流动资产 | 28 | |
| 35 | 非流动资产合计 | 29 | =SUM(D22:D23,D26:D34) |
| 36 | 资产总计 | 30 | =D20+D35 |

图 4-5 "年初余额"的计算公式(隐藏了部分内容)

(5) 设置负债及所有者权益项目"期末余额"和"年初余额"的计算公式,如图4-6所示。其中,G列为"期末余额"计算公式,H列为"年初余额"的计算公式。

| 负债和所有者权益 | 行次 | 期末余额 |
|---|---|---|
| **资产负债表** | | |
| **流动负债:** | | |
| 短期借款 | 31 | =余额表!I47 |
| 应付票据 | 32 | =余额表!I48 |
| 应付账款 | 33 | =余额表!I50+余额表!I51+余额表!I52+余额表!I53+余额表!I54+余额表!I15+余额表!I16 |
| 预收账款 | 34 | =余额表!I9+余额表!I10+余额表!I11+余额表!I12+余额表!I13+余额表!I56+余额表!I57 |
| 应付职工薪酬 | 35 | =余额表!I58 |
| 应交税费 | 36 | =余额表!I65 |
| 应付利息 | 37 | =余额表!I75 |
| 应付利润 | 38 | =余额表!I76 |
| 其他应付款 | 39 | =余额表!I77 |
| 其他流动负债 | 40 | |
| **流动负债合计** | 41 | =SUM(G6:G15) |
| **非流动负债:** | | |
| 长期借款 | 42 | =余额表!I79 |
| 长期应付款 | 43 | |
| 递延收益 | 44 | |
| 其他非流动负债 | 45 | |
| **非流动负债合计** | 46 | =SUM(G18:G21) |
| **负债合计** | 47 | =G16+G22 |
| **所有者权益(或股东权益):** | | |
| 实收资本(或股本) | 48 | =余额表!I80 |
| 资本公积 | 49 | |
| 盈余公积 | 50 | =余额表!I81 |
| 未分配利润 | 51 | =余额表!I82+余额表!I83 |
| **所有者权益(或股东权益)合计** | 52 | =SUM(G31:G34) |
| **负债和所有者权益(或股东权益)总计** | 53 | =G23+G35 |

(a) 负债及所有者权益项目"期末余额"的计算公式(隐藏了部分内容)

| | E | F | H |
|---|---|---|---|
| 1 | 负债表 | | |
| 2 | | | 会小企01 |
| 3 | | | 单位：元 |
| 4 | 负债和所有者权益 | 行次 | 年初余额 |
| 5 | 流动负债： | | |
| 6 | 短期借款 | 31 | =余额表!E47 |
| 7 | 应付票据 | 32 | =余额表!E48 |
| 8 | 应付账款 | 33 | =余额表!E50+余额表!E51+余额表!E52+余额表!E53+余额表!E54+余额表!E15+余额表!E16 |
| 9 | 预收账款 | 34 | =余额表!E9+余额表!E10+余额表!E11+余额表!E12+余额表!E13+余额表!E56+余额表!E57 |
| 10 | 应付职工薪酬 | 35 | =余额表!E58 |
| 11 | 应交税费 | 36 | =余额表!E65 |
| 12 | 应付利息 | 37 | =余额表!E75 |
| 13 | 应付利润 | 38 | =余额表!E76 |
| 14 | 其他应付款 | 39 | =余额表!E77 |
| 15 | 其他流动负债 | 40 | |
| 16 | 流动负债合计 | 41 | =SUM(H6:H15) |
| 17 | 非流动负债： | | |
| 18 | 长期借款 | 42 | =余额表!E79 |
| 19 | 长期应付款 | 43 | |
| 20 | 递延收益 | 44 | |
| 21 | 其他非流动负债 | 45 | |
| 22 | 非流动负债合计 | 46 | =SUM(H18:H21) |
| 23 | 负债合计 | 47 | =H16+H22 |
| 30 | 所有者权益（或股东权益）： | | |
| 31 | 实收资本（或股本） | 48 | =余额表!E80 |
| 32 | 资本公积 | 49 | |
| 33 | 盈余公积 | 50 | =余额表!E81 |
| 34 | 未分配利润 | 51 | =余额表!E82+余额表!E83 |
| 35 | 所有者权益（或股东权益）合计 | 52 | =SUM(H31:H34) |
| 36 | 负债和所有者权益（或股东权益）总计 | 53 | =H23+H35 |

(b) 负债及所有者权益项目"年初余额"的计算公式（隐藏了部分内容）

图 4-6 负债及所有者权益项目的计算公式

【说明：如果是平时月份，则根据各月余额表的期末余额来编制资产负债表的"期末余额"栏。而"年初余额"在来年度内的各个月份都相同。】

Excel 会自动计算、填列完成编制创造公司 2021 年 1 月的资产负债表,结果如图 4-7 所示。

| 资　产 | 行次 | 期末余额 | 年初余额 | 负债和所有者权益 | 行次 | 期末余额 | 年初余额 |
|---|---|---|---|---|---|---|---|
| **流动资产:** | | | | **流动负债:** | | | |
| 货币资金 | 1 | 532 793.01 | 41 143.69 | 短期借款 | 31 | 50 000.00 | 50 000.00 |
| 短期投资 | 2 | 55 000.00 | 5 000.00 | 应付票据 | 32 | 63 297.00 | |
| 应收票据 | 3 | 540 000.00 | | 应付账款 | 33 | 687 262.40 | 960 800.00 |
| 应收账款 | 4 | 261 998.75 | 52 155.00 | 预收账款 | 34 | 483 121.00 | 120 000.00 |
| 预付账款 | 5 | 36 115.00 | 11 000.00 | 应付职工薪酬 | 35 | 177 909.44 | 157 252.24 |
| 应收股利 | 6 | | | 应交税费 | 36 | 622 329.50 | 759 240.53 |
| 应收利息 | 7 | | | 应付利息 | 37 | 23 350.00 | 20 950.00 |
| 其他应收款 | 8 | 9 889.45 | 12 639.45 | 应付利润 | 38 | | 50 000.00 |
| 存货 | 9 | 545 972.46 | 1 889 657.10 | 其他应付款 | 39 | 11 660.00 | 11 660.00 |
| 其中:原材料 | 10 | 121 525.80 | 74 645.00 | 其他流动负债 | 40 | | |
| 　　在产品 | 11 | | 764 312.10 | **流动负债合计** | 41 | 2 118 929.34 | 2 129 902.77 |
| 　　库存商品 | 12 | 410 542.66 | 1 047 900.00 | **非流动负债:** | | | |
| 　　周转材料 | 13 | 4 800.00 | 2 800.00 | 长期借款 | 42 | 230 000.00 | 150 000.00 |
| 其他流动资产 | 14 | | | 长期应付款 | 43 | | |
| **流动资产合计** | 15 | 1 981 768.67 | 2 011 595.24 | 递延收益 | 44 | | |
| **非流动资产:** | | | | 其他非流动负债 | 45 | | |
| 长期债券投资 | 16 | 300 000.00 | 50 000.00 | **非流动负债合计** | 46 | 230 000.00 | 150 000.00 |
| 长期股权投资 | 17 | | | **负债合计** | 47 | 2 348 929.34 | 2 279 902.77 |
| 生产性生物资产 | 24 | | | **所有者权益(或股东权益):** | | | |
| 无形资产 | 25 | 253 850.00 | 16 000.00 | 实收资本(或股本) | 48 | 1 159 581.20 | 739 581.20 |
| 开发支出 | 26 | | | 资本公积 | 49 | | |
| 长期待摊费用 | 27 | | | 盈余公积 | 50 | 71 385.00 | 71 385.00 |
| 其他非流动资产 | 28 | | | 未分配利润 | 51 | 193 854.52 | 60 489.60 |
| **非流动资产合计** | 29 | 1 791 981.38 | 1 139 763.33 | **所有者权益(或股东权益)合计** | 52 | 1 424 820.72 | 871 455.80 |
| **资产总计** | 30 | 3 773 750.05 | 3 151 358.57 | **负债和所有者权益(或股东权益)总计** | 53 | 3 773 750.05 | 3 151 358.57 |

图 4-7　创造公司 2021 年 1 月份资产负债表

【说明:为了截图方便,对资产负债表的格式进行了处理,从而形成图 4-7 创造公司 2021 年 1 月份资产负债表。】

## 4.3 现金流量表

### 4.3.1 现金流量表的内容和结构

**1. 现金流量表的编制要求**

现金流量表,是指反映小企业在一定会计期间现金流入和流出情况的报表。

现金流量表应当分别经营活动、投资活动和筹资活动列报现金流量。现金流量应当分别按照现金流入和现金流出总额列报。

1) 经营活动

经营活动,是指小企业投资活动和筹资活动以外的所有交易和事项。小企业经营活动产生的现金流量应当单独列示反映下列信息的项目:

(1) 销售产成品、商品,提供劳务收到的现金。
(2) 购买原材料、商品,接受劳务支付的现金。
(3) 支付的职工薪酬。
(4) 支付的税费。

2) 投资活动

投资活动,是指小企业固定资产、无形资产、其他非流动资产的购建和短期投资、长期债券投资、长期股权投资及其处置活动。小企业投资活动产生的现金流量应当单独列示反映下列信息的项目:

(1) 收回短期投资、长期债券投资和长期股权投资收到的现金。
(2) 取得投资收益收到的现金。
(3) 处置固定资产、无形资产和其他非流动资产收回的现金净额。
(4) 短期投资、长期债券投资和长期股权投资支付的现金。
(5) 购建固定资产、无形资产和其他非流动资产支付的现金。

3) 筹资活动

筹资活动,是指导致小企业资本及债务规模和构成发生变化的活动。小企业筹资活动产生的现金流量应当单独列示反映下列信息的项目:

(1) 取得借款收到的现金。
(2) 吸收投资者投资收到的现金。
(3) 偿还借款本金支付的现金。
(4) 偿还借款利息支付的现金。
(5) 分配利润支付的现金。

**2. 现金流量表的结构和编制基础**

1) 现金流量表的结构

小企业现金流量表采用报告式结构,分类反映经营活动产生的现金流量、投资活动产生的现金流量和筹资活动产生的现金流量,最后汇总反映企业某一期间的现金净增加额。

小企业现金流量表的格式如图4-8所示。

## 现金流量表

会小企03表
单位名称：　　　　　　　　　　　　　　　年　　月　　　　　　　　　　　　　　　单位：元

| 项　目 | 行次 | 本年累计金额 | 本月金额 |
|---|---|---|---|
| 一、经营活动产生的现金流量： | | | |
| 　　销售产成品、商品、提供劳务收到的现金 | 1 | | |
| 　　收到其他与经营活动有关的现金 | 2 | | |
| 　　购买原材料、商品、接受劳务支付的现金 | 3 | | |
| 　　支付的职工薪酬 | 4 | | |
| 　　支付的税费 | 5 | | |
| 　　支付其他与经营活动有关的现金 | 6 | | |
| 　　　经营活动产生的现金流量净额 | 7 | | |
| 二、投资活动产生的现金流量： | | | |
| 　　收回短期投资、长期债券投资和长期股权投资收到的现金 | 8 | | |
| 　　取得投资收益收到的现金 | 9 | | |
| 　　处置固定资产、无形资产和其他非流动资产收回的现金净额 | 10 | | |
| 　　短期投资、长期债券投资和长期股权投资支付的现金 | 11 | | |
| 　　购建固定资产、无形资产和其他非流动资产支付的现金 | 12 | | |
| 　　　投资活动产生的现金流量净额 | 13 | | |
| 三、筹资活动产生的现金流量： | | | |
| 　　取得借款收到的现金 | 14 | | |
| 　　吸收投资者投资收到的现金 | 15 | | |
| 　　偿还借款本金支付的现金 | 16 | | |
| 　　偿还借款利息支付的现金 | 17 | | |
| 　　分配利润支付的现金 | 18 | | |
| 　　　筹资活动产生的现金流量净额 | 19 | | |
| 四、现金净增加额 | 20 | | |
| 加：期初现金余额 | 21 | | |
| 五、期末现金余额 | 22 | | |

图4-8　现金流量表结构

2) 现金流量表编制基础

现金流量表以现金为基础编制,这里的现金,是指小企业的库存现金以及可以随时用于支付的存款和其他货币资金。具体包括：

(1) 库存现金,是指企业持有可随时用于支付的现金,即与会计核算中"库存现金"科目所包括的内容一致。

(2) 银行存款,是指企业在金融企业随时可以用于支付的存款,即与会计核算中"银行存款"科目所包括的内容基本一致,其区别在于：如果存在金融企业的款项中不能随时用于支付的存款,如不能随时支取的定期存款,不作为现金流量表中的现金,但提前通知金融企业便可支取的定期存款,则包括在现金流量表中的现金范围内。

(3) 其他货币资金,是指企业存在金融企业有特定用途的资金,如外埠存款、银行汇票存款、银行本票存款、信用证保证金存款、信用卡存款等。

3. 现金流量表的编制方法

现金流量表反映小企业一定会计期间内有关现金流入和流出的信息。现金流量表各项目分为"本年累计金额"和"本月金额"两栏。

1）现金流量表"本年累计金额"的编制方法

现金流量表"本年累计金额"栏反映各项目自年初起至报告期末止的累计实际发生额。本栏各项目金额应根据本期现金流量表"本月金额"加上期现金流量表"本年累计金额"栏的数字填列。

2）现金流量表"本月金额"各项目的内容及填列方法

现金流量表"本月金额"栏反映各项目的本月实际发生额；在编制年度财务报表时，应将"本月金额"栏改为"上年金额"栏，填列上年全年实际发生额。

现金流量表"本月金额"栏各项目的内容及填列方法如下：

第一，经营活动产生的现金流量。

（1）"销售产成品、商品，提供劳务收到的现金"项目，反映小企业本期销售产成品、商品，提供劳务收到的现金。本项目可以根据"库存现金""银行存款"和"主营业务收入"等科目的本期发生额分析填列。

（2）"收到其他与经营活动有关的现金"项目，反映小企业本期收到的其他与经营活动有关的现金。本项目可以根据"库存现金"和"银行存款"等科目的本期发生额分析填列。

（3）"购买原材料、商品，接受劳务支付的现金"项目，反映小企业本期购买原材料、商品，接受劳务支付的现金。本项目可以根据"库存现金""银行存款""其他货币资金""原材料""库存商品"等科目的本期发生额分析填列。

（4）"支付的职工薪酬"项目，反映小企业本期向职工支付的薪酬。本项目可以根据"库存现金""银行存款""应付职工薪酬"科目的本期发生额填列。

（5）"支付的税费"项目，反映小企业本期支付的税费。本项目可以根据"库存现金""银行存款""应交税费"等科目的本期发生额填列。

（6）"支付其他与经营活动有关的现金"项目，反映小企业本期支付的其他与经营活动有关的现金。本项目可以根据"库存现金""银行存款"等科目的本期发生额分析填列。

第二，投资活动产生的现金流量。

（1）"收回短期投资、长期债券投资和长期股权投资收到的现金"项目，反映小企业出售、转让或到期收回短期投资、长期股权投资而收到的现金，以及收回长期债券投资本金而收到的现金，不包括长期债券投资收回的利息。本项目可以根据"库存现金""银行存款""短期投资""长期股权投资""长期债券投资"等科目的本期发生额分析填列。

（2）"取得投资收益收到的现金"项目，反映小企业因权益性投资和债权性投资取得的现金股利或利润和利息收入。本项目可以根据"库存现金""银行存款""投资收益"等科目的本期发生额分析填列。

（3）"处置固定资产、无形资产和其他非流动资产收回的现金净额"项目，反映小企业处置固定资产、无形资产和其他非流动资产取得的现金，减去为处置这些资产而支付的有关税费等后的净额。本项目可以根据"库存现金""银行存款""固定资产清理""无形资产""生产性生物资产"等科目的本期发生额分析填列。

(4)"短期投资、长期债券投资和长期股权投资支付的现金"项目,反映小企业进行权益性投资和债权性投资支付的现金。包括:企业取得短期股票投资、短期债券投资、短期基金投资、长期债券投资、长期股权投资支付的现金。本项目可以根据"库存现金""银行存款""短期投资""长期债券投资""长期股权投资"等科目的本期发生额分析填列。

(5)"购建固定资产、无形资产和其他非流动资产支付的现金"项目,反映小企业购建固定资产、无形资产和其他非流动资产支付的现金。包括:购买机器设备、无形资产、生产性生物资产支付的现金、建造工程支付的现金等现金支出,不包括为购建固定资产、无形资产和其他非流动资产而发生的借款费用资本化部分和支付给在建工程和无形资产开发项目人员的薪酬。为购建固定资产、无形资产和其他非流动资产而发生借款费用资本化部分,在"偿还借款利息支付的现金"项目反映;支付给在建工程和无形资产开发项目人员的薪酬,在"支付的职工薪酬"项目反映。本项目可以根据"库存现金""银行存款""固定资产""在建工程""无形资产""研发支出""生产性生物资产""应付职工薪酬"等科目的本期发生额分析填列。

第三,筹资活动产生的现金流量。

(1)"取得借款收到的现金"项目,反映小企业举借各种短期、长期借款收到的现金。本项目可以根据"库存现金""银行存款""短期借款""长期借款"等科目的本期发生额分析填列。

(2)"吸收投资者投资收到的现金"项目,反映小企业收到的投资者作为资本投入的现金。本项目可以根据"库存现金""银行存款""实收资本""资本公积"等科目的本期发生额分析填列。

(3)"偿还借款本金支付的现金"项目,反映小企业以现金偿还各种短期、长期借款的本金。本项目可以根据"库存现金""银行存款""短期借款""长期借款"等科目的本期发生额分析填列。

(4)"偿还借款利息支付的现金"项目,反映小企业以现金偿还各种短期、长期借款的利息。本项目可以根据"库存现金""银行存款""应付利息"等科目的本期发生额分析填列。

(5)"分配利润支付的现金"项目,反映小企业向投资者实际支付的利润。本项目可以根据"库存现金""银行存款""应付利润"等科目的本期发生额分析填列。

4. 现金流量表中各项目之间的勾稽关系

现金流量表中各项目之间的勾稽关系为:

行 7＝行 1＋行 2－行 3－行 4－行 5－行 6;

行 13＝行 8＋行 9＋行 10－行 11－行 12;

行 19＝行 14＋行 15－行 16－行 17－行 18;

行 20＝行 7＋行 13＋行 19;

行 22＝行 20＋行 21。

此外,现金流量表的 21 行"期初现金余额"和 22 行"期末现金余额"的数额与资产负债表首行货币资金的"年初余额"和"期末余额"相等。

### 4.3.2 利用 Excel 编制现金流量表

根据建账月份余额表编制现金流量表的具体步骤：

（1）打开"创造公司账簿.xlsx"工作簿，新建两个工作表，分别重命名为"现金流量代码"和"现金流量表"。

（2）如图 4-8 所示，在"现金流量表"工作表中，输入并设计现金流量表的基本格式。

（3）如图 4-9 所示，在"现金流量代码"工作表中，输入现金流量代码表。

| | A | B |
|---|---|---|
| 1 | | 现金流量代码 |
| 2 | 现金流量代码 | 现金流量项目 |
| 3 | 01 | 一、经营活动产生的现金流量： |
| 4 | 0101 | 销售产成品、商品、提供劳务收到的现金 |
| 5 | 0102 | 收到其他与经营活动有关的现金 |
| 6 | 0103 | 购买原材料、商品、接受劳务支付的现金 |
| 7 | 0104 | 支付的职工薪酬 |
| 8 | 0105 | 支付的税费 |
| 9 | 0106 | 支付其他与经营活动有关的现金 |
| 10 | 02 | 二、投资活动产生的现金流量： |
| 11 | 0207 | 收回短期投资、长期债券投资和长期股权投资收到的现金 |
| 12 | 0208 | 取得投资收益收到的现金 |
| 13 | 0209 | 处置固定资产、无形资产和其他非流动资产收回的现金净额 |
| 14 | 0210 | 短期投资、长期债券投资和长期股权投资支付的现金 |
| 15 | 0211 | 购建固定资产、无形资产和其他非流动资产支付的现金 |
| 16 | 03 | 三、筹资活动产生的现金流量： |
| 17 | 0312 | 取得借款收到的现金 |
| 18 | 0313 | 吸收投资者投资收到的现金 |
| 19 | 0314 | 偿还借款本金支付的现金 |
| 20 | 0315 | 偿还借款利息支付的现金 |
| 21 | 0316 | 分配利润支付的现金 |
| 22 | 99 | 四、与现金流量无关的项目 |
| 23 | 9901 | 与现金流量无关的流入 |
| 24 | 9902 | 与现金流量无关的流出 |

图 4-9　现金流量代码表

（4）在"记账凭证清单"工作表的 L2 单元格输入："现金流项目"。

（5）在"记账凭证清单"工作表的 L 列设置数据有效性，点击"数据/数据有效性"菜单，如图 4-10 所示。

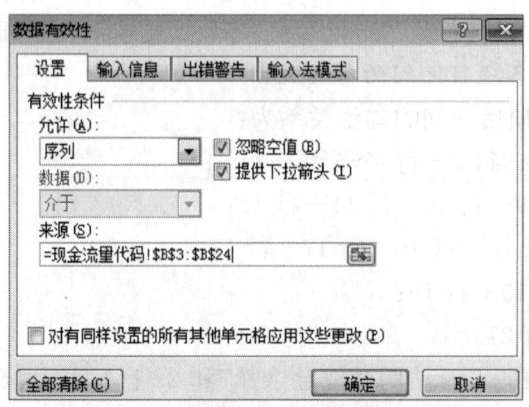

图 4-10　设置现金流量的数据有效性

(6) 如图 4-11 所示，在"记账凭证清单"工作表中，筛选总账科目为"库存现金""银行存款""其他货币资金"的资源。

图 4-11 筛选现金科目

(7) 根据凭证内容选择每一个现金流量科目的对应现金流量项目，如图 4-12 所示。

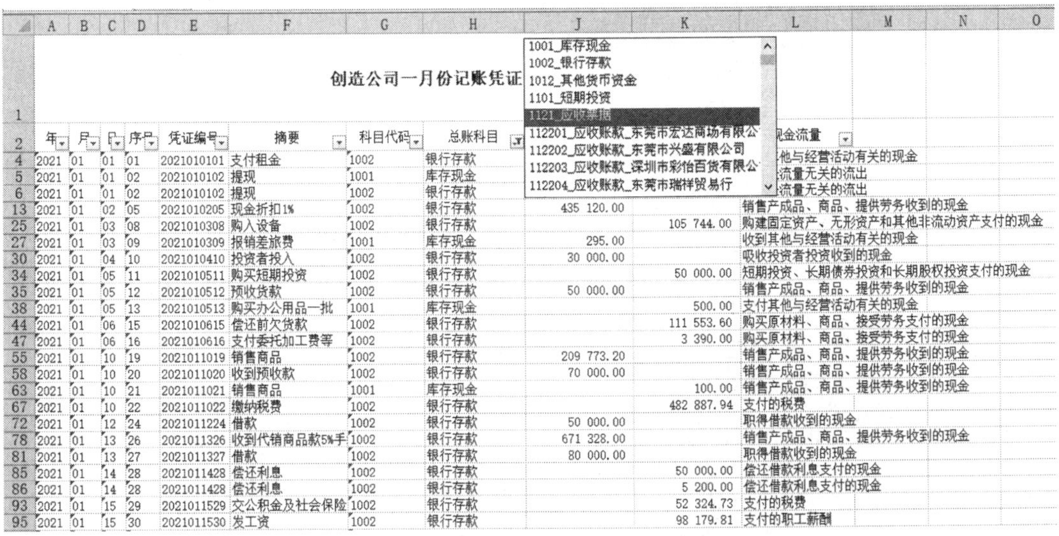

图 4-12 对应现金流量项目(部分)

(8) 在"现金流量表"工作表中设置公式,如图4-13所示。

| | A | B | C |
|---|---|---|---|
| 1 | 现金流量表(小企业会计准则) | | |
| 2 | 编制单位:创造公司　　　　　2021年 | | 单位:元 |
| 3 | 项目 | 行次 | 金额 |
| 4 | 一、经营活动产生的现金流量: | | |
| 5 | 销售产成品、商品、提供劳务收到的现金 | 1 | =SUMIF(记账凭证清单!L:L,现金流量… |
| 6 | 收到其他与经营活动有关的现金 | 2 | =SUMIF(记账凭证清单!L:L,现金流量… |
| 7 | 购买原材料、商品、接受劳务支付的现金 | 3 | =SUMIF(记账凭证清单!L:L,现金流量… |
| 8 | 支付的职工薪酬 | 4 | =SUMIF(记账凭证清单!L:L,现金流量… |
| 9 | 支付的税费 | 5 | =SUMIF(记账凭证清单!L:L,现金流量… |
| 10 | 支付其他与经营活动有关的现金 | 6 | =SUMIF(记账凭证清单!L:L,现金流量… |
| 11 | 经营活动产生的现金流量净额 | 7 | =C5+C6-C7-C8-C9-C10 |
| 12 | 二、投资活动产生的现金流量: | | |
| 13 | 收回短期投资、长期债券投资和长期股权投资收到的现金 | 8 | =SUMIF(记账凭证清单!L:L,现金流量… |
| 14 | 取得投资收益收到的现金 | 9 | =SUMIF(记账凭证清单!L:L,现金流量… |
| 15 | 处置固定资产、无形资产和其他非流动资产收回的现金净额 | 10 | =SUMIF(记账凭证清单!L:L,现金流量… |
| 16 | 短期投资、长期债券投资和长期股权投资支付的现金 | 11 | =SUMIF(记账凭证清单!L:L,现金流量… |
| 17 | 购建固定资产、无形资产和其他非流动资产支付的现金 | 12 | =SUMIF(记账凭证清单!L:L,现金流量… |
| 18 | 投资活动产生的现金流量净额 | 13 | =C13+C14+C15-C16-C17 |
| 19 | 三、筹资活动产生的现金流量: | | |
| 20 | 取得借款收到的现金 | 14 | =SUMIF(记账凭证清单!L:L,现金流量… |
| 21 | 吸收投资者投资收到的现金 | 15 | =SUMIF(记账凭证清单!L:L,现金流量… |
| 22 | 偿还借款本金支付的现金 | 16 | =SUMIF(记账凭证清单!L:L,现金流量… |
| 23 | 偿还借款利息支付的现金 | 17 | =SUMIF(记账凭证清单!L:L,现金流量… |
| 24 | 分配利润支付的现金 | 18 | =SUMIF(记账凭证清单!L:L,现金流量… |
| 25 | 筹资活动产生的现金流量净额 | 19 | =C20+C21-C22-C23-C24 |
| 26 | 四、现金净增加额 | 20 | =C11+C18+C25 |
| 27 | 加:期初现金余额 | 21 | =余额表!D3+余额表!D4+余额表!D5 |
| 28 | 五、期末现金余额 | 22 | =C26+C27 |

图4-13　现金流量表的公式

【注:本月为1月,因此本年累计金额等于本月金额。】

(9) 结果如图4-14所示,完成现金流量表的制作。

| | A | B | C |
|---|---|---|---|
| 1 | 现金流量表(小企业会计准则) | | |
| 2 | 编制单位:创造公司　　　　　2021年 | | 单位:元 |
| 3 | 项目 | 行次 | 金额 |
| 4 | 一、经营活动产生的现金流量: | | |
| 5 | 销售产成品、商品、提供劳务收到的现金 | 1 | 2 376 221.20 |
| 6 | 收到其他与经营活动有关的现金 | 2 | 3 695.00 |
| 7 | 购买原材料、商品、接受劳务支付的现金 | 3 | 375 039.60 |
| 8 | 支付的职工薪酬 | 4 | 150 504.54 |
| 9 | 支付的税费 | 5 | 482 887.94 |
| 10 | 支付其他与经营活动有关的现金 | 6 | 131 250.00 |
| 11 | 经营活动产生的现金流量净额 | 7 | 1 240 234.12 |
| 12 | 二、投资活动产生的现金流量: | | |
| 13 | 收回短期投资、长期债券投资和长期股权投资收到的现金 | 8 | — |
| 14 | 取得投资收益收到的现金 | 9 | — |
| 15 | 处置固定资产、无形资产和其他非流动资产收回的现金净额 | 10 | — |
| 16 | 短期投资、长期债券投资和长期股权投资支付的现金 | 11 | 300 000.00 |
| 17 | 购建固定资产、无形资产和其他非流动资产支付的现金 | 12 | 105 744.00 |
| 18 | 投资活动产生的现金流量净额 | 13 | -405 744.00 |
| 19 | 三、筹资活动产生的现金流量: | | |
| 20 | 取得借款收到的现金 | 14 | 130 000.00 |
| 21 | 吸收投资者投资收到的现金 | 15 | 30 000.00 |
| 22 | 偿还借款本金支付的现金 | 16 | 50 000.00 |
| 23 | 偿还借款利息支付的现金 | 17 | 5 200.00 |
| 24 | 分配利润支付的现金 | 18 | 50 000.00 |
| 25 | 筹资活动产生的现金流量净额 | 19 | 54 800.00 |
| 26 | 四、现金净增加额 | 20 | 889 290.12 |
| 27 | 加:期初现金余额 | 21 | 41 143.69 |
| 28 | 五、期末现金余额 | 22 | 930 433.81 |

图4-14　现金流量表

## 4.4 利用 Excel 连续编制会计报表

在月末,应当将该月的记账凭证清单、各种账簿、利润表以及资产负债表等重要财务数据打印纸质资料保存,也需要对电子资料进行备份,以便永久保存。同时,它也是连续编制报表的基础。

### 4.4.1 利润表的连续编制

1. 利用 Excel 连续编制利润表的前提

要连续编制利润表,首先必须完成如下工作:

(1) 将建账月份即 2021 年 1 月份的"创造公司账簿"工作簿,另存为"2021 年 2 月份账簿"。

(2) 打开"记账凭证清单"工作表,删除原有"记账凭证清单"中的非公式区域数据,即删除 B:D、F:G 和 J:K 区域的内容。然后根据本月份的经济业务重新输入相应的记账凭证清单。

【说明:修改第一行的内容为"创造公司 2 月份记账凭证清单",并保留第 2 行的列标题。】

(3) 更新余额表的期初借方余额和期初贷方余额。

2. 利用 Excel 连续编制利润表

由于利润表的"本期金额"将随着 2 月份余额表内容的变化而自动更新,所以从实质上看,连续编制利润表其实就是获取"本年累计金额"。在利润表中,"本年累计金额"等于本月报表的"本期金额"加上上月报表的"本年累计金额"。所以其具体操作步骤如下:

(1) 同时打开"2021 年 2 月份账簿"工作簿和"创造公司账簿"工作簿。

(2) 分别打开"2021 年 2 月份账簿"和"创造公司账簿"的"利润表"。

(3) 复制"创造公司账簿"利润表 C5:C36 的内容,然后通过"选择性粘贴"粘贴到"2021 年 2 月份账簿"利润表的适当位置,如 E5 单元格,如图 4-15 所示。

(4) 复制上步粘贴的内容。即复制 E5:E36

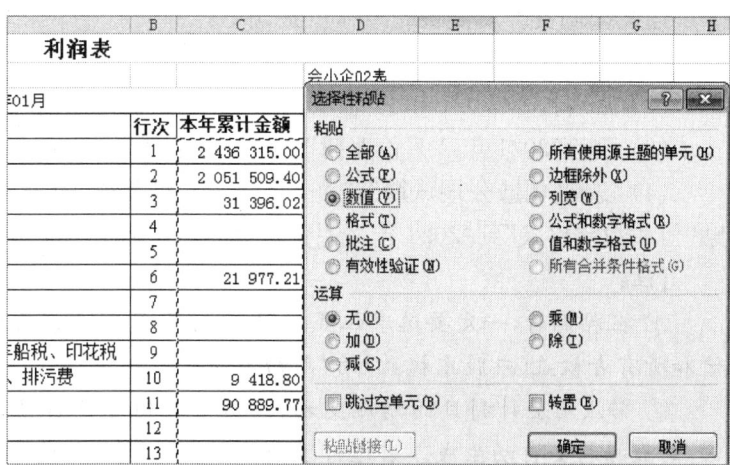

图 4-15 选择性粘贴"数值"

区域的内容。

(5) 选中 C5 单元格,打开"选择性粘贴"对话框,选中"数值"和"加",单击"确定"按钮。如图 4-16 所示。

(6) 至此,2 月份利润表已创建完成。

【说明:3～11 月份利润表依上述操作即可顺利完成。】

### 4.4.2 资产负债表的连续编制

**1. 利用 Excel 连续编制资产负债表的前提**

要连续编制资产负债表,首先必须完成如下工作:

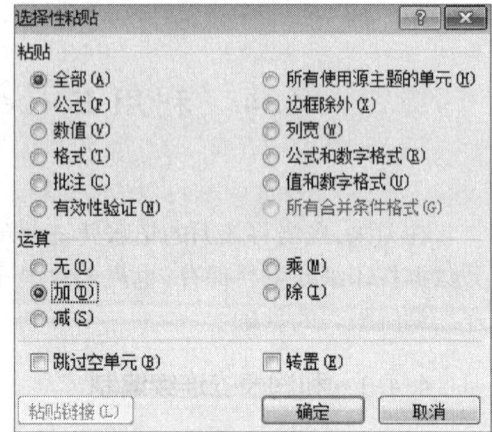

图 4-16 选择性粘贴"数值"和"加"

(1) 将建账月份即 2021 年 1 月份的"创造公司账簿"工作簿,另存为"2021 年 2 月份账簿"。

(2) 打开"记账凭证清单"工作表,删除原有"记账凭证清单"中的非公式区域数据,即删除 B:D、F:G 和 J:K 区域的内容。然后根据本月份的经济业务重新输入相应的记账凭证清单。

(3) 更新"余额表"的期初借方余额和期初贷方余额。方法:

第一,选中 H3:I57,复制。

第二,选中 D3,打开"选择性粘贴"对话框,选"数值"并按"确定"。

**2. 利用 Excel 连续编制资产负债表**

同一年度的资产负债表,其"年初余额"是相同的。而且在更新了本月"余额表"的期初借方余额和期初贷方余额之后,资产负债表中的"期末余额"将会自动生成。所以,要连续编制资产负债表其实非常简单,只需在 2 月份复制当年一月份资产负债表的"年初余额"即可。

连续编制资产负债表的具体步骤如下:

(1) 同时打开"2021 年 2 月份账簿"工作簿和"创造公司账簿"工作簿。

(2) 分别打开"2021 年 2 月份账簿"和"创造公司账簿"的"资产负债表"。

(3) 删除"2021 年 2 月份账簿"资产负债表中的"年初余额"。

(4) 复制"创造公司账簿"资产负债表"年初余额"内容,然后通过"选择性粘贴",粘贴"值和数字格式"到"2021 年 2 月份账簿"资产负债表的"年初余额"中。

【注:

① 在粘贴时,一定要选准位置。同时,除了复制资产类的"年初余额",还要复制负债和所有者权益(或股东权益)的"年初余额"。

② 若没有会计科目的增删变动,以后各月份资产负债表的"期末余额"和"年初余额"的数据将会自动生成。若进行了会计科目的增删变动,则需要重新设置"期末余额"公式,以适应变动需要。】

# 第 4 章 运用 Excel 编制会计报表

 技能学习

### 利用 Excel 的电子方案表格设置一些会计报表格式

除自主创建会计报表格式外,还可以利用 Excel 中已有的各种行业的会计报表格式,加以修改得到需要的会计报表格式。

具体步骤如下:

(1) 在打开的 Excel 工作簿中,选择"文件/新建"命令,在弹出的"新建"任务栏中,选择"本机上的模板…"或者"网站上的模板…",如图 4-17 所示。

图 4-17 选择模板

(2) 用鼠标单击"电子方案表格"标签,选择需要的模板(或者选择网站上的模板)。这样就可以很方便地建立会计实务中的其他报表,如报价单(见图 4-18)、个人预算表、收益预测表、销售预测表等。如图 4-19 用模板生成的"销售预测表"。

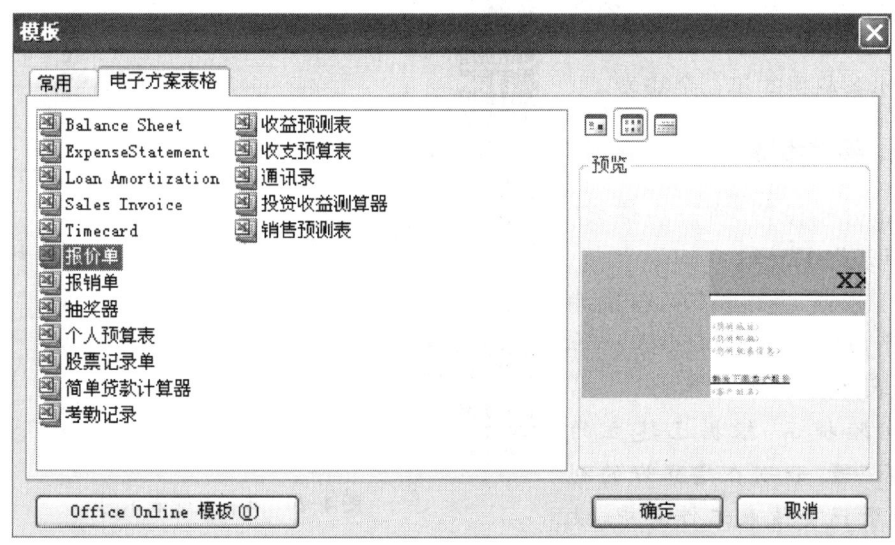

图 4-18 选择需要的模板

年销售预测表

<公司名称>

财年始于： 2020年1月

当年销售预测

| | 2020-01 | 2020-02 | 2020-03 | 2020-04 | 2020-05 | 2020-06 | 2020-07 | 2020-08 | 2020-09 | 2020-10 | 2020-11 | 2020-12 | 年合计 |
|---|---|---|---|---|---|---|---|---|---|---|---|---|---|
| 货A销量 | | | | | | | | | | | | | 0 |
| 价格 | | | | | | | | | | | | | |
| 货A销售额 | 0 | 0 | 0 | 0 | 0 | 0 | 0 | 0 | 0 | 0 | 0 | 0 | 0 |
| | | | | | | | | | | | | | |
| 货B销量 | | | | | | | | | | | | | 0 |
| 价格 | | | | | | | | | | | | | |
| 货B销售额 | 0 | 0 | 0 | 0 | 0 | 0 | 0 | 0 | 0 | 0 | 0 | 0 | 0 |
| | | | | | | | | | | | | | |
| 货C销量 | | | | | | | | | | | | | 0 |
| 价格 | | | | | | | | | | | | | |
| 货C销售额 | 0 | 0 | 0 | 0 | 0 | 0 | 0 | 0 | 0 | 0 | 0 | 0 | 0 |

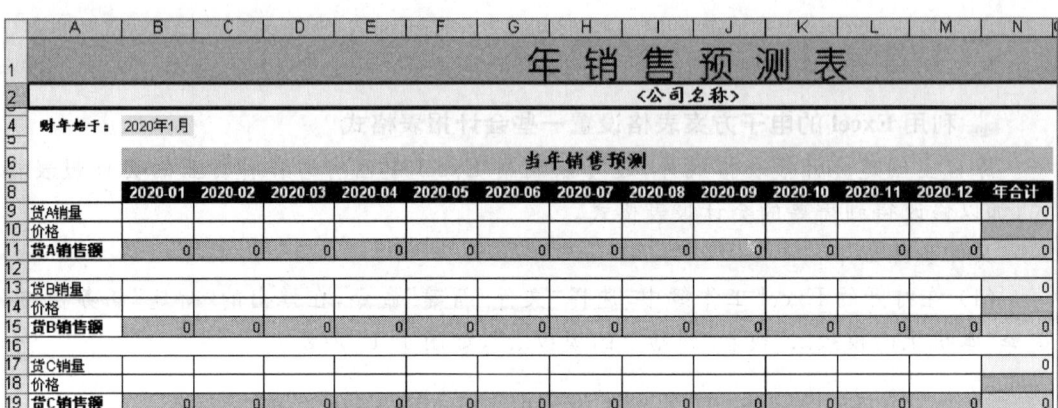

图 4-19　销售预测表模板

# 实验四　编制会计报表

## 一、实验目的

根据实验一、实验二以及实验三的数据，熟练运用 Excel 编制资产负债表和利润表。

## 二、实验资料

(1) 详见实验一、实验二以及实验三的实验结果。

(2) 各科目的年初余额表

## 三、实验步骤

(1) 分别设置“资产负债表”和“利润表”的表样。

(2) 根据“余额表”等，分别编制“资产负债表”和“利润表”。年初余额表如图 4-20 所示。

【实验提示：根据已建立的“余额表”等，分别在建立好的利润表和资产负债表工作表中，设置相应的公式。】

年初余额表

| 总账科目 | 明细科目 | 年初借方余额 | 年初贷方余额 |
|---|---|---|---|
| 库存现金 | | 5 000 | 0 |
| 银行存款 | | 32 500 | 0 |
| 应收账款 | | 8 000 | 0 |
| 其他应收款 | | 1 500 | 0 |
| 在途物资 | | 8 000 | 0 |
| 原材料 | | 23 380 | 0 |
| 库存商品 | | 19 300 | 0 |
| 预付账款 | | 2 500 | 0 |
| 生产成本 | | 0 | 0 |
| 制造费用 | | 0 | 0 |
| 固定资产 | | 325 000 | 0 |
| 累计折旧 | | 0 | 8 000 |
| 短期借款 | | 0 | 155 000 |
| 应付账款 | | 0 | 5 000 |
| 应付职工薪酬 | | 0 | 3 000 |
| 其他应付款 | | 0 | 180 |
| 应交税费 | | 0 | 1 000 |
| 应交税费 | 应交增值税 | 0 | 0 |
| 应交税费 | 应交所得税 | 0 | 1 000 |
| 长期借款 | | 0 | 1 000 |
| 实收资本 | | 0 | 250 000 |
| 本年利润 | | 0 | 0 |
| 利润分配 | | 0 | 2 000 |
| 主营业务收入 | | 0 | 0 |
| 主营业务成本 | | 0 | 0 |
| 销售费用 | | 0 | 0 |
| 管理费用 | | 0 | 0 |
| 财务费用 | | 0 | 0 |
| 所得税费用 | | 0 | 0 |

图 4-20　年初余额表示例

## 巩固提高四

### 一、单选题

1. 利用 Excel 生成利润表时,若使用函数取数,则可以使用( )函数。
   A. VLOOKUP           B. SUMIF
   C. COUNTIF           D. OFFSET

2. 利用 EXCEL 生成资产负债表时,若使用函数取数,则可以使用( )函数。
   A. VLOOKUP           B. SUMIF
   C. COUNTIF           D. OFFSET

3. 在下月连续使用账簿系统时,"三栏式总账"中只需要( )即可生成新月份的总账账簿。
   A. 不做任何操作   B. 刷新数据   C. 更新   D. 重新选择

4. 在利用数据直接加减的方式生成"资产负债表"时,加减数据的取数的直接来源是( )。
   A. 记账凭证清单   B. 基础设置   C. 余额表   D. 科目汇总表

5. 在利润表中,"本期金额"本源于( )。
   A. 记账凭证清单   B. 基础设置   C. 余额表   D. 科目汇总表

### 二、多选题

1. 以下各项中,属于2013年《小企业会计准则》的利润表的主要项目的有( )。
   A. 主营业务收入   B. 营业利润   C. 利润总额   D. 净利润

2. 从应用的实质上看,企业会计准则中利润表的填列项目包括( )。
   A. 本月数   B. 本期金额   C. 本年累计金额   D. 上期金额

3. 以下各项中,属于2013年《小企业会计准则》的利润表的项目的有( )。
   A. 营业费用   B. 营业收入   C. 主营业务收入   D. 资产减值损失

4. 利润表的"营业收入"栏取数时,应该是以下( )项目的合计。
   A. 主营业务收入   B. 其他业务收入   C. 营业外收入   D. 补贴收入

5. 利润表的"营业成本"栏取数时,应该是以下( )项目的合计。
   A. 主营业务成本   B. 其他业务支出   C. 其他业务成本   D. 营业外支出

6. 如果一张利润表的"利润总额"的"本期金额"栏的公式为:＝D13＋D14－D15,由此可知,D13、D14、D15 单元格分别代表( )。
   A. 营业利润   B. 投资收益   C. 营业外收入   D. 营业外支出

7. 在利用 Excel 编制利润表时,以下哪些项目的金额是根据本利润表内项目计算显示的( )。
   A. 营业收入   B. 营业利润   C. 利润总额   D. 净利润

8. 2006年《企业会计准则》的资产负债表的数据栏分别有( )。
   A. 期末余额   B. 期末数   C. 年初余额   D. 年初数

9. 在下个月继续使用账簿系统时,"记账凭证清单"中,需要删除并根据下月经济业务重新录入的有（　　）。

　　A. 月、日　　　　　B. 摘要　　　　　C. 总账科目　　　　D. 科目代码

10. 在使用公式计算时，以下资产负债表项目采用直接取数的有（　　）。

　　A. 货币资金　　　　　　　　　　　B. 交易性金融资产

　　C. 固定资产　　　　　　　　　　　D. 实收资本

11. 在会计科目没有增减变动时，资产负债表的（　　）会每月自动生成。

　　A. 本期金额　　　B. 年初余额　　　C. 期末余额　　　D. 上期金额

### 三、判断题

1. 某企业 2021 年 1 月 1 日成立，则该企业的利润表的"本年累计金额"栏数据等于"本期金额"栏数据。（　　）

2. 利润表的"本期金额"栏是根据本期损益类科目的发生额分析填列的。（　　）

3. 每一会计期末都需要将 Excel 生成的会计资料进行单独保存。（　　）

4. 在会计科目没有发生增减变化时，利润表的"本期金额"的数据在每个月会自动生成。（　　）

5. 在会计科目没有发生增减变化时，利润表的"本年累计金额"的数据在每个月会自动生成。（　　）

6. 采用高级筛选生成的明细账会根据记账凭证清单数据的变动而自动更新。（　　）

### 四、简答题

1. 简述利用 Excel 编制利润表的主要步骤。

2. 资产负债表的"期末余额"栏有几种填列方法，分别是什么？

3. 简述利用 Excel 连续编制报表的主要步骤。

4. 如何利用 Excel 计算利润表的本年累计数？

### 【参考答案】

一、1. A　2. A　3. B　4. C　5. C

二、1. BCD　2. BC　3. BD　4. AB　5. AC　6. ACD　7. BCD　8. AC　9. ABD　10. BD　11. BC

三、1. √　2. √　3. √　4. √　5. ×　6. ×

四、（略）

# 第 5 章 运用 Excel 进行财务分析

 本章学习要点

通过本章学习,学生应了解使用 Excel 对已生成的会计报表等数据资源进行分析及制作各种比率分析图表的方法。

为了便于说明财务比率的计算和分析方法,本章将继续使用前述的创造公司的财务报表数据作为举例。该公司的资产负债表、利润表,如第 4 章的图 4-7、图 4-2 所示。

## 5.1 基本的财务比率分析

财务报表中有大量的数据,可以组成许多有意义的财务比率。这些比率涉及企业经营管理的各个方面。这些财务比率,大体上可以分为四类:短期偿债能力比率、长期偿债能力比率、资产管理比率和盈利能力比率等。本章仅就部分财务比率进行说明。

### 5.1.1 短期偿债能力比率

由于债务按到期时间分为短期债务和长期债务,所以偿债能力分析也分为短期偿债能力和长期偿债能力分析两部分。

偿债能力的衡量方法有两种:一种是比较债务与可供偿债资产的存量,资产存量超过债务存量较多,则认为偿债能力强;另一种是比较偿债所需现金和经营活动产生的现金流量,如果产生的现金超过需要的现金较多,则认为偿债能力强。

1) 营运资本

营运资本是指流动资产超过流动负债的部分,其计算公式如下:

营运资本＝流动资产－流动负债

根据创造公司的资产负债表数据:

上月营运资本＝上月流动资产－上月流动负债
本月营运资本＝本月流动资产－本月流动负债

在 2021 年 2 月份的分析报表中,上月数据应采用 2021 年 1 月份报表的"期末余额",本月数据采用本月报表的"期末余额"。

若为 1 月份的分析报表,则上月数据应采用本月报表的"年初余额",即:

上月营运资本＝上月流动资产－上月流动负债
　　　　　＝"资产负债表!D20"－"资产负债表!H16"
　　　　　＝2 011 595.24－2 129 902.77＝－118 307.53

【注:因本节采用 2021 年 1 月份的报表数据作为讲解实例,故所有关于"上月"的分析数据均取"年初余额",下同。】

本月营运资本＝本月流动资产－本月流动负债
　　　　　＝"资产负债表!C20"－"资产负债表!G16"
　　　　　＝2 352 434.47－2 481 951.55
　　　　　＝－129 517.08

具体步骤如下:

(1) 打开"创造公司账簿.xlsx"工作簿,新建一个"比率分析"工作表。选择 C4:D18 单元格区域,设置单元格格式为"百分比"并保留 2 位小数。

(2) 输入相应内容,如图 5-1 所示。

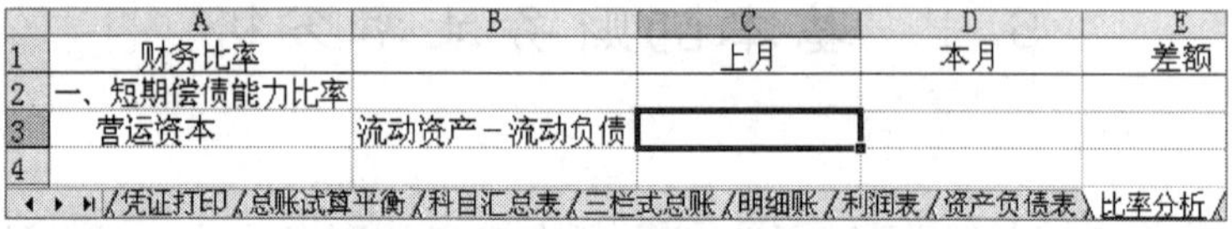

图 5-1　新建"比率分析"工作表

(3) 点击 C3 单元格,输入"＝"号,光标点击"资产负债表!D20"单元格,输入"－"减号,光标点击"资产负债表!H16"单元格。

(4) 同理设置 D3 单元格公式,得到如图 5-2 所示结果。

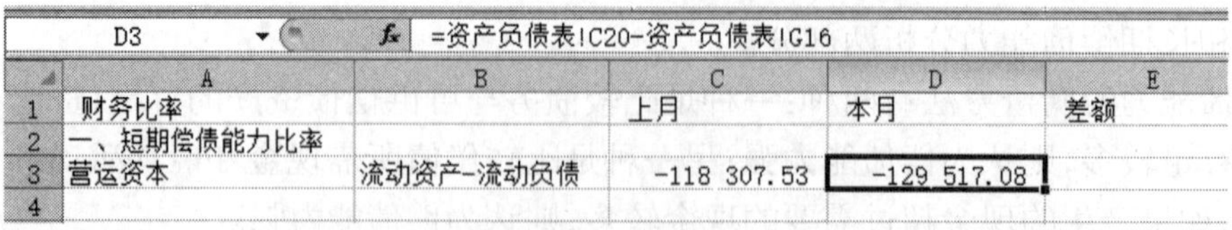

图 5-2　设置"营运资本"公式

2) 流动比率

流动比率是全部的流动资产与流动负债的比值,其计算公式如下:

流动比率＝流动资产÷流动负债

根据创造公司的资产负债表数据:

上月流动比率＝上月流动资产÷上月流动负债＝"资产负债表!D20"÷"资产负债表!H16"
本月流动比率＝本月流动资产÷本月流动负债＝"资产负债表!C20"÷"资产负债表!G16"

具体步骤如下：

（1）打开"创造公司账簿.xlsx"工作簿的"比率分析"工作表。输入相应内容，如图5-3所示。

图 5-3　设置"流动比率"

（2）点击 C4 单元格，输入"＝"号，光标点击"资产负债表!D20"单元格，输入"/"号，光标点击"资产负债表!H16"单元格。

（3）同理设置 D4 单元格公式，得到如图 5-4 所示结果。

图 5-4　设置"流动比率"公式

3）速动比率

速动比率是流动资产扣除存货等资产后形成的速动资产与流动负债之比。其中，货币资金、交易性金融资产和各种应收、预付款项等，可以在较短时间内变现，称之为速动资产。另外的流动资产，包括存货、一年内到期的长期投资及其他流动资产等，称之为非速动资产。

速动比率＝速动资产÷流动负债
　　　　＝（流动资产－存货－一年内到期的长期投资－其他流动资产）
　　　　　÷流动负债

根据创造公司的资产负债表数据，具体步骤如下：

（1）打开"创造公司账簿.xlsx"工作簿的"比率分析"工作表。输入相应内容，如图5-5所示。

图 5-5　设置"速动比率"

（2）点击 C5 单元格，输入公式："=（资产负债表!D20－资产负债表!D14）/资产负债表!H16"。

（3）同理设置 D5 单元格公式，得到如图 5-6 所示结果。

| 财务比率 |  | 上月 | 本月 | 差额 |
|---|---|---|---|---|
| 一、短期偿债能力比率 |  |  |  |  |
| 营运资本 | 流动资产-流动负债 | -118 307.53 | -129 517.08 |  |
| 流动比率 | 流动资产/流动负债*100% | 94.45% | 94.78% |  |
| 速动比率 | 速动资产/流动负债*100% | 5.73% | 72.78% |  |

图 5-6　设置"速动比率"公式

### 5.1.2　长期偿债能力比率

1）资产负债率

资产负债率是负债总额占资产总额的百分比，其计算公式如下：

$$资产负债率 = （负债 \div 资产）\times 100\%$$

根据创造公司的资产负债表数据，具体步骤如下：

（1）打开"创造公司账簿.xlsx"工作簿的"比率分析"工作表。输入相应内容，如图 5-7 所示。

| 财务比率 |  | 上月 | 本月 | 差额 |
|---|---|---|---|---|
| 一、短期偿债能力比率 |  |  |  |  |
| 营运资本 | 流动资产-流动负债 | -118 307.53 | -129 517.08 |  |
| 流动比率 | 流动资产/流动负债*100% | 94.45% | 94.78% |  |
| 速动比率 | 速动资产/流动负债*100% | 5.73% | 72.78% |  |
|  |  |  |  |  |
| 二、长期偿债能力比率 |  |  |  |  |
| 资产负债率 | 负债/资产*100% |  |  |  |

图 5-7　设置"资产负债率"

（2）点击 C8 单元格，输入公式："资产负债表!H23/资产负债表!D36"。回车确认公式后，点击 ％ ，设置百分比格式。

（3）同理设置 D8 单元格公式，得到如图 5-8 所示结果。

| 财务比率 |  | 上月 | 本月 | 差额 |
|---|---|---|---|---|
| 一、短期偿债能力比率 |  |  |  |  |
| 营运资本 | 流动资产-流动负债 | -118 307.53 | -129 517.08 |  |
| 流动比率 | 流动资产/流动负债*100% | 94.45% | 94.78% |  |
| 速动比率 | 速动资产/流动负债*100% | 5.73% | 72.78% |  |
|  |  |  |  |  |
| 二、长期偿债能力比率 |  |  |  |  |
| 资产负债率 | 负债/资产*100% | 72.35% | 65.44% |  |

图 5-8　设置"资产负债率"公式

## 2)产权比率

产权比率是负债总额占股东权益的百分比,是资产负债率的另一种表现形式,它和资产负债率的性质一样,其计算公式如下:

$$产权比率=(负债÷股东权益)×100\%$$

具体步骤如下:

(1)打开"创造公司账簿.xlsx"工作簿的"比率分析"工作表。输入相应内容,如图5-9所示。

(2)点击C9单元格,输入公式:"资产负债表!H23/资产负债表!H35"。回车确认公式后,点击 % ,设置百分比格式。

(3)同理设置D9单元格公式,得到如图5-9所示结果。

| | A | B | C | D | E |
|---|---|---|---|---|---|
| 1 | 财务比率 | | 上月 | 本月 | 差额 |
| 2 | 一、短期偿债能力比率 | | | | |
| 3 | 营运资本 | 流动资产-流动负债 | -118 307.53 | -129 517.08 | |
| 4 | 流动比率 | 流动资产/流动负债*100% | 94.45% | 94.78% | |
| 5 | 速动比率 | 速动资产/流动负债*100% | 5.73% | 72.78% | |
| 6 | | | | | |
| 7 | 二、长期偿债能力比率 | | | | |
| 8 | 资产负债率 | 负债/资产*100% | 72.35% | 65.44% | |
| 9 | 产权比率 | 负债/股东权益*100% | 261.62% | 189.32% | |
| 10 | | | | | |

图5-9 设置"产权比率"公式

### 5.1.3 资产管理比率

1)应收账款周转率

应收账款周转率是销售收入与应收账款的比率。

$$应收账款周转率=销售收入÷平均应收账款$$

【注:本章为简化操作,均用"应收账款的本期期末数"代替"平均应收账款"】

假设2020年12月创造公司的销售收入为2 400 000.00元,具体步骤如下:

(1)打开"创造公司账簿.xlsx"工作簿的"比率分析"工作表。输入相应内容,如图5-10所示。

| | A | B | C | D | E |
|---|---|---|---|---|---|
| 1 | 财务比率 | | 上月 | 本月 | 差额 |
| 2 | 一、短期偿债能力比率 | | | | |
| 3 | 营运资本 | 流动资产-流动负债 | -118 307.53 | -129 517.08 | |
| 4 | 流动比率 | 流动资产/流动负债*100% | 94.45% | 94.78% | |
| 5 | 速动比率 | 速动资产/流动负债*100% | 5.73% | 72.78% | |
| 6 | | | | | |
| 7 | 二、长期偿债能力比率 | | | | |
| 8 | 资产负债率 | 负债/资产*100% | 72.35% | 65.44% | |
| 9 | 产权比率 | 负债/股东权益*100% | 261.62% | 189.32% | |
| 10 | | | | | |
| 11 | 三、资产管理比率 | | | | |
| 12 | 应收账款周转率 | 销售收入/应收账款*100% | | | |
| 13 | | | | | |

图5-10 设置"应收账款周转率"

(2) 点击 C12 单元格,输入公式:"= 2 400 000.00/资产负债表!D9"。

(3) 点击 D12 单元格,输入公式:"=利润表!D5/资产负债表!C9"。得到如图 5-11 所示结果。

|   | A | B | C | D | E |
|---|---|---|---|---|---|
| 1 | 财务比率 |  | 上月 | 本月 | 差额 |
| 2 | 一、短期偿债能力比率 |  |  |  |  |
| 3 | 营运资本 | 流动资产-流动负债 | -118 307.53 | -129 517.08 |  |
| 4 | 流动比率 | 流动资产/流动负债*100% | 94.45% | 94.78% |  |
| 5 | 速动比率 | 速动资产/流动负债*100% | 5.73% | 72.78% |  |
| 6 |  |  |  |  |  |
| 7 | 二、长期偿债能力比率 |  |  |  |  |
| 8 | 资产负债率 | 负债/资产*100% | 72.35% | 65.44% |  |
| 9 | 产权比率 | 负债/股东权益*100% | 261.62% | 189.32% |  |
| 10 |  |  |  |  |  |
| 11 | 三、资产管理比率 |  |  |  |  |
| 12 | 应收账款周转率 | 销售收入/应收账款*100% | 4 601.67% | 1 045.07% |  |
| 13 |  |  |  |  |  |

图 5-11 设置"应收账款周转率"公式

2) 存货周转率

存货周转率是销售收入与存货的比率。

$$存货周转率=销售收入÷存货$$

【注:本章为简化操作,均用"存货的本期期末数"代替】

假设 2020 年 12 月创造公司的销售收入为 2 400 000 元,具体步骤如下:

(1) 打开"创造公司账簿.xlsx"工作簿的"比率分析"工作表。输入相应内容,如图 5-12 所示。

|   | A | B | C | D | E |
|---|---|---|---|---|---|
| 1 | 财务比率 |  | 上月 | 本月 | 差额 |
| 2 | 一、短期偿债能力比率 |  |  |  |  |
| 3 | 营运资本 | 流动资产-流动负债 | -118 307.53 | -129 517.08 |  |
| 4 | 流动比率 | 流动资产/流动负债*100% | 94.45% | 94.78% |  |
| 5 | 速动比率 | 速动资产/流动负债*100% | 5.73% | 72.78% |  |
| 6 |  |  |  |  |  |
| 7 | 二、长期偿债能力比率 |  |  |  |  |
| 8 | 资产负债率 | 负债/资产*100% | 72.35% | 65.44% |  |
| 9 | 产权比率 | 负债/股东权益*100% | 261.62% | 189.32% |  |
| 10 |  |  |  |  |  |
| 11 | 三、资产管理比率 |  |  |  |  |
| 12 | 应收账款周转率 | 销售收入/应收账款*100% | 4 601.67% | 1 045.07% |  |
| 13 | 存货周转率 | 销售收入/存货*100% |  |  |  |

图 5-12 设置"存货周转率"

(2) 点击 C13 单元格,输入公式:"=2 400 000/资产负债表!D14"。

(3) 点击 D13 单元格,输入公式:"=利润表!D5/资产负债表!C14"。得到如图 5-13 所示结果。

| | A | B | C | D | E |
|---|---|---|---|---|---|
| 1 | 财务比率 | | 上月 | 本月 | 差额 |
| 2 | 一、短期偿债能力比率 | | | | |
| 3 | 营运资本 | 流动资产-流动负债 | -118 307.53 | -129 517.08 | |
| 4 | 流动比率 | 流动资产/流动负债*100% | 94.45% | 94.78% | |
| 5 | 速动比率 | 速动资产/流动负债*100% | 5.73% | 72.78% | |
| 6 | | | | | |
| 7 | 二、长期偿债能力比率 | | | | |
| 8 | 资产负债率 | 负债/资产*100% | 72.35% | 65.44% | |
| 9 | 产权比率 | 负债/股东权益*100% | 261.62% | 189.32% | |
| 10 | | | | | |
| 11 | 三、资产管理比率 | | | | |
| 12 | 应收账款周转率 | 销售收入/应收账款*100% | 4 601.67% | 1 045.07% | |
| 13 | 存货周转率 | 销售收入/存货*100% | 127.01% | 446.10% | |
| 14 | | | | | |

图 5-13 设置"存货周转率"公式

## 5.1.4 盈利能力比率

1) 销售利润率

销售利润率是指净利润与销售收入的比率,通常用百分数表示,它表示 1 元销售收入与其成本费用之间可以"挤"出来的净利润。该比率越大则企业的盈利能力越强。其计算公式为:

$$销售利润率 = (净利润 \div 销售收入) \times 100\%$$

根据创造公司的利润表数据,假设 2020 年 12 月创造公司的销售收入为 2 400 000 元,净利润为 100 000 元。具体步骤如下:

(1) 打开"创造公司账簿.xlsx"工作簿的"比率分析"工作表。输入相应内容,如图 5-14 所示。

| | A | B | C | D | E |
|---|---|---|---|---|---|
| 1 | 财务比率 | | 上月 | 本月 | 差额 |
| 2 | 一、短期偿债能力比率 | | | | |
| 3 | 营运资本 | 流动资产-流动负债 | -118 307.53 | -129 517.08 | |
| 4 | 流动比率 | 流动资产/流动负债*100% | 94.45% | 94.78% | |
| 5 | 速动比率 | 速动资产/流动负债*100% | 5.73% | 72.78% | |
| 6 | | | | | |
| 7 | 二、长期偿债能力比率 | | | | |
| 8 | 资产负债率 | 负债/资产*100% | 72.35% | 65.44% | |
| 9 | 产权比率 | 负债/股东权益*100% | 261.62% | 189.32% | |
| 10 | | | | | |
| 11 | 三、资产管理比率 | | | | |
| 12 | 应收账款周转率 | 销售收入/应收账款*100% | 4 601.67% | 1 045.07% | |
| 13 | 存货周转率 | 销售收入/存货*100% | 127.01% | 446.10% | |
| 14 | | | | | |
| 15 | 四、盈利能力比率 | | | | |
| 16 | 销售利润率 | 净利润/销售收入*100% | | | |
| 17 | | | | | |

图 5-14 设置"销售利润率"

(2) 点击 C16 单元格,输入公式:"=100 000/2 400 000"。

(3) 点击 D16 单元格,输入公式:"=利润表!D36/利润表!D5"。得到如图 5-15 所示结果。

图 5-15　设置"销售利润率"公式

2）资产利润率

资产利润率是指净利润与总资产的比率,它反映公司从 1 元受托资产中得到的净利润。其计算公式为:

$$资产利润率＝(净利润÷总资产)×100\%$$

根据创造公司的利润表数据,假设 2020 年 12 月创造公司的净利润为 100 000 元。具体步骤如下:

(1) 打开"创造公司账簿.xlsx"工作簿的"比率分析"工作表。输入相应内容,如图 5-16 所示。

图 5-16　设置"资产利润率"

(2) 点击 C17 单元格,输入公式:"＝100 000/资产负债表!D36"。

(3) 点击 D17 单元格,输入公式:"＝利润表!D36/资产负债表!C36"。得到如图 5-17 所示结果。

图 5-17 设置"资产利润率"公式

3)权益净利率

权益净利率是指净利润与股东权益的比率,它反映公司从 1 元股东权益赚取的净收益,可衡量企业的总体盈利能力。其计算公式为:

$$权益净利率=(净利润÷股东权益)×100\%$$

根据创造公司的报表数据,假设 2020 年 12 月创造公司的净利润为 100 000 元。具体步骤如下:

(1)打开"创造公司账簿.xlsx"工作簿的"比率分析"工作表。输入相应内容,如图 5-18 所示。

图 5-18 设置"权益净利率"

(2)点击 C18 单元格,输入公式:"=100 000/资产负债表!H35"。

(3)点击 D18 单元格,输入公式:"=利润表!D36/资产负债表!G35"。得到如图 5-19 所示结果。

| | A | B | C | D | E |
|---|---|---|---|---|---|
| 1 | 财务比率 | | 上月 | 本月 | 差额 |
| 2 | 一、短期偿债能力比率 | | | | |
| 3 | 营运资本 | 流动资产-流动负债 | -118 307.53 | -164 769.21 | |
| 4 | 流动比率 | 流动资产/流动负债*100% | 94.45% | 93.45% | |
| 5 | 速动比率 | 速动资产/流动负债*100% | 5.73% | 71.76% | |
| 6 | | | | | |
| 7 | 二、长期偿债能力比率 | | | | |
| 8 | 资产负债率 | 负债/资产*100% | 72.35% | 66.29% | |
| 9 | 产权比率 | 负债/股东权益*100% | 261.62% | 196.62% | |
| 10 | | | | | |
| 11 | 三、资产管理比率 | | | | |
| 12 | 应收账款周转率 | 销售收入/应收账款*100% | 4 601.67% | 1 045.07% | |
| 13 | 存货周转率 | 销售收入/存货*100% | 127.01% | 446.10% | |
| 14 | | | | | |
| 15 | 四、盈利能力比率 | | | | |
| 16 | 销售利润率 | 净利润/销售收入*100% | 4.17% | 5.79% | |
| 17 | 资产利润率 | 净利润/总资产*100% | 3.17% | 3.40% | |
| 18 | 权益净利率 | 净利润/股东权益 | 11.48% | 10.09% | |
| 19 | | | | | |

图 5-19 设置"权益净利率"公式

图 5-19 中显示了财务比率分析表的计算结果。将其计算得出的数据与同行企业的财务指标标准进行比较,就可以对企业的财务状况和经营成果进行评价了。

## 5.2 趋 势 分 析

企业的某一个会计年度的财务数据有较多的非常或者偶然的经济事项,而这些事项不代表过去,也不能说明未来,不具有代表性,但有可能影响整个报表的数据。如果对企业若干年的财务报表按时间序列分析,就能看出其发展趋势,有助于规划未来,同时也有助于判断本年度是否具有代表性。这种对不同时期的分析,主要是判断发展趋势,故称为趋势分析。

### 5.2.1 多期比较分析

多期比较分析,是研究和比较连续几个会计期间的财务报表及相关项目。其目的是查明变化内容、变化原因及其对企业的未来有何影响。在进行多期比较时,可以用前后各年每个项目的金额之差比较,也可以用百分比变化比较,还可以计算出各期的财务比率进行比较。

**1. 财务比率多期比较分析**

本章在此为计算简便,仅以图 5-20 财务比率分析表计算结果表进行多期比较。
具体步骤如下:
(1) 打开"创造公司账簿.xlsx"工作簿的"比率分析"工作表。
(2) 鼠标左击 E3 单元格,输入英文状态"="号,后鼠标左击 D3 单元格,输入英文状态"-"号,后鼠标左击 C3 单元格。完成差额公式设置,即本月与上月相比的营运资本差额,如图 5-20 所示。

**图 5-20　设置分析公式**

(3) 复制 E3,间隔选取如图 5-21 所示区域。

**图 5-21　间隔选取**

(4) 右击鼠标,选择"选择性粘贴/公式"按钮。
(5) 设置 E4:E18 单元格区域的格式为"百分比"和 2 位小数。
(6) 如图 5-22 所示,得到"本月－上月"的差额数据资料,可对这些资料进行相应的分析,找出企业本期财务情况存在的问题,方便管理层对症下药。

**图 5-22　多期财务比率比较分析**

## 2. 图表功能在多期比较分析中的应用

例如:某企业 2015～2020 年的管理费用数据如图 5-23 所示的"管理费用"工作表。

| | A | B | C | D | E | F | G |
|---|---|---|---|---|---|---|---|
| 1 | | | | 某公司2015~2020年管理费用 | | | |
| 2 | 年度 | 2015年 | 2016年 | 2017年 | 2018年 | 2019年 | 2020年 |
| 3 | 管理费用 | 56 400.00 | 56 800.00 | 57 200.00 | 56 700.00 | 56 600.00 | 56 500.00 |
| 4 | | | | | | | |

图 5-23　管理费用

具体步骤如下:

(1) 打开"创造公司账簿.xlsx"工作簿的"管理费用分析表"工作表,选中 A2:G3 单元格区域的任意一个单元格,点击"插入/折线图"的按钮,如图 5-24 所示,开始创建图表。

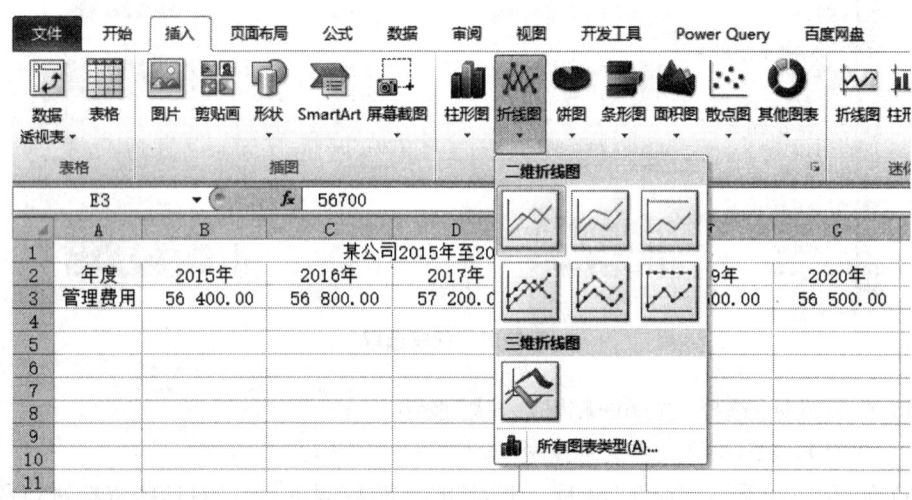

图 5-24　"图表向导"对话框

(2) 在"图表类型"中选择"折线图"选项,结果如图 5-25 所示。

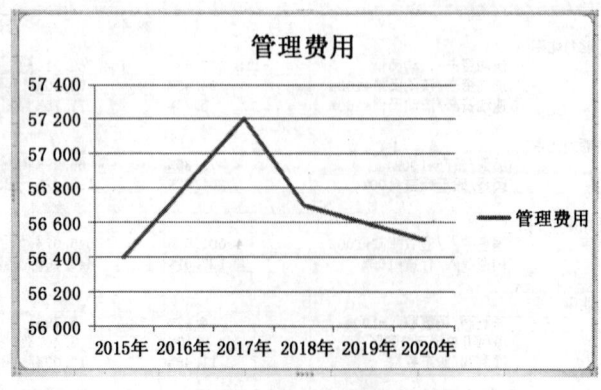

图 5-25　折线图

(3)选中弹出的"图表"对话框的"管理费用"文本框,更改为:"某公司2015~2020年管理费用趋势图",如图5-26所示。

从2015~2020年该企业的管理费用趋势分析图中可以看出,该企业的管理费用总体上呈上升趋势,2017年达到高峰,2018年开始出现下降趋势。因此,企业可以找出费用管理上的趋势变动原因,达到"节流"的目的,降低成本。

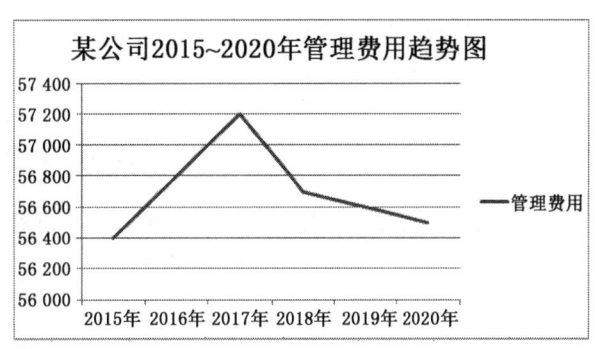

图5-26 更改名称

### 5.2.2 结构百分比法分析

结构百分比分析,是把常规的财务报表换算成结构百分比报表,然后逐项比较不同期间的报表,查明某一特定项目在不同期间百分比的差额。同一报表中不同项目的结构百分比计算公式为:结构百分比=部分÷总体。

通常,利润表的"总体"是"销售收入";资产负债表的"总体"是"总资产"。本章在此以创造公司2021年1月的资产负债表进行解释,与2020年12月财务数据进行比较。

具体步骤如下:

(1)打开"创造公司账簿.xlsx",单击"资产负债表"工作表。

(2)选中A1:H36单元格区域,按〈Ctrl+C〉组合键进行复制。

(3)打开"比较报表"工作表,选中A1单元格,单击鼠标右键。

(4)在弹出的菜单中选择"选择性粘贴"下的"保持源列宽"按钮,如图5-27所示。

图5-27 选择"选择性粘贴"下的"保持源列宽"按钮

(5) 单击鼠标左键,即可复制"资产负债表"工作表到"比较报表"。

(6) 插入空白列,如图 5-28 所示。

| | A | B | C | D | E | F | G | H | I | J | K | L |
|---|---|---|---|---|---|---|---|---|---|---|---|---|
| 1 | | | | | | 资 产 负 债 表 | | | | | | |
| 2 | | | | | | | | | | | 会小企01 | |
| 3 | 编制单位: | | 创造公司 | | | 2021年1月31日 | | | | | 单位:元 | |
| 4 | 资产 | 行次 | 期末余额 | | 年初余额 | | 负债和所有者权益 | 行次 | 期末余额 | | 年初余额 | |
| 5 | 流动资产: | | | | | | 流动负债: | | | | | |
| 6 | 货币资金 | 1 | 930 433.81 | | 41 143.69 | | 短期借款 | 31 | 50 000.00 | | 50 000.00 | |
| 7 | 短期投资 | 2 | 55 000.00 | | 5 000.00 | | 应付票据 | 32 | 61 133.00 | | 0.00 | |
| 8 | 应收票据 | 3 | 540 000.00 | | 0.00 | | 应付账款 | 33 | 1 113 030.00 | | 960 800.00 | |
| 9 | 应收账款 | 4 | 233 123.75 | | 52 155.00 | | 预收账款 | 34 | 503 869.00 | | 120 000.00 | |
| 10 | 预付账款 | 5 | 37 600.00 | | 11 000.00 | | 应付职工薪酬 | 35 | 177 909.44 | | 157 252.24 | |
| 11 | 应收股利 | 6 | | | | | 应交税费 | 36 | 541 000.11 | | 759 240.53 | |
| 12 | 应收利息 | 7 | | | | | 应付利息 | 37 | 23 350.00 | | 20 950.00 | |
| 13 | 其他应收款 | 8 | 10 139.45 | | 12 639.45 | | 应付利润 | 38 | | | 50 000.00 | |
| 14 | 存货 | 9 | 546 137.46 | | 1 889 657.10 | | 其他应付款 | 39 | 11 660.00 | | 11 660.00 | |
| 15 | 其中:原材料 | 10 | 121 690.80 | | 74 645.00 | | 其他流动负债 | 40 | | | | |
| 16 | 在产品 | 11 | 0.00 | | 764 312.10 | | 流动负债合计 | 41 | 2 481 951.55 | | 2,129 902.77 | |
| 17 | 库存商品 | 12 | 410 542.66 | | 1 047 900.00 | | 非流动负债: | | | | | |
| 18 | 周转材料 | 13 | 4 800.00 | | 2 800.00 | | 长期借款 | 42 | 230 000.00 | | 150 000.00 | |
| 19 | 其他流动资产 | 14 | | | | | 长期应付款 | 43 | | | | |
| 20 | 流动资产合计 | 15 | 2 352 434.47 | | 2 011 595.24 | | 递延收益 | 44 | | | | |
| 21 | 非流动资产: | | | | | | 其他非流动负债 | 45 | | | | |
| 22 | 长期债券投资 | 16 | 300 000.00 | | 50 000.00 | | 非流动负债合计 | 46 | 230 000.00 | | 150 000.00 | |
| 23 | 长期股权投资 | 17 | | | | | 负债合计 | 47 | 2 711 951.55 | | 2,279 902.77 | |
| 24 | 固定资产原价 | 18 | 1 314 600.00 | | 1 083 600.00 | | | | | | | |
| 25 | 减:累计折旧 | 19 | 86 968.62 | | 9 836.67 | | | | | | | |
| 26 | 固定资产账面价值 | 20 | 1 227 631.38 | | 1 073 763.33 | | | | | | | |
| 27 | 在建工程 | 21 | | | | | | | | | | |
| 28 | 工程物资 | 22 | | | | | | | | | | |
| 29 | 固定资产清理 | 23 | 10 500.00 | | 0.00 | | | | | | | |
| 30 | 生产性生物资产 | 24 | | | | | 所有者权益(或股东权益): | | | | | |
| 31 | 无形资产 | 25 | 253 850.00 | | 16 000.00 | | 实收资本(或股本) | 48 | 1 159 581.20 | | 739 581.20 | |
| 32 | 开发支出 | 26 | | | | | 资本公积 | 49 | | | | |
| 33 | 长期待摊费用 | 27 | | | | | 盈余公积 | 50 | 71 385.00 | | 71 385.00 | |
| 34 | 其他非流动资产 | 28 | | | | | 未分配利润 | 51 | 201 498.10 | | 60 489.60 | |
| 35 | 非流动资产合计 | 29 | 1 791 981.38 | | 1 139 763.33 | | 所有者权益(或股东权益)合计 | 52 | 1 432 464.30 | | 871 455.80 | |
| 36 | 资产总计 | 30 | 4 144 415.85 | | 3 151 358.57 | | 负债和所有者权益(或股东权益)总计 | 53 | 4 144 415.85 | | 3 151 358.57 | |

图 5-28 设计比较资产负债表

| 3 | 编制单位: | | 创造公司 | | | 2021年1月31日 | |
|---|---|---|---|---|---|---|---|
| 4 | 资产 | 行次 | 期末余额 | | 年初余额 | | 负债 |
| 5 | 流动资产: | | | | | | 流动 |
| 6 | 货币资金 | 1 | 930 433.81 | 22.45% | 41 143.69 | | 短期 |
| 7 | 短期投资 | 2 | 55 000.00 | 1.33% | 5 000.00 | | 应付 |
| 8 | 应收票据 | 3 | 540 000.00 | 13.03% | 0.00 | | 应付 |
| 9 | 应收账款 | 4 | 233 123.75 | 5.63% | 52 155.00 | | 预收 |
| 10 | 预付账款 | 5 | 37 600.00 | 0.91% | 11 000.00 | | 应付 |
| 11 | 应收股利 | 6 | | 0.00% | | | 应交 |
| 12 | 应收利息 | 7 | | 0.00% | | | 应付 |
| 13 | 其他应收款 | 8 | 10 139.45 | 0.24% | 12 639.45 | | 应付 |
| 14 | 存货 | 9 | 546 137.46 | 13.18% | 1 889 657.10 | | 其他 |
| 15 | 其中:原材料 | 10 | 121 690.80 | 2.94% | 74 645.00 | | 其他 |
| 16 | 在产品 | 11 | | 0.00% | 764 312.10 | | 流动 |
| 17 | 库存商品 | 12 | 410 542.66 | 9.91% | 1 047 900.00 | | 非流 |
| 18 | 周转材料 | 13 | 4 800.00 | 0.12% | 2 800.00 | | 长期 |
| 19 | 其他流动资产 | 14 | | 0.00% | | | 长期 |
| 20 | 流动资产合计 | 15 | 2 352 434.47 | 56.76% | 2 011 595.24 | | 递延 |
| 21 | 非流动资产: | | | 0.00% | | | 其他 |
| 22 | 长期债券投资 | 16 | 300 000.00 | 7.24% | 50 000.00 | | 非流 |
| 23 | 长期股权投资 | 17 | | 0.00% | | | 负债 |
| 24 | 固定资产原价 | 18 | 1 314 600.00 | 31.72% | 1 083 600.00 | | |
| 25 | 减:累计折旧 | 19 | 86 968.62 | 2.10% | 9 836.67 | | |
| 26 | 固定资产账面价值 | 20 | 1 227 631.38 | 29.62% | 1 073 763.33 | | |
| 27 | 在建工程 | 21 | | 0.00% | | | |
| 28 | 工程物资 | 22 | | 0.00% | | | |
| 29 | 固定资产清理 | 23 | 10 500.00 | 0.25% | 0.00 | | |
| 30 | 生产性生物资产 | 24 | | 0.00% | | | 所有权益 |
| 31 | 无形资产 | 25 | 253 850.00 | 6.13% | 16 000.00 | | 实收资本 |
| 32 | 开发支出 | 26 | | 0.00% | | | 资本 |
| 33 | 长期待摊费用 | 27 | | 0.00% | | | 盈余 |
| 34 | 其他非流动资产 | 28 | | 0.00% | | | 未 |
| 35 | 非流动资产合计 | 29 | 1 791 981.38 | 43.24% | 1 139 763.33 | | 所有权益 |
| 36 | 资产总计 | 30 | 4 144 415.85 | 100.00% | 3 151 358.57 | | 负债(或 |

图 5-29 设置上期比较百分比

(7) 在"比较报表"工作表中,单击 D6 单元格,输入公式"=C6/$C$36"。单击 % 按钮,生成百分比数据,再单击 按钮,保留两位小数,如图 5-29 所示。

(8) 光标移至 D6 单元格右下角至出现实心十字后,左击鼠标拖动至 D36。如图 5-29 所示。

(9) 同理设置 F6 单元格公式"=E6/$E$36"及百分比格式,并拖动复制公式至 F36 单元格;设置 J6 单元格公式"=I6/$I$36"及百分比格式,并拖动复制公式至 J36 单元格;设置 L6 单元格公式"=K6/$K$36"及百分比格式,并拖动复制公式至

L36 单元格。得到比较分析资产负债表，如图 5-30 所示。

| | A | B | C | D | E | F | G | H | I | J | K | L |
|---|---|---|---|---|---|---|---|---|---|---|---|---|
| 1 | | | | | 资 产 负 债 表 | | | | | | | |
| 2 | | | | | | | | | | | 会小企01 | |
| 3 | 编制单位： | | 创造公司 | | 2021年1月31日 | | | | | | 单位：元 | |
| 4 | 资 产 | 行次 | 期末余额 | | 年初余额 | | 负债和所有者权益 | 行次 | 期末余额 | | 年初余额 | |
| 5 | 流动资产： | | | | | | 流动负债： | | | | | |
| 6 | 货币资金 | 1 | 930 433.81 | 22.45% | 41 143.69 | 1.31% | 短期借款 | 31 | 50 000.00 | 1.21% | 50 000.00 | 1.59% |
| 7 | 短期投资 | 2 | 55 000.00 | 1.33% | 5 000.00 | 0.16% | 应付票据 | 32 | 61 133.00 | 1.48% | 0.00 | 0.00% |
| 8 | 应收票据 | 3 | 540 000.00 | 13.03% | 0.00 | 0.00% | 应付账款 | 33 | 1 113 030.00 | 26.86% | 960 800.00 | 30.49% |
| 9 | 应收账款 | 4 | 233 123.75 | 5.63% | 52 155.00 | 1.66% | 预收账款 | 34 | 503 869.00 | 12.16% | 120 000.00 | 3.81% |
| 10 | 预付账款 | 5 | 37 600.00 | 0.91% | 11 000.00 | 0.35% | 应付职工薪酬 | 35 | 177 909.44 | 4.29% | 157 252.24 | 4.99% |
| 11 | 应收股利 | 6 | | 0.00% | | 0.00% | 应交税费 | 36 | 541 000.11 | 13.05% | 759 240.53 | 24.09% |
| 12 | 应收利息 | 7 | | 0.00% | | 0.00% | 应付利息 | 37 | 23 350.00 | 0.56% | 20 950.00 | 0.66% |
| 13 | 其他应收款 | 8 | 10 139.45 | 0.24% | 12 639.45 | 0.40% | 应付利润 | 38 | | 0.00% | 50 000.00 | 1.59% |
| 14 | 存货 | 9 | 546 137.46 | 13.18% | 1 889 657.10 | 59.96% | 其他应付款 | 39 | 11 660.00 | 0.28% | 11 660.00 | 0.37% |
| 15 | 其中：原材料 | 10 | 121 690.80 | 2.94% | 74 645.00 | 2.37% | 其他流动负债 | 40 | | 0.00% | | |
| 16 | 在产品 | 11 | 0.00 | 0.00% | 764 312.10 | 24.25% | 流动负债合计 | 41 | 2 481 951.55 | 59.89% | 2 129 902.77 | 67.59% |
| 17 | 库存商品 | 12 | 410 542.66 | 9.91% | 1 047 900.00 | 33.25% | 非流动负债： | | | 0.00% | | 0.00% |
| 18 | 周转材料 | 13 | 4 800.00 | 0.12% | 2 800.00 | 0.09% | 长期借款 | 42 | 230 000.00 | 5.55% | 150 000.00 | 4.76% |
| 19 | 其他流动资产 | 14 | | 0.00% | | 0.00% | 长期应付款 | 43 | | 0.00% | | 0.00% |
| 20 | 流动资产合计 | 15 | 2 352 434.47 | 56.76% | 2 011 595.24 | 63.83% | 递延收益 | 44 | | 0.00% | | 0.00% |
| 21 | 非流动资产： | | | 0.00% | | 0.00% | 其他非流动负债 | 45 | | 0.00% | | 0.00% |
| 22 | 长期债券投资 | 16 | 300 000.00 | 7.24% | 50 000.00 | 1.59% | 非流动负债合计 | 46 | 230 000.00 | 5.55% | 150 000.00 | 4.76% |
| 23 | 长期股权投资 | 17 | | 0.00% | | 0.00% | 负债合计 | 47 | 2 711 951.55 | 65.44% | 2 279 902.77 | 72.35% |
| 24 | 固定资产原价 | 18 | 1 314 600.00 | 31.72% | 1 083 600.00 | 34.39% | | | | 0.00% | | 0.00% |
| 25 | 减：累计折旧 | 19 | 86 968.62 | 2.10% | 9 836.67 | 0.31% | | | | 0.00% | | 0.00% |
| 26 | 固定资产账面价值 | 20 | 1 227 631.38 | 29.62% | 1 073 763.33 | 34.07% | | | | 0.00% | | 0.00% |
| 27 | 在建工程 | 21 | | 0.00% | | 0.00% | | | | 0.00% | | 0.00% |
| 28 | 工程物资 | 22 | | 0.00% | | 0.00% | | | | 0.00% | | 0.00% |
| 29 | 固定资产清理 | 23 | 10 500.00 | 0.25% | 0.00 | 0.00% | | | | 0.00% | | 0.00% |
| 30 | 生产性生物资产 | 24 | | 0.00% | | 0.00% | 所有者权益（或股东权益）： | | | 0.00% | | 0.00% |
| 31 | 无形资产 | 25 | 253 850.00 | 6.13% | 16 000.00 | 0.51% | 实收资本（或股本） | 48 | 1 159 581.20 | 27.98% | 739 581.20 | 23.47% |
| 32 | 开发支出 | 26 | | 0.00% | | 0.00% | 资本公积 | 49 | | 0.00% | | 0.00% |
| 33 | 长期待摊费用 | 27 | | 0.00% | | 0.00% | 盈余公积 | 50 | 71 385.00 | 1.72% | 71 385.00 | 2.27% |
| 34 | 其他非流动资产 | 28 | | 0.00% | | 0.00% | 未分配利润 | 51 | 201 498.10 | 4.86% | 60 489.60 | 1.92% |
| 35 | 非流动资产合计 | 29 | 1 791 981.38 | 43.24% | 1 139 763.33 | 36.17% | 所有者权益（或股东权益）合计 | 52 | 1 432 464.30 | 34.56% | 871 455.80 | 27.65% |
| 36 | 资产总计 | 30 | 4 144 415.85 | 100.00% | 3 151 358.57 | 100.00% | 负债和所有者权益（或股东权益）总计 | 53 | 4 144 415.85 | 100.00% | 3 151 358.57 | 100.00% |

图 5-30　比较资产负债表

通过观察分析企业的比较资产负债表，可以了解企业的资产、负债、和所有者权益的变化趋势，同时也可以采取有效措施改善企业的财务状况。

# 实 验 五　财 务 分 析

## 一、实验目的

根据实验四的资产负债表和利润表，熟练运用 Excel 进行报表分析。

## 二、实验资料

详见实验四的资产负债表和利润表。

## 三、实验步骤

（1）设置"企业绩效指标"表，如表 5-1 所示，进行基本比率的分析。

（2）形成图文混合的分析资料。

表 5-1　企业绩效指标

| 财务比率 | | 上月 | 本月 | 差额 |
|---|---|---|---|---|
| 一、短期偿债能力比率 | | | | |
| 　营运资本 | 流动资产－流动负债 | | | |
| 　流动比率 | 流动资产÷流动负债 | | | |
| 　速动比率 | 速动资产÷流动负债 | | | |
| | | | | |
| 二、长期偿债能力比率 | | | | |
| 　资产负债率 | 负债÷资产 | | | |
| 　产权比率 | 负债÷股东权益 | | | |
| | | | | |
| 三、资产管理比率 | | | | |
| 　应收账款周转率 | 销售收入÷应收账款 | | | |
| 　存货周转率 | 销售收入÷存货 | | | |
| | | | | |
| 四、盈利能力比率 | | | | |
| 　销售利润率 | 净利润÷销售收入 | | | |
| 　资产利润率 | 净利润÷总资产 | | | |
| 　权益净利率 | 净利润÷股东权益 | | | |

【实验提示：根据"新华厂"工作簿中的"资产负债表"和"利润表"工作表生成数据。】

 巩固提高五

## 一、单选题

1. 计算公司的营运资本时，数据来源是（　　）。
   A. 记账凭证清单　　B. 资产负债表　　C. 利润表　　D. 余额表
2. 营运资本的计算公式是（　　）。
   A. 流动负债÷流动资产　　　　　　B. 流动资产÷流动负债
   C. 流动负债－流动资产　　　　　　D. 流动资产－流动负债
3. 以下各项中，财务分析比率计算只从利润表中取数的是（　　）。
   A. 销售利润率　　B. 资产利润率　　C. 权益净利率　　D. 资产负债率
4. 以下是用于分析企业资产管理水平的比率的是（　　）。
   A. 资产利润率　　B. 资产负债率　　C. 存货周转率　　D. 资产利润率

5. 需要比较连续几年的费用使用趋势,最好使用( )。
A. 折线图　　　　B. 圆环图　　　　C. 柱形图　　　　D. 饼图

6. 在结构百分比分析中,结构百分比=部分÷总体,其中的总体数据一般采用( )。
A. 相对引用　　　B. 绝对引用　　　C. 混合引用　　　D. 变动引用

## 二、多选题

1. 通常财务分析比率可分为四类,分别为( )。
A. 短期偿债能力比率　　　　　　B. 长期偿债能力比率
C. 资产管理比率　　　　　　　　D. 盈利能力比率

2. 偿债能力分析可分为( )。
A. 短期偿债能力　B. 持续偿债能力　C. 长期偿债能力　D. 劳务偿债能力

3. 以下各项中,财务分析比率计算需要从资产负债表中取数的有( )。
A. 产权比率　　　B. 销售利润率　　C. 速动比率　　　D. 流动比率

4. 以下各项中,财务分析比率计算需要从利润表中取数的有( )。
A. 销售利润率　　B. 资产利润率　　C. 权益净利率　　D. 资产负债率

5. 用于分析企业盈利能力的比率有( )。
A. 产权比率　　　B. 资产利润率　　C. 销售利润率　　D. 权益净利率

6. 用于分析长期偿债能力的比率有( )。
A. 产权比率　　　B. 销售利润率　　C. 权益净利率　　D. 资产负债率

7. 以下各项中,财务分析比率计算需要分别从利润表和资产负债表中取数的有( )。
A. 产权比率　　　B. 资产利润率　　C. 销售利润率　　D. 权益净利率

## 三、判断题

1. 本月流动比率等于本月资产负债表的期末流动资产除以期初流动负债。( )

2. 比较债务与可供偿债资产的存量,资产存量超过债务存量较多,则认为偿债能力强。( )

3. 制作财务分析比率表时,差额栏公式可用"选择性粘贴/公式"按钮简化操作。( )

4. 在结构百分比分析中,通常利润表的"总体"是"净利润";资产负债表的"总体"是"总资产"。( )

5. 财务比率分析表的计算结果与同行企业的财务指标标准进行比较,就可以对企业的财务状况和经营成果进行评价了。( )

## 四、如图 5-31 和图 5-32 所示,某企业 2021 年 1 月份的资产负债表和利润表,请按要求完成以下选择题

1. 计算该企业 1 月营运资本的公式为( )。
A. 资产负债表!C15－资产负债表!G17
B. 资产负债表!D15－资产负债表!H17
C. 资产负债表!D15－资产负债表!G17
D. 资产负债表!C15－资产负债表!H17

## 资产负债表

| | A | B | C | D | E | F | G | H |
|---|---|---|---|---|---|---|---|---|
| 1 | 资产负债表 | | | | | | | |
| 2 | 单位：***厂 | | | 年 月 日 | | | 单位：人民币 | |
| 3 | 资产 | 行次 | 期末余额 | 年初余额 | 负债及所有者权益 | 行次 | 期末余额 | 年初余额 |
| 4 | 流动资产： | | | | 流动负债： | | | |
| 5 | 货币资金 | 1 | 134 490.00 | 37 500.00 | 短期借款 | 25 | 310 000.00 | 155 000.00 |
| 6 | 交易性金融资产 | 2 | | | 交易性金融负债 | 26 | | |
| 7 | 应收票据 | 4 | | | 应付票据 | 27 | | |
| 8 | 应收账款 | 5 | 16 000.00 | 8 000.00 | 应付账款 | 28 | 10 000.00 | 5 000.00 |
| 9 | 预付账款 | 6 | 5 000.00 | 2 500.00 | 预收款项 | 29 | | |
| 10 | 应收利息 | 7 | | | 应付职工薪酬 | 30 | 456 000.00 | 3 000.00 |
| 11 | 其他应收款 | 8 | 3 000.00 | 1 500.00 | 应付利息 | 31 | | |
| 12 | 存货 | 9 | 532 965.00 | 50 680.00 | 应交税费 | 32 | 27 200.00 | 1 000.00 |
| 13 | 一年内到期的非流动资产 | 10 | | | 应付股利 | 33 | | |
| 14 | 其他流动资产 | 11 | | | 其他应付款 | 34 | 360.00 | 180.00 |
| 15 | 流动资产合计 | 12 | 691 455.00 | 100 180.00 | 一年内到期的非流动资产 | 35 | | |
| 16 | | | | | 其他流动负债 | 36 | | |
| 17 | | | | | 流动负债合计 | 37 | 803 560.00 | 164 180.00 |
| 18 | 非流动资产： | | | | 非流动负债： | | | |
| 19 | 可供出售金融资产 | 12 | | | 长期借款 | 38 | 2 000.00 | 1 000.00 |
| 20 | 持有至到期投资 | 13 | | | 应付债券 | 39 | | |
| 21 | 投资性房地产 | 14 | | | 长期应付款 | 40 | | |
| 22 | 长期股权投资 | 15 | | | 其他非流动负债 | 41 | | |
| 23 | 固定资产 | 16 | 640 355.00 | 317 000.00 | 非流动负债合计 | 42 | 2 000.00 | 1 000.00 |
| 24 | 在建工程 | 17 | | | 负债合计 | 43 | 805 560.00 | 165 180.00 |
| 25 | 工程物资 | 18 | | | 所有者权益： | | | |
| 26 | 固定资产清理 | 19 | | | 实收资本 | 44 | 500 000.00 | 250 000.00 |
| 27 | 无形资产 | 20 | | | 资本公积 | 45 | | |
| 28 | 长期摊销费用 | 21 | | | 盈余公积 | 46 | | |
| 29 | 其他非流动资产 | 22 | | | 未分配利润 | 47 | 26 250.00 | 2 000.00 |
| 30 | 非流动资产合计 | 23 | 640 355.00 | 317 000.00 | 所有者权益合计 | 48 | 526 250.00 | 252 000.00 |
| 31 | 资产合计 | 24 | 1 331 810.00 | 417 180.00 | 负债及所有者权益总计 | 49 | 1 331 810.00 | 417 180.00 |

图 5-31 "资产负债表"工作表截图

## 利润表

| | A | B | C | D | E |
|---|---|---|---|---|---|
| 1 | 利润表 | | | | |
| 2 | 单位： | | | | 单位：人民币 |
| 3 | | 项目 | 行次 | 本期金额 | 上期金额 |
| 4 | 一、 | 营业收入 | 1 | 400 000.00 | 360 000.00 |
| 5 | 减： | 营业成本 | 2 | 300 000.00 | 270 000.00 |
| 6 | | 税金及附加 | 3 | 0.00 | 0.00 |
| 7 | | 销售费用 | 4 | 0.00 | 0.00 |
| 8 | | 管理费用 | 5 | 77 750.00 | 69 975.00 |
| 9 | | 财务费用 | 6 | 0.00 | 0.00 |
| 10 | | 资产减值损失 | 7 | | 0.00 |
| 11 | 加： | 公允价值变动净收益 | 8 | | |
| 12 | | 投资收益 | 9 | | |
| 13 | 二、 | 营业利润 | 10 | 22 250.00 | 20 025.00 |
| 14 | 加： | 营业外收入 | 11 | | 0.00 |
| 15 | 减： | 营业外支出 | 12 | | |
| 16 | 其中： | 非流动资产处置净损失 | 13 | | |
| 17 | 三、 | 利润总额 | 14 | 22 250.00 | 20 025.00 |
| 18 | 减： | 所得税费用 | 15 | 0.00 | 0.00 |
| 19 | 四、 | 净利润 | 16 | 22 250.00 | 20 025.00 |

图 5-32 "利润表"工作表截图

2.计算该企业年初流动比率的公式为（　　）。

A. 资产负债表!C15－资产负债表!G17

B. 资产负债表!D15÷资产负债表!H17

C. 资产负债表!D15×资产负债表!G17

D. 资产负债表!C15÷资产负债表!G17

3. 计算该企业 1 月资产负债率的公式为(　　)。

A. 资产负债表!C31÷资产负债表!G17

B. 资产负债表!D31÷资产负债表!H24

C. 资产负债表!D15×资产负债表!G17

D. 资产负债表!C31÷资产负债表!G24

4. 计算该企业 1 月应收账款周转率的公式为(　　)。

A. 资产负债表!D19÷资产负债表!C8

B. 资产负债表!D4÷资产负债表!D8

C. 利润表!D4÷资产负债表!C8

D. 资产负债表!E4÷资产负债表!D8

5. 计算该企业 1 月销售利润率的公式为(　　)。

A. 资产负债表!D19÷资产负债表!D4

B. 利润表!D19÷资产负债表!D4

C. 利润表!D19÷利润表!D4

D. 利润表!D19×利润表!D4

6. 计算该企业 1 月权益净利率的公式为(　　)。

A. 利润表!D19÷资产负债表!G30

B. 利润表!D19÷利润表!C30

C. 利润表!D19÷资产负债表!H30

D. 利润表!D19×利润表!D4

7. 计算该企业年初流动资产占总资产的比率的计算公式为(　　)。

A. 资产负债表!C15÷资产负债表!C31

B. 资产负债表!D15÷资产负债表!$D$31

C. 资产负债表!D15÷资产负债表!C31

D. 资产负债表!D15－资产负债表!D31

五、简答题

1. 如何利用 Excel 制作"管理费用"的趋势分析图?简述其主要步骤。

2. 如何利用 Excel 制作比较分析报表?简述其主要步骤。

【参考答案】

一、1. B　2. D　3. A　4. C　5. A　6. B

二、1. ABCD　2. AC　3. ACD　4. ABC　5. BCD　6. AD　7. BD

三、1. ×　2. √　3. √　4. ×　5. √

四、1. A　2. B　3. D　4. C　5. C　6. A　7. B

五、(略)

# 附录一
# 《Excel在会计实务中的应用》教材演示资料

## 一、实验目的

进一步掌握关于"账务处理"的主要原理,从而能够熟练地利用 Excel 软件,根据具体经济业务来进行填制凭证、登记账簿等操作。

## 二、实验资料

(一)创造公司适用 2013 年《小企业会计准则》,其 2021 年 1 月 1 日有关会计科目及其余额如表附 1-1 所示。

表附 1-1 余 额 表

| 科目代码 | 总账科目 | 明细科目 | 期初借方余额 | 期初贷方余额 |
|---|---|---|---|---|
| 1001 | 库存现金 | | 570.00 | |
| 1002 | 银行存款 | | 40 573.69 | |
| 1012 | 其他货币资金 | | | |
| 1101 | 短期投资 | | 5 000.00 | |
| 1121 | 应收票据 | | | |
| 1122 | 应收账款 | | 52 155.00 | |
| 112201 | 应收账款 | 东莞市宏达商场有限公司 | | |
| 112202 | 应收账款 | 东莞市兴盛有限公司 | 17 155.00 | |
| 112203 | 应收账款 | 深圳市彩怡百货有限公司 | 20 000.00 | |
| 112204 | 应收账款 | 东莞市瑞祥贸易行 | 10 000.00 | |
| 112205 | 应收账款 | 东莞市华润贸易公司 | 5 000.00 | |
| 1123 | 预付账款 | | 6 000.00 | |
| 112301 | 预付账款 | 深圳市华彩公司 | | |

(续表)

| 科目代码 | 总账科目 | 明 细 科 目 | 期初借方余额 | 期初贷方余额 |
|---|---|---|---|---|
| 112302 | 预付账款 | 东莞市富润有限公司 | 6 000.00 | |
| 1221 | 其他应收款 | | 12 639.45 | |
| 122101 | 其他应收款 | 个人其他应收 | 3 000.00 | |
| 122102 | 其他应收款 | 养老保险费 | 9 328.00 | |
| 122103 | 其他应收款 | 失业保险费 | 274.00 | |
| 122104 | 其他应收款 | 医疗保险费 | 37.45 | |
| 1402 | 在途物资 | | | |
| 140201 | 在途物资 | 高级羊绒布料 | | |
| 140202 | 在途物资 | 竹纤维布料 | | |
| 140203 | 在途物资 | 饰物 | | |
| 140204 | 在途物资 | 缝纫线 | | |
| 140205 | 在途物资 | 扣子 | | |
| 1403 | 原材料 | | 74 645.00 | |
| 140301 | 原材料 | 高级羊绒布料 | 24 000.00 | |
| 140302 | 原材料 | 竹纤维布料 | 49 600.00 | |
| 140303 | 原材料 | 饰物 | 990.00 | |
| 140304 | 原材料 | 缝纫线 | 40.00 | |
| 140305 | 原材料 | 扣子 | 15.00 | |
| 1405 | 库存商品 | | 1 047 900.00 | |
| 140501 | 库存商品 | 针织衫 | 7 900.00 | |
| 140502 | 库存商品 | 羊绒毛衣 | 1 040 000.00 | |
| 1408 | 委托加工物资 | | | |
| 1409 | 委托代销商品 | | | |
| 1411 | 周转材料 | | 2 800.00 | |
| 1501 | 长期债券投资 | | 50 000.00 | |
| 1601 | 固定资产 | | 1 083 600.00 | |
| 1602 | 累计折旧 | | | 9 836.67 |
| 1606 | 固定资产清理 | | | |
| 1701 | 无形资产 | | 20 000.00 | |
| 1702 | 累计摊销 | | | 4 000.00 |
| 1901 | 待处理财产损溢 | | | |

(续表)

| 科目代码 | 总账科目 | 明细科目 | 期初借方余额 | 期初贷方余额 |
|---|---|---|---|---|
| 2001 | 短期借款 | | | 50 000.00 |
| 2201 | 应付票据 | | | |
| 2202 | 应付账款 | | | 955 800.00 |
| 220201 | 应付账款 | 东莞市供电公司 | | 8 720.00 |
| 220202 | 应付账款 | 东莞市飞跃纺织品公司 | | 28 080.00 |
| 220203 | 应付账款 | 东莞市真彩布料厂 | 5 000.00 | |
| 220204 | 应付账款 | 东莞市云霞布料厂 | | 356 000.00 |
| 220205 | 应付账款 | 东莞市福彩饰品厂 | | 568 000.00 |
| 2203 | 预收账款 | | | 120 000.00 |
| 220301 | 预收账款 | 广州市广元百货有限公司 | | 120 000.00 |
| 220302 | 预收账款 | 广州市天河百货有限公司 | | |
| 2211 | 应付职工薪酬 | | | 157 252.24 |
| 221101 | 应付职工薪酬 | 应付职工工资 | | 98 179.81 |
| 221103 | 应付职工薪酬 | 应付福利费 | | 13 745.17 |
| 221104 | 应付职工薪酬 | 应付社会保险费 | | 6 594.33 |
| 221105 | 应付职工薪酬 | 应付住房公积金 | | 4 370.00 |
| 221106 | 应付职工薪酬 | 工会费 | | 19 635.96 |
| 221107 | 应付职工薪酬 | 职工教育费 | | 14 726.97 |
| 2221 | 应交税费 | | | 759 240.53 |
| 222101 | 应交税费 | 应交增值税 | | 438 989.04 |
| 22210101 | 应交税费 | 应交增值税(进项税额) | | |
| 22210106 | 应交税费 | 应交增值税(销项税额) | | |
| 22210107 | 应交税费 | 应交增值税(已交税金) | | 438 989.04 |
| 222102 | 应交税费 | 未交增值税 | | |
| 222106 | 应交税费 | 应交所得税 | | 275 731.85 |
| 222108 | 应交税费 | 应交城市维护建设税 | | 30 729.23 |
| 222112 | 应交税费 | 应交个人所得税 | | 620.74 |
| 222113 | 应交税费 | 教育费附加 | | 13 169.67 |
| 2231 | 应付利息 | | | 20 950.00 |
| 2232 | 应付利润 | | | 50 000.00 |
| 2241 | 其他应付款 | | | 11 660.00 |

(续表)

| 科目代码 | 总账科目 | 明 细 科 目 | 期初借方余额 | 期初贷方余额 |
|---|---|---|---|---|
| 224101 | 其他应付款 | 住房公积金 | | 11 660.00 |
| 2501 | 长期借款 | | | 150 000.00 |
| 3001 | 实收资本 | | | 739 581.20 |
| 3101 | 盈余公积 | | | 71 385.00 |
| 3103 | 本年利润 | | | |
| 3104 | 利润分配 | | | 60 489.60 |
| 310415 | 利润分配 | 未分配利润 | | 60 489.60 |
| 310402 | 利润分配 | 提取盈余公积 | | |
| 310410 | 利润分配 | 应付利润 | | |
| 4001 | 生产成本 | | 764 312.10 | |
| 400101 | 生产成本 | 针织衫 | 118 915.50 | |
| 400102 | 生产成本 | 羊绒毛衣 | 645 396.60 | |
| 4101 | 制造费用 | | | |
| 5001 | 主营业务收入 | | | |
| 5051 | 其他业务收入 | | | |
| 5301 | 营业外收入 | | | |
| 5401 | 主营业务成本 | | | |
| 5402 | 其他业务成本 | | | |
| 5403 | 税金及附加 | | | |
| 5601 | 销售费用 | | | |
| 5602 | 管理费用 | | | |
| 560201 | 管理费用 | 开办费 | | |
| 560202 | 管理费用 | 业务招待费 | | |
| 560203 | 管理费用 | 研究费用 | | |
| 560204 | 管理费用 | 交通费 | | |
| 560205 | 管理费用 | 办公费 | | |
| 560206 | 管理费用 | 水电费 | | |
| 560207 | 管理费用 | 房屋租赁费 | | |
| 560208 | 管理费用 | 员工活动费 | | |
| 560209 | 管理费用 | 员工工资 | | |
| 560210 | 管理费用 | 折旧 | | |

(续表)

| 科目代码 | 总账科目 | 明细科目 | 期初借方余额 | 期初贷方余额 |
|---|---|---|---|---|
| 560211 | 管理费用 | 无形资产摊销 | | |
| 560212 | 管理费用 | 社会保险 | | |
| 560213 | 管理费用 | 公积金 | | |
| 560214 | 管理费用 | 其他 | | |
| 5603 | 财务费用 | | | |
| 5711 | 营业外支出 | | | |
| 5801 | 所得税费用 | | | |

（二）企业2021年1月发生如下经济业务：

1. 01月01日，按租赁合同，出纳员黎明开出一张转账支票用于支付01月份的厂房租金7 000元。支票号码：74942。

2. 01月01日，开出现金支票（支票票号：74943）提现8 000元备用。

3. 01月01日，向深圳市彩怡百货有限公司赊销羊绒毛衣一批，共计1 000件，每件售价388.5元，开出增值税专用发票，货款未收。为尽快收款，开出现金折扣的条件：1/10，n/30。

4. 01月01日，用上月预付款购入东莞市富润有限公司的包装袋，共计60 000个，每个0.1元，取得增值税专用发票，包装物已验收入库。

5. 01月02日，深圳市彩怡百货有限公司享受1%现金折扣（折扣不折税），收到本月1日的销售货款的支票，票号：756523。

6. 01月02日，向东莞市飞跃纺织品公司赊购原材料一批，其中高级羊绒布料500米，单价122元/米，竹纤维布料460米，单价82元/米，已取得增值税专用发票。

7. 01月02日，与东莞市宏达商场有限公司签订购货合同，分期收款方式销售一批羊绒毛衣一批，第一批650件，每件售价399元，已于当日发出，并开出增值税专用发票，货款尚未收到。

8. 01月03日，购入设备一台，价值93 000元，搬运费600元，取得增值税专用发票注明税款12 144.00元，开出转账支票支付共计105 744元，票号：74944。

9. 01月03日，销售部人员出差回来报销差旅费，共计2 705元，原借款3 000元，收到多余款295元。

10. 01月04日，振华公司投入资金420 000元，其中包括设备一台其账面原价155 000元，协商作价150 000元；专用生产技术一项，评估价值240 000元；银行本票一张，票面价值30 000元。

11. 01月05日，购买短期持有的股票一批价值50 000元，以转账支票支付，票号：749345。

12. 01月05日，收到广州市广元百货有限公司的预收货款支票50 000元，票号：857456。

13. 01月05日,现金购买办公用品一批,价值500元。

14. 01月05日,向东莞市福彩饰品厂购入缝纫线60 000个,每个0.5元;扣子55 000个,每个0.2元,取得增值税专用发票,材料尚未入库,款项尚未支付。

15. 01月06日,开出转账支票(划线支票票号:74957)偿付前欠东莞市飞跃纺织品公司1月2日购料款。

16. 01月06日,支付委托加工费3 000元,取得增值税进项发票390元,开出转账支票,票号:74948。

17. 01月07日,验收入库5日向东莞市福彩饰品厂购入缝纫线和扣子。

18. 01月08日,采用预付款向东莞市富润有限公司购入包装袋,共计60 000个,每个0.1元,取得增值税专用发票。

19. 01月10日,向广州市广元百货有限公司销售针织衫680件,每件售价273元,开出增值税专用发票,取得银行汇款。汇款单号:654789。

20. 01月11日,收到广州市天河百货有限公司的预收账款70 000元。支票号:657 894。

21. 01月12日,采用预收款销售天河百货的针织衫500件,每件262.5元,开出增值税专用发票,现金垫付销售搬运费100元。商品已发出。

22. 01月10日,缴纳上月税费共计482 887.94元,其中增值税438 989.04元,城市维护建设税30 729.23元,教育费附加13 169.67元,银行自动代扣款项,收到代扣回单及完税凭证。

23. 01月10日,向东莞市飞跃纺织品公司赊购原材料一批,其中高级羊绒布料300米,单价123元/米,竹纤维布料200米,单价86元/米,已取得增值税专用发票。

24. 01月12日,君兰有限公司从建业支行取得流动资金贷款5万元,期限6个月(2021年01月12日至2021年6月12日),年利率4.8%,按季付息,到期还本。由该行将这笔资金于当日划入企业的账户上。

25. 01月12日,向东莞市瑞祥贸易行销售竹纤维布料300米,售价140元,取得增值税专用发票,尚未收到货款。

26. 01月13日,采取代收手续费方式委托代销,收到代销清单:销售羊绒衫1 600件,每件388.5元,手续费为售价的5%,取得增值税专用发票。收到银行汇款663 040元,单号:589412。

27. 01月13日,君兰有限公司从建业支行取得长期借款8万元,期限3年(2013年01月13日至2016年01月13日),年利率6%,按年付息,到期还本。由该行将这笔资金于当日划入企业的账户上。

28. 01月14日,以银行存款偿还为期6个月的已到期的借款本息55 200元,其中本金50 000元,利息5 200元,收到银行账户自动扣款回单。

29. 01月15日,汇款缴纳公积金和社保共计52 324.73元,其中企业承担公积金11 660元,企业承担社保19 365.28元,个人承担公积金11 660元,个人承担养老保险9 328元,失业保险274元,医疗保险37.45元。

30. 01月15日,开出支票发放上月工资98 179.81元,票号:74955。

31. 01月15日,企业开出支票向投资者分配利润50 000元,(划线支票票号:74950)。

32. 01月16日,以开出支票80 000元(划线支票票号:74957)预付深圳市华彩公司,用于订购该公司的饰物。

33. 01月17日,向深圳市华彩公司预付款购入的饰物发货,收到的增值税专用发票上注明的买价为27 000元,共计3 000个,每个9元,增值税税率13%,同时取得运输业增值税专用发票中的不含税的运输费为1 000元,税率9%。

34. 01月18日,开出支票支付维修生产设备费用80 000元,票号:74959。

35. 01月18日,以现金垫付深圳市华彩公司购入的饰物的装卸搬运费230元,无发票。

36. 01月18日,向17日深圳市华彩公司购入的饰物验收入库。

37. 01月18日,支票支付广告费23 000元,票号:74959。

38. 01月19日,收到深圳市彩怡百货有限公司的前欠货款40 000元,支票号:568749。

39. 01月19日,收到对方合同违约罚款电子汇款3 400元,已收到银行回单。

40. 01月19日,向深圳市华彩公司预付款购入的饰物发货,收到的增值税专用发票上注明共计1 500个,每个9元,同时取得运输业增值税专用发票中的不含税的运输费为500元。目前尚未补付货款。

41. 01月20日,向东莞市飞跃纺织品公司赊购原材料一批,其中高级羊绒布料1 000米,单价119元/米,竹纤维布料500米,单价80元/米,已取得增值税专用发票。

42. 01月20日,因东莞市兴盛有限公司批量购买羊绒毛衣,故此给予5%的折扣销售,共销售羊绒毛衣1 500件,每件385元,银行电汇垫付运费150元,票号:74960。对方给付出票日为当日的6个月银行承兑汇票一张,票面价值540 000元,票面利率3%,余款暂欠。仓库已发货。

43. 01月21日,购买国债250 000万元,支票号:74961。

44. 01月23日,银行电汇偿还前欠东莞市云霞布料厂的货款35 000元。

45. 01月25日,与东莞市宏达商场有限公司签订购货合同,分期收款方式销售羊绒毛衣的第二批发货共计650件,每件售价399元,已于当日发出,并开出增值税专用发票,货款尚未收到。

46. 01月26日,收到东莞市宏达商场有限公司的货款900 000元,支票号:659781。

47. 01月27日,经确认东莞市华润贸易公司的货款5 000元已经无法回收。

48. 01月28日,应付东莞市飞跃纺织品公司的货款经同意转为支付银行承兑汇票一张,票面价值等同欠款金额,期限3个月,票面利率2%。

49. 01月29日,银行汇款支付东莞市福彩饰品厂货款。

50. 01月31日,汇总本月发出材料,详见发料汇总表。

发料汇总表,如图附1-1所示。

| 出库类别 | 物勒 | | 高级羊绒布料 | | 竹纤维布料 | | 缝纫线 | | 扣子 | | 包装袋 | | 汇总 |
|---|---|---|---|---|---|---|---|---|---|---|---|---|---|
| | 领用数量 | 领用金额 | 领用数量 | 领用金额 | 领用数量 | 领用金额 | 领用数量 | 领用金额 | 领用数量 | 领用金额 | 领用数量 | 领用金额 | |
| 生产羊绒衫 | 1 300.00 | 12 012.00 | 1 000.00 | 120 450.00 | | | | | 25 000.00 | 5 000.00 | 50 000.00 | 5 000.00 | 142 462.00 |
| 生产针织衫 | 1 200.00 | 11 088.00 | | | 860.00 | 69 823.40 | | | 15 000.00 | 3 000.00 | 50 000.00 | 5 000.00 | 88 911.40 |
| 生产一般耗用 | | | | | | | 45 000.00 | 22 500.00 | | | | | 22 500.00 |
| 委托加工 | 900.00 | 8 316.00 | | | 630.00 | 51 149.70 | | | 11 000.00 | 2 200.00 | | | 61 665.70 |
| 合计 | 3 400.00 | 31 416.00 | 1 000.00 | 120 450.00 | 1 490.00 | 120 973.10 | 45 000.00 | 22 500.00 | 51 000.00 | 10 200.00 | 100 000.00 | 10 000.00 | 315 539.10 |

图附 1-1

51. 01 月 31 日，委托加工的针织衫完工入库成本入账，入库金额 64 665.70 元。

52. 01 月 31 日计提本月工资 120 100 元。其中，销售部 16 200 元，行政部 13 600 元，财务部 18 900 元，采购部 8 200 元，仓库 12 400 元，生产管理部 7 000 元，生产一部（羊绒毛衣）30 000 元，生产二部（针织衫）13 800 元。

53. 01 月 31 日计提本月福利、工会、教育费附加。其中，生产成本——针织衫 2 373.60 元、生产成本——羊绒毛衣 5 160.00 元、制造费用 1 204.00 元、销售费用 2 786.40 元、管理费用——其他 9 133.20 元。

54. 01 月 31 日计提本月工资中的代扣款项。其中，代扣养老保险 9 328.00 元、失业保险 274.00 元、医疗保险 37.45 元、住房公积金 11 660.00 元，以及个人所得税 620.74 元，扣款合计 21 920.19 元。

55. 01 月 31 日，分配企业承担的社会保险、公积金。其中，其他应收款——养老保险费 9 328.00 元、其他应收款——失业保险费 274.00 元、其他应收款——医疗保险费 37.45 元、其他应付款——住房公积金 11 660.00 元及应交税费——应交个人所得税 620.74 元。

56. 01 月 31 日，计提本月折旧，其中生产羊绒毛衣车间折旧 37 891.46 元、生产针织衫车间折旧 19 000.00 元、车间管理部门折旧 1 000 元、行政管理部门折旧 9 202.08 元、专设销售机构折旧 10 935.41 元、出租设备折旧 1 200 元，合计 79 231.95 元。

57. 01 月 31 日，银行代扣电费价税合计 102 024.00 元，电费金额 87 200.00 元，电费单价 1.00 元/度，取得扣款回单和增值税专用发票。

58. 01 月 31 日，分配本月电费，其中，生产针织衫用电 36 480 度，生产羊绒毛衣 47 840 度，车间一般耗用电 1 104 度，管理部门用电 1 776 度。

59. 01 月 31 日，计提本月借款利息费用 2 400 元。

60. 01 月 31 日，分配制造费用。按工时分配，针织衫的工时为 1 029，羊绒毛衣工时为 1 563，总工时 2 592。

61. 01 月 31 日，计算本月完工入库产品成本，其中针织衫入库成本 331 359.05 元，羊绒毛衣入库成本 989 896.31 元。

62. 01 月 31 日，计算本月发出委托代销产品成本为羊绒毛衣的 426 624.00 元。

63. 01 月 31 日，结转已销产品成本，其中针织衫成本 156 798.40 元，羊绒毛衣 1 439 856.00 元，委托代销商品成本 417 520.00 元。

64. 01 月 31 日，结转增值税。

65. 01 月 31 日，计算本月城市维护建设税(7%)、教育费附加(3%)。

66. 01月31日,结转销售的高级羊绒布料成本36 135.00元。

67. 01月31日,向灾区捐款20 000元,支票号:74966。

68. 01月31日,提前报废一台电脑,账面原价12 600元,已提折旧2 100元。

69. 01月31日,月末盘点,盘亏现金500元,盘亏扣子成本400元,高级羊绒布料6 022.50元;盘盈饰物92.40元。

70. 01月31日,经批准,现金盘亏是出纳个人责任,由其全部承担。

71. 01月31日,经批准,高级羊绒布料盘亏为非常损失,扣子盘亏为管理不善。饰物盘盈计入营业外收入。

72. 01月31日,摊销无形资产价值共计2 150.00元。

73. 01月31日,结转本期成本、费用类账户至本年利润。

74. 01月31日,结转本期收入、收益类账户至本年利润。

75. 01月31日,经计算,本月应交所得税35 252.13元。

【参考答案】 如图附1-2所示。

| | A | B | C | D | E | F | G | H | I | J | K | L | M | N | O | P |
|---|---|---|---|---|---|---|---|---|---|---|---|---|---|---|---|---|
| 1 | | | | | | 创造公司一月份记账凭证清单 | | | | | | | | 1001 | 库存现金 | |
| 2 | 年 | 月 | 日 | 序号 | 凭证编号 | 摘要 | 科目代码 | 总账科目 | | 借方金额 | 贷方金额 | 现金流量 | | 1002 | 银行存款 | |
| 3 | 2021 | 01 | 01 | 01 | 2021010101 | 支付租金 | 4101 | 制造费用 | | 7 000.00 | | | | 1012 | 其他货币资金 | |
| 4 | 2021 | 01 | 01 | 01 | 2021010101 | 支付租金 | 1002 | 银行存款 | | | 7 000.00 | 支付其他与经营活动有关的现金 | | 1101 | 短期投资 | |
| 5 | 2021 | 01 | 01 | 02 | 2021010102 | 提现 | 1001 | 库存现金 | | 8 000.00 | | 与现金流量无关的流入 | | 112201 | 应收账款-东莞市荣达商场有限公司 | |
| 6 | 2021 | 01 | 01 | 02 | 2021010102 | 提现 | 1002 | 银行存款 | | | 8 000.00 | 与现金流量无关的流出 | | 112202 | 应收账款-深圳市汇丰商场有限公司 | |
| 7 | 2021 | 01 | 01 | 03 | 2021010103 | 销售商品 | 112203 | 应收账款 | | 439 005.00 | | | | 112203 | 应收账款-东莞市华荣公司 | |
| 8 | 2021 | 01 | 01 | 03 | 2021010103 | 销售商品 | 5001 | 主营业务收入 | | | 388 500.00 | | | 112204 | 应收账款-东莞市华华公司 | |
| 9 | 2021 | 01 | 01 | 03 | 2021010103 | 销售商品 | 22210106 | 应交税费 | | | 50 505.00 | | | 112301 | 预付账款-深圳市林宇公司 | |
| 10 | 2021 | 01 | 01 | 04 | 2021010104 | 预付款购入包装袋 | 1411 | 周转材料 | | 6 000.00 | | | | 112302 | 预付账款-东莞市盈润包装有限公司 | |
| 11 | 2021 | 01 | 01 | 04 | 2021010104 | 预付款购入包装袋 | 22210101 | 应交税费 | | 780.00 | | | | | | |
| 12 | 2021 | 01 | 01 | 04 | 2021010104 | 预付款购入包装袋 | 112302 | 预付账款 | | | 6 780.00 | | | | | |
| 13 | 2021 | 01 | 02 | 05 | 2021010205 | 现金折扣1% | 1002 | 银行存款 | | 435 120.00 | | 销售产成品、商品、提供劳务收到的现金 | | | | |
| 14 | 2021 | 01 | 02 | 05 | 2021010205 | 现金折扣1% | 5603 | 财务费用 | | 3 885.00 | | | | | | |
| 15 | 2021 | 01 | 02 | 05 | 2021010205 | 现金折扣1% | 112203 | 应收账款 | | | 439 005.00 | | | | | |
| 16 | 2021 | 01 | 02 | 06 | 2021010206 | 购入材料 | 140301 | 原材料 | | 61 000.00 | | | | | | |
| 17 | 2021 | 01 | 02 | 06 | 2021010206 | 购入材料 | 140302 | 原材料 | | 37 720.00 | | | | | | |
| 18 | 2021 | 01 | 02 | 06 | 2021010206 | 购入材料 | 22210101 | 应交税费 | | 12 833.60 | | | | | | |
| 19 | 2021 | 01 | 02 | 06 | 2021010206 | 购入材料 | 220202 | 应付账款 | | | 111 553.60 | | | | | |
| 20 | 2021 | 01 | 02 | 07 | 2021010207 | 分期销售商品 | 112201 | 应收账款 | | 293 065.50 | | | | | | |
| 21 | 2021 | 01 | 02 | 07 | 2021010207 | 分期销售商品 | 5001 | 主营业务收入 | | | 259 350.00 | | | | | |
| 22 | 2021 | 01 | 02 | 07 | 2021010207 | 分期销售商品 | 22210106 | 应交税费 | | | 33 715.50 | | | | | |
| 23 | 2021 | 01 | 03 | 08 | 2021010308 | 购入设备 | 1601 | 固定资产 | | 93 600.00 | | | | | | |
| 24 | 2021 | 01 | 03 | 08 | 2021010308 | 购入设备 | 22210101 | 应交税费 | | 12 144.00 | | | | | | |
| 25 | 2021 | 01 | 03 | 08 | 2021010308 | 购入设备 | 1002 | 银行存款 | | | 105 744.00 | 购建固定资产、无形资产和其他非流动资产支付的现金 | | | | |
| 26 | 2021 | 01 | 03 | 09 | 2021010309 | 报销差旅费 | 5601 | 销售费用 | | 2 705.00 | | | | | | |
| 27 | 2021 | 01 | 03 | 09 | 2021010309 | 报销差旅费 | 1001 | 库存现金 | | 295.00 | | 收到其他与经营活动有关的现金 | | | | |
| 28 | 2021 | 01 | 03 | 09 | 2021010309 | 报销差旅费 | 122101 | 其他应收款 | | | 3 000.00 | | | | | |
| 29 | 2021 | 01 | 04 | 10 | 2021010410 | 投资者投入 | 1601 | 固定资产 | | 150 000.00 | | | | | | |
| 30 | 2021 | 01 | 04 | 10 | 2021010410 | 投资者投入 | 1002 | 银行存款 | | 30 000.00 | | 吸收投资者投资收到的现金 | | | | |
| 31 | 2021 | 01 | 04 | 10 | 2021010410 | 投资者投入 | 1701 | 无形资产 | | 240 000.00 | | | | | | |
| 32 | 2021 | 01 | 04 | 10 | 2021010410 | 投资者投入 | 3001 | 实收资本 | | | 420 000.00 | | | | | |
| 33 | 2021 | 01 | 05 | 11 | 2021010511 | 购买短期投资 | 1101 | 短期投资 | | 50 000.00 | | | | | | |
| 34 | 2021 | 01 | 05 | 11 | 2021010511 | 购买短期投资 | 1002 | 银行存款 | | | 50 000.00 | 短期投资、长期债券投资和长期股权投资支付的现金 | | | | |
| 35 | 2021 | 01 | 05 | 12 | 2021010512 | 预收贷款 | 1002 | 银行存款 | | 50 000.00 | | 销售产成品、商品、提供劳务收到的现金 | | | | |
| 36 | 2021 | 01 | 05 | 12 | 2021010512 | 预收贷款 | 220301 | 预收账款 | | | 50 000.00 | | | | | |
| 37 | 2021 | 01 | 05 | 13 | 2021010513 | 购买办公用品一批 | 560205 | 管理费用 | | 500.00 | | | | | | |
| 38 | 2021 | 01 | 05 | 13 | 2021010513 | 购买办公用品一批 | 1001 | 库存现金 | | | 500.00 | 支付其他与经营活动有关的现金 | | | | |
| 39 | 2021 | 01 | 05 | 14 | 2021010514 | 购入材料 | 140204 | 在途物资 | | 30 000.00 | | | | | | |
| 40 | 2021 | 01 | 05 | 14 | 2021010514 | 购入材料 | 140205 | 在途物资 | | 11 000.00 | | | | | | |
| 41 | 2021 | 01 | 05 | 14 | 2021010514 | 购入材料 | 22210101 | 应交税费 | | 5 330.00 | | | | | | |
| 42 | 2021 | 01 | 05 | 14 | 2021010514 | 购入材料 | 220205 | 应付账款 | | | 46 330.00 | | | | | |
| 43 | 2021 | 01 | 06 | 15 | 2021010615 | 偿还前欠贷款 | 220202 | 应付账款 | | 111 553.60 | | | | | | |
| 44 | 2021 | 01 | 06 | 15 | 2021010615 | 偿还前欠贷款 | 1002 | 银行存款 | | | 111 553.60 | 购买原材料、商品、接受劳务支付的现金 | | | | |

| | A | B | C | D | E | F | G | H | J | K | L | M N O |
|---|---|---|---|---|---|---|---|---|---|---|---|---|
| 1 | | | | | | 创造公司一月份记账凭证清单 | | | | | | 1001_库存现金<br>1002_银行存款<br>1012_其他货币资金<br>1101_短期投资 |
| 2 | 年 | 月 | 日 | 序号 | 凭证编号 | 摘要 | 科目代码 | 总账科目 | 借方金额 | 贷方金额 | 现金流量 | |
| 45 | 2021 | 01 | 06 | 16 | 2021010616 | 支付委托加工费等 | 1408 | 委托加工物资 | 3 000.00 | | | |
| 46 | 2021 | 01 | 06 | 16 | 2021010616 | 支付委托加工费等 | 22210101 | 应交税费 | 390.00 | | | |
| 47 | 2021 | 01 | 06 | 16 | 2021010616 | 支付委托加工费等 | 1002 | 银行存款 | | 3 390.00 | 购买原材料、商品、接受劳务支付的现金 | |
| 48 | 2021 | 01 | 07 | 17 | 2021010717 | 验收入库 | 140304 | 原材料 | 30 000.00 | | | |
| 49 | 2021 | 01 | 07 | 17 | 2021010717 | 验收入库 | 140305 | 原材料 | 11 000.00 | | | |
| 50 | 2021 | 01 | 07 | 17 | 2021010717 | 验收入库 | 140204 | 在途物资 | | 30 000.00 | | |
| 51 | 2021 | 01 | 07 | 17 | 2021010717 | 验收入库 | 140205 | 在途物资 | | 11 000.00 | | |
| 52 | 2021 | 01 | 08 | 18 | 2021010818 | 购入包装袋 | 1411 | 周转材料 | 6 000.00 | | | |
| 53 | 2021 | 01 | 08 | 18 | 2021010818 | 购入包装袋 | 22210101 | 应交税费 | 780.00 | | | |
| 54 | 2021 | 01 | 08 | 18 | 2021010818 | 购入包装袋 | 112302 | 预付账款 | | 6 780.00 | | |
| 55 | 2021 | 01 | 10 | 19 | 2021011019 | 销售商品 | 1002 | 银行存款 | 209 773.20 | | 销售产成品、商品、提供劳务收到的现金 | |
| 56 | 2021 | 01 | 10 | 19 | 2021011019 | 销售商品 | 5001 | 主营业务收入 | | 185 640.00 | | |
| 57 | 2021 | 01 | 10 | 19 | 2021011019 | 销售商品 | 22210106 | 应交税费 | | 24 133.20 | | |
| 58 | 2021 | 01 | 10 | 20 | 2021011020 | 收到预收款 | 1002 | 银行存款 | 70 000.00 | | 销售产成品、商品、提供劳务收到的现金 | |
| 59 | 2021 | 01 | 10 | 20 | 2021011020 | 收到预收款 | 220302 | 预收账款 | | 70 000.00 | | |
| 60 | 2021 | 01 | 10 | 20 | 2021011020 | 销售商品 | 220302 | 预收账款 | 148 412.50 | | | |
| 61 | 2021 | 01 | 10 | 20 | 2021011020 | 销售商品 | 5001 | 主营业务收入 | | 131 250.00 | | |
| 62 | 2021 | 01 | 10 | 21 | 2021011021 | 销售商品 | 22210106 | 应交税费 | | 17 062.50 | | |
| 63 | 2021 | 01 | 10 | 21 | 2021011021 | 销售商品 | 1001 | 库存现金 | | 100.00 | 支付其他与经营活动有关的现金 | |
| 64 | 2021 | 01 | 10 | 21 | 2021011021 | 缴纳税费 | 22210107 | 应交税费 | 438 989.04 | | | |
| 65 | 2021 | 01 | 10 | 21 | 2021011021 | 缴纳税费 | 222108 | 应交税费 | 30 729.23 | | | |
| 66 | 2021 | 01 | 10 | 22 | 2021011022 | 缴纳税费 | 222113 | 应交税费 | 13 169.67 | | | |
| 67 | 2021 | 01 | 10 | 22 | 2021011022 | 缴纳税费 | 1002 | 银行存款 | | 482 887.94 | 支付的税费 | |
| 68 | 2021 | 01 | 10 | 23 | 2021011023 | 购入材料 | 140301 | 原材料 | 36 900.00 | | | |
| 69 | 2021 | 01 | 10 | 23 | 2021011023 | 购入材料 | 140302 | 原材料 | 17 200.00 | | | |
| 70 | 2021 | 01 | 10 | 23 | 2021011023 | 购入材料 | 22210101 | 应交税费 | 7 033.00 | | | |
| 71 | 2021 | 01 | 10 | 23 | 2021011023 | 购入材料 | 220202 | 应付账款 | | 61 133.00 | | |
| 72 | 2021 | 01 | 12 | 24 | 2021011224 | 借款 | 1002 | 银行存款 | 50 000.00 | | 取得借款收到的现金 | |
| 73 | 2021 | 01 | 12 | 24 | 2021011224 | 借款 | 2001 | 短期借款 | | 50 000.00 | | |
| 74 | 2021 | 01 | 12 | 25 | 2021011225 | 销售材料 | 112204 | 应收账款 | 47 460.00 | | | |
| 75 | 2021 | 01 | 12 | 25 | 2021011225 | 销售材料 | 5051 | 其他业务收入 | | 42 000.00 | | |
| 76 | 2021 | 01 | 12 | 25 | 2021011225 | 销售材料 | 22210106 | 应交税费 | | 5 460.00 | | |
| 77 | 2021 | 01 | 13 | 26 | 2021011326 | 收到代销商品款5%手 | 5601 | 销售费用 | 31 080.00 | | | |
| 78 | 2021 | 01 | 13 | 26 | 2021011326 | 收到代销商品款5%手 | 1002 | 银行存款 | 671 328.00 | | 销售产成品、商品、提供劳务收到的现金 | |
| 79 | 2021 | 01 | 13 | 26 | 2021011326 | 收到代销商品款5%手 | 5001 | 主营业务收入 | | 621 600.00 | | |
| 80 | 2021 | 01 | 13 | 26 | 2021011326 | 收到代销商品款5%手 | 22210106 | 应交税费 | | 80 808.00 | | |
| 81 | 2021 | 01 | 13 | 27 | 2021011327 | 借款 | 1002 | 银行存款 | 80 000.00 | | 取得借款收到的现金 | |
| 82 | 2021 | 01 | 13 | 27 | 2021011327 | 借款 | 2501 | 长期借款 | | 80 000.00 | | |
| 83 | 2021 | 01 | 14 | 28 | 2021011428 | 偿还利息 | 2001 | 短期借款 | 50 000.00 | | | |
| 84 | 2021 | 01 | 14 | 28 | 2021011428 | 偿还利息 | 5603 | 财务费用 | 5 200.00 | | | |
| 85 | 2021 | 01 | 14 | 28 | 2021011428 | 偿还利息 | 1002 | 银行存款 | | 50 000.00 | 偿还借款本金支付的现金 | |
| 86 | 2021 | 01 | 14 | 28 | 2021011428 | 偿还利息 | 1002 | 银行存款 | | 5 200.00 | 偿还借款利息支付的现金 | |

| | A | B | C | D | E | F | G | H | J | K | L | M | N |
|---|---|---|---|---|---|---|---|---|---|---|---|---|---|
| 1 | | | | | | | 创造公司一月份记账凭证清单 | | | | | | 1001 库存现金<br>1002 银行存款 |
| 2 | 年 | 月 | 日 | 序号 | 凭证编号 | 摘要 | 科目代码 | 总账科目 | 借方金额 | 贷方金额 | 现金流量 | | 1012 其他货币资金<br>1101 短期投资 |
| 87 | 2021 | 01 | 15 | 29 | 2021011529 | 交公积金及社会保险 | 221105 | 应付职工薪酬 | 11 660.00 | | | | |
| 88 | 2021 | 01 | 15 | 29 | 2021011529 | 交公积金及社会保险 | 224101 | 其他应付款 | 11 660.00 | | | | |
| 89 | 2021 | 01 | 15 | 29 | 2021011529 | 交公积金及社会保险 | 122102 | 其他应收款 | 9 328.00 | | | | |
| 90 | 2021 | 01 | 15 | 29 | 2021011529 | 交公积金及社会保险 | 122103 | 其他应收款 | 274.00 | | | | |
| 91 | 2021 | 01 | 15 | 29 | 2021011529 | 交公积金及社会保险 | 122104 | 其他应收款 | 37.45 | | | | |
| 92 | 2021 | 01 | 15 | 29 | 2021011529 | 交公积金及社会保险 | 221104 | 应付职工薪酬 | 19 365.28 | | | | |
| 93 | 2021 | 01 | 15 | 29 | 2021011529 | 交公积金及社会保险 | 1002 | 银行存款 | | 52 324.73 | 支付的职工薪酬 | | |
| 94 | 2021 | 01 | 15 | 30 | 2021011530 | 发工资 | 221101 | 应付职工薪酬 | 98 179.81 | | | | |
| 95 | 2021 | 01 | 15 | 30 | 2021011530 | 发工资 | 1002 | 银行存款 | | 98 179.81 | 支付的职工薪酬 | | |
| 96 | 2021 | 01 | 15 | 31 | 2021011531 | 分配利润 | 2232 | 应付利润 | 50 000.00 | | | | |
| 97 | 2021 | 01 | 15 | 31 | 2021011531 | 分配利润 | 1002 | 银行存款 | | 50 000.00 | 分配利润支付的现金 | | |
| 98 | 2021 | 01 | 16 | 32 | 2021011632 | 预付款 | 112301 | 预付账款 | 80 000.00 | | | | |
| 99 | 2021 | 01 | 16 | 32 | 2021011632 | 预付款 | 1002 | 银行存款 | | 80 000.00 | 购买原材料、商品、接受劳务支付的现金 | | |
| 100 | 2021 | 01 | 17 | 33 | 2021011733 | 购入材料 | 140203 | 在途物资 | 28 000.00 | | | | |
| 101 | 2021 | 01 | 17 | 33 | 2021011733 | 购入材料 | 22210101 | 应交税费 | 3 600.00 | | | | |
| 102 | 2021 | 01 | 17 | 33 | 2021011733 | 购入材料 | 112301 | 预付账款 | | 31 600.00 | | | |
| 103 | 2021 | 01 | 18 | 34 | 2021011834 | 维修生产设备 | 4101 | 制造费用 | 80 000.00 | | | | |
| 104 | 2021 | 01 | 18 | 34 | 2021011834 | 维修生产设备 | 1002 | 银行存款 | | 80 000.00 | 支付其他与经营活动有关的现金 | | |
| 105 | 2021 | 01 | 18 | 35 | 2021011835 | 付搬运费 | 140203 | 在途物资 | 230.00 | | | | |
| 106 | 2021 | 01 | 18 | 35 | 2021011835 | 付搬运费 | 1001 | 库存现金 | | 230.00 | 购买原材料、商品、接受劳务支付的现金 | | |
| 107 | 2021 | 01 | 18 | 36 | 2021011836 | 验收入库 | 140303 | 原材料 | 28 230.00 | | | | |
| 108 | 2021 | 01 | 18 | 36 | 2021011836 | 验收入库 | 140203 | 在途物资 | | 28 230.00 | | | |
| 109 | 2021 | 01 | 18 | 37 | 2021011837 | 付广告费 | 5601 | 销售费用 | 23 000.00 | | | | |
| 110 | 2021 | 01 | 18 | 37 | 2021011837 | 付广告费 | 1002 | 银行存款 | | 23 000.00 | 支付其他与经营活动有关的现金 | | |
| 111 | 2021 | 01 | 19 | 38 | 2021011938 | 收到前欠货款 | 1002 | 银行存款 | 40 000.00 | | 销售产成品、商品、提供劳务收到的现金 | | |
| 112 | 2021 | 01 | 19 | 38 | 2021011938 | 收到前欠货款 | 112203 | 应收账款 | | 40 000.00 | | | |
| 113 | 2021 | 01 | 19 | 39 | 2021011939 | 收违约罚款 | 1002 | 银行存款 | 3 400.00 | | 收到其他与经营活动有关的现金 | | |
| 114 | 2021 | 01 | 19 | 39 | 2021011939 | 收违约罚款 | 5301 | 营业外收入 | | 3 400.00 | | | |
| 115 | 2021 | 01 | 19 | 40 | 2021011940 | 购入材料 | 140303 | 原材料 | 14 000.00 | | | | |
| 116 | 2021 | 01 | 19 | 40 | 2021011940 | 购入材料 | 22210101 | 应交税费 | 1 800.00 | | | | |
| 117 | 2021 | 01 | 19 | 40 | 2021011940 | 购入材料 | 112301 | 预付账款 | | 15 800.00 | | | |
| 118 | 2021 | 01 | 20 | 41 | 2021012041 | 购入材料 | 140301 | 原材料 | 119 000.00 | | | | |
| 119 | 2021 | 01 | 20 | 41 | 2021012041 | 购入材料 | 140302 | 原材料 | 40 000.00 | | | | |
| 120 | 2021 | 01 | 20 | 41 | 2021012041 | 购入材料 | 22210101 | 应交税费 | 20 670.00 | | | | |
| 121 | 2021 | 01 | 20 | 41 | 2021012041 | 购入材料 | 220202 | 应付账款 | | 179 670.00 | | | |
| 122 | 2021 | 01 | 20 | 42 | 2021012042 | 折扣销售商品95% | 1121 | 应收票据 | 540 000.00 | | | | |
| 123 | 2021 | 01 | 20 | 42 | 2021012042 | 折扣销售商品95% | 112202 | 应收账款 | 80 096.25 | | | | |
| 124 | 2021 | 01 | 20 | 42 | 2021012042 | 折扣销售商品95% | 5001 | 主营业务收入 | | 548 625.00 | | | |
| 125 | 2021 | 01 | 20 | 42 | 2021012042 | 折扣销售商品95% | 22210106 | 应交税费 | | 71 321.25 | | | |
| 126 | 2021 | 01 | 20 | 42 | 2021012042 | 折扣销售商品95% | 1002 | 银行存款 | | 150.00 | 支付其他与经营活动有关的现金 | | |
| 127 | 2021 | 01 | 21 | 43 | 2021012143 | 购买国债 | 1501 | 长期债券投资 | 250 000.00 | | | | |
| 128 | 2021 | 01 | 21 | 43 | 2021012143 | 购买国债 | 1002 | 银行存款 | | 250 000.00 | 短期投资、长期债券投资和长期股权投资支付的现金 | | |

## 附录一 《Excel在会计实务中的应用》教材演示资料

### 创造公司一月份记账凭证清单

| | A | B | C | D | E | F | G | H | J | K | L |
|---|---|---|---|---|---|---|---|---|---|---|---|
| 2 | 年 | 月 | 日 | 序号 | 凭证编号 | 摘要 | 科目代码 | 总账科目 | 借方金额 | 贷方金额 | 现金流量 |
| 129 | 2021 | 01 | 23 | 44 | 2021012344 | 偿还前欠货款 | 220204 | 应付账款 | 35 000.00 | | |
| 130 | 2021 | 01 | 23 | 44 | 2021012344 | 偿还前欠货款 | 1002 | 银行存款 | | 35 000.00 | 购买原材料、商品、接受劳务支付的现金 |
| 131 | 2021 | 01 | 25 | 45 | 2021012545 | 分期销售商品 | 112201 | 应收账款 | 293 065.50 | | |
| 132 | 2021 | 01 | 25 | 45 | 2021012545 | 分期销售商品 | 5001 | 主营业务收入 | | 259 350.00 | |
| 133 | 2021 | 01 | 25 | 45 | 2021012545 | 分期销售商品 | 22210106 | 应交税费 | | 33 715.50 | |
| 134 | 2021 | 01 | 26 | 46 | 2021012646 | 分期销售收款 | 1002 | 银行存款 | 900 000.00 | | 销售产成品、商品、提供劳务收到的现金 |
| 135 | 2021 | 01 | 26 | 46 | 2021012646 | 分期销售收款 | 112201 | 应收账款 | | 900 000.00 | |
| 136 | 2021 | 01 | 27 | 47 | 2021012747 | 确认坏账 | 5711 | 营业外支出 | 5 000.00 | | |
| 137 | 2021 | 01 | 27 | 47 | 2021012747 | 确认坏账 | 112205 | 应收账款 | | 5 000.00 | |
| 138 | 2021 | 01 | 28 | 48 | 2021012848 | 转应付票据 | 220202 | 应付账款 | 61 133.00 | | |
| 139 | 2021 | 01 | 28 | 48 | 2021012848 | 转应付票据 | 2201 | 应付票据 | | 61 133.00 | |
| 140 | 2021 | 01 | 29 | 49 | 2021012949 | 偿还前欠货款 | 220205 | 应付账款 | 46 330.00 | | |
| 141 | 2021 | 01 | 29 | 49 | 2021012949 | 偿还前欠货款 | 1002 | 银行存款 | | 46 330.00 | 购买原材料、商品、接受劳务支付的现金 |
| 142 | 2021 | 01 | 31 | 50 | 2021013150 | 领料 | 400101 | 生产成本 | 88 911.40 | | |
| 143 | 2021 | 01 | 31 | 50 | 2021013150 | 领料 | 400102 | 生产成本 | 142 462.00 | | |
| 144 | 2021 | 01 | 31 | 50 | 2021013150 | 领料 | 4101 | 制造费用 | 22 500.00 | | |
| 145 | 2021 | 01 | 31 | 50 | 2021013150 | 领料 | 1408 | 委托加工物资 | 61 665.70 | | |
| 146 | 2021 | 01 | 31 | 50 | 2021013150 | 领料 | 140301 | 原材料 | | 120 450.00 | |
| 147 | 2021 | 01 | 31 | 50 | 2021013150 | 领料 | 140302 | 原材料 | | 120 973.10 | |
| 148 | 2021 | 01 | 31 | 50 | 2021013150 | 领料 | 140303 | 原材料 | | 31 416.00 | |
| 149 | 2021 | 01 | 31 | 50 | 2021013150 | 领料 | 140304 | 原材料 | | 22 500.00 | |
| 150 | 2021 | 01 | 31 | 50 | 2021013150 | 领料 | 140305 | 原材料 | | 10 200.00 | |
| 151 | 2021 | 01 | 31 | 50 | 2021013150 | 领料 | 1411 | 周转材料 | | 10 000.00 | |
| 152 | 2021 | 01 | 31 | 51 | 2021013151 | 委托加工入库 | 140501 | 库存商品 | 64 665.70 | | |
| 153 | 2021 | 01 | 31 | 51 | 2021013151 | 委托加工入库 | 1408 | 委托加工物资 | | 64 665.70 | |
| 154 | 2021 | 01 | 31 | 52 | 2021013152 | 工资计提 | 400101 | 生产成本 | 13 800.00 | | |
| 155 | 2021 | 01 | 31 | 52 | 2021013152 | 工资计提 | 400102 | 生产成本 | 30 000.00 | | |
| 156 | 2021 | 01 | 31 | 52 | 2021013152 | 工资计提 | 4101 | 制造费用 | 7 000.00 | | |
| 157 | 2021 | 01 | 31 | 52 | 2021013152 | 工资计提 | 5601 | 销售费用 | 16 200.00 | | |
| 158 | 2021 | 01 | 31 | 52 | 2021013152 | 工资计提 | 560209 | 管理费用 | 53 100.00 | | |
| 159 | 2021 | 01 | 31 | 52 | 2021013152 | 工资计提 | 221101 | 应付职工薪酬 | - | 120 100.00 | |
| 160 | 2021 | 01 | 31 | 53 | 2021013153 | 职工福利\工会\教育 | 400101 | 生产成本 | 2 373.60 | | |
| 161 | 2021 | 01 | 31 | 53 | 2021013153 | 职工福利\工会\教育 | 400102 | 生产成本 | 5 160.00 | | |
| 162 | 2021 | 01 | 31 | 53 | 2021013153 | 职工福利\工会\教育 | 4101 | 制造费用 | 1 204.00 | | |
| 163 | 2021 | 01 | 31 | 53 | 2021013153 | 职工福利\工会\教育 | 5601 | 销售费用 | 2 786.40 | | |
| 164 | 2021 | 01 | 31 | 53 | 2021013153 | 职工福利\工会\教育 | 560214 | 管理费用 | 9 133.20 | | |
| 165 | 2021 | 01 | 31 | 53 | 2021013153 | 职工福利\工会\教育 | 221103 | 应付职工薪酬 | - | 16 814.00 | |
| 166 | 2021 | 01 | 31 | 53 | 2021013153 | 职工福利\工会\教育 | 221106 | 应付职工薪酬 | | 2 402.00 | |
| 167 | 2021 | 01 | 31 | 53 | 2021013153 | 职工福利\工会\教育 | 221107 | 应付职工薪酬 | - | 1 441.20 | |
| 168 | 2021 | 01 | 31 | 54 | 2021013154 | 工资中的代扣款项 | 221101 | 应付职工薪酬 | 21 920.19 | | |
| 169 | 2021 | 01 | 31 | 54 | 2021013154 | 工资中的代扣款项 | 122102 | 其他应收款 | | 9 328.00 | |
| 170 | 2021 | 01 | 31 | 54 | 2021013154 | 工资中的代扣款项 | 122103 | 其他应收款 | | 274.00 | |
| 171 | 2021 | 01 | 31 | 54 | 2021013154 | 工资中的代扣款项 | 122104 | 其他应收款 | | 37.45 | |
| 172 | 2021 | 01 | 31 | 54 | 2021013154 | 工资中的代扣款项 | 224101 | 其他应付款 | | 11 660.00 | |
| 173 | 2021 | 01 | 31 | 54 | 2021013154 | 工资中的代扣款项 | 222112 | 应交税费 | | 620.74 | |

| | A | B | C | D | E | F | G | H | J | K | L | M | N | O |
|---|---|---|---|---|---|---|---|---|---|---|---|---|---|---|
| 1 | | | | | | 创造公司一月份记账凭证清单 | | | | | | | 1001 库存现金 | |
| | | | | | | | | | | | | | 1002 银行存款 | |
| 2 | 年 | 月 | 日 | 序号 | 凭证编号 | 摘要 | 科目代码 | 总账科目 | 借方金额 | 贷方金额 | 现金流量 | | 1012 其他货币资金 | |
| | | | | | | | | | | | | | 1101 结算备付金 | |
| 174 | 2021 | 01 | 31 | 55 | 2021013155 | 分配社会保险、公积 | 400101 | 生产成本 | 3 596.94 | | | | | |
| 175 | 2021 | 01 | 31 | 55 | 2021013155 | 分配社会保险、公积 | 400102 | 生产成本 | 7 805.88 | | | | | |
| 176 | 2021 | 01 | 31 | 55 | 2021013155 | 分配社会保险、公积 | 4101 | 制造费用 | 1 810.98 | | | | | |
| 177 | 2021 | 01 | 31 | 55 | 2021013155 | 分配社会保险、公积 | 5601 | 销售费用 | 4 182.96 | | | | | |
| 178 | 2021 | 01 | 31 | 55 | 2021013155 | 分配社会保险、公积 | 560212 | 管理费用 | 8 428.52 | | | | | |
| 179 | 2021 | 01 | 31 | 55 | 2021013155 | 分配社会保险、公积 | 560213 | 管理费用 | 5 200.00 | | | | | |
| 180 | 2021 | 01 | 31 | 55 | 2021013155 | 分配社会保险、公积 | 221104 | 应付职工薪酬 | | 19 365.28 | | | | |
| 181 | 2021 | 01 | 31 | 55 | 2021013155 | 分配社会保险、公积 | 221105 | 应付职工薪酬 | | 11 660.00 | | | | |
| 182 | 2021 | 01 | 31 | 56 | 2021013156 | 计提折旧 | 400101 | 生产成本 | 19 000.00 | | | | | |
| 183 | 2021 | 01 | 31 | 56 | 2021013156 | 计提折旧 | 400102 | 生产成本 | 37 894.46 | | | | | |
| 184 | 2021 | 01 | 31 | 56 | 2021013156 | 计提折旧 | 4101 | 制造费用 | 1 000.00 | | | | | |
| 185 | 2021 | 01 | 31 | 56 | 2021013156 | 计提折旧 | 560210 | 管理费用 | 9 202.08 | | | | | |
| 186 | 2021 | 01 | 31 | 56 | 2021013156 | 计提折旧 | 5601 | 销售费用 | 10 935.41 | | | | | |
| 187 | 2021 | 01 | 31 | 56 | 2021013156 | 计提折旧 | 5402 | 其他业务成本 | 1 200.00 | | | | | |
| 188 | 2021 | 01 | 31 | 56 | 2021013156 | 计提折旧 | 1602 | 累计折旧 | | 79 231.95 | | | | |
| 189 | 2021 | 01 | 31 | 57 | 2021013157 | 支付电费 | 220201 | 应付账款 | 87 200.00 | | | | | |
| 190 | 2021 | 01 | 31 | 57 | 2021013157 | 支付电费 | 22210101 | 应交税费 | 11 336.00 | | | | | |
| 191 | 2021 | 01 | 31 | 57 | 2021013157 | 支付电费 | 1002 | 银行存款 | | 98 536.00 | 购买原材料、商品、接受劳务支付的现金 | | | |
| 192 | 2021 | 01 | 31 | 58 | 2021013158 | 计提电费 | 400101 | 生产成本 | 36 480.00 | | | | | |
| 193 | 2021 | 01 | 31 | 58 | 2021013158 | 计提电费 | 400102 | 生产成本 | 47 840.00 | | | | | |
| 194 | 2021 | 01 | 31 | 58 | 2021013158 | 计提电费 | 4101 | 制造费用 | 1 104.00 | | | | | |
| 195 | 2021 | 01 | 31 | 58 | 2021013158 | 计提电费 | 560206 | 管理费用 | 1 776.00 | | | | | |
| 196 | 2021 | 01 | 31 | 58 | 2021013158 | 计提电费 | 220201 | 应付账款 | | 87 200.00 | | | | |
| 197 | 2021 | 01 | 31 | 59 | 2021013159 | 计提借款利息 | 5603 | 财务费用 | 2 400.00 | | | | | |
| 198 | 2021 | 01 | 31 | 59 | 2021013159 | 计提借款利息 | 2231 | 应付利息 | | 2 400.00 | | | | |
| 199 | 2021 | 01 | 31 | 60 | 2021013160 | 分配制造费用 | 400101 | 生产成本 | 48 281.61 | | | | | |
| 200 | 2021 | 01 | 31 | 60 | 2021013160 | 分配制造费用 | 400102 | 生产成本 | 73 337.37 | | | | | |
| 201 | 2021 | 01 | 31 | 60 | 2021013160 | 分配制造费用 | 4101 | 制造费用 | | 121 618.98 | | | | |
| 202 | 2021 | 01 | 31 | 61 | 2021013161 | 产品完工入库 | 140501 | 库存商品 | 331 359.05 | | | | | |
| 203 | 2021 | 01 | 31 | 61 | 2021013161 | 产品完工入库 | 140502 | 库存商品 | 989 896.31 | | | | | |
| 204 | 2021 | 01 | 31 | 61 | 2021013161 | 产品完工入库 | 400101 | 生产成本 | | 331 359.05 | | | | |
| 205 | 2021 | 01 | 31 | 61 | 2021013161 | 产品完工入库 | 400102 | 生产成本 | | 989 896.31 | | | | |
| 206 | 2021 | 01 | 31 | 62 | 2021013162 | 发出委托代销商品 | 1409 | 委托代销商品 | 426 624.00 | | | | | |
| 207 | 2021 | 01 | 31 | 62 | 2021013162 | 发出委托代销商品 | 140502 | 库存商品 | | 426 624.00 | | | | |
| 208 | 2021 | 01 | 31 | 63 | 2021013163 | 结转已销产品成本 | 5401 | 主营业务成本 | 2 014 174.40 | | | | | |
| 209 | 2021 | 01 | 31 | 63 | 2021013163 | 结转已销产品成本 | 140501 | 库存商品 | | 156 798.40 | | | | |
| 210 | 2021 | 01 | 31 | 63 | 2021013163 | 结转已销产品成本 | 140502 | 库存商品 | | 1 439 856.00 | | | | |
| 211 | 2021 | 01 | 31 | 63 | 2021013163 | 结转已销产品成本 | 1409 | 委托代销商品 | | 417 520.00 | | | | |
| 212 | 2021 | 01 | 31 | 64 | 2021013164 | 结转增值税 | 22210106 | 应交税费 | 316 720.95 | | | | | |
| 213 | 2021 | 01 | 31 | 64 | 2021013164 | 结转增值税 | 22210101 | 应交税费 | | 76 696.60 | | | | |
| 214 | 2021 | 01 | 31 | 64 | 2021013164 | 结转增值税 | 22210107 | 应交税费 | | 240 024.35 | | | | |
| 215 | 2021 | 01 | 31 | 65 | 2021013165 | 计算本月税费 | 5403 | 税金及附加 | 24 002.43 | | | | | |
| 216 | 2021 | 01 | 31 | 65 | 2021013165 | 计算本月税费 | 222108 | 应交税费 | | 16 801.70 | | | | |
| 217 | 2021 | 01 | 31 | 65 | 2021013165 | 计算本月税费 | 222113 | 应交税费 | | 7 200.73 | | | | |
| 218 | 2021 | 01 | 31 | 66 | 2021013166 | 结转材料成本 | 5402 | 其他业务成本 | 36 135.00 | | | | | |
| 219 | 2021 | 01 | 31 | 66 | 2021013166 | 结转材料成本 | 140301 | 原材料 | | 36 135.00 | | | | |

| | A | B | C | D | E | F | G | H | I | J | K | L |
|---|---|---|---|---|---|---|---|---|---|---|---|---|
| 1 | | | | | | 创造公司一月份记账凭证清单 | | | | | | |
| 2 | 年 | 月 | 日 | 序号 | 凭证编号 | 摘要 | 科目代码 | 总账科目 | 明细科目 | 借方金额 | 贷方金额 | 现金流量 |
| 220 | 2021 | 01 | 31 | 67 | 2021013167 | 向灾区捐款 | 5711 | 营业外支出 | | 20 000.00 | | |
| 221 | 2021 | 01 | 31 | 67 | 2021013167 | 向灾区捐款 | 1002 | 银行存款 | | | 20 000.00 | 支付其他与经营活动有关的现金 |
| 222 | 2021 | 01 | 31 | 68 | 2021013168 | 报废一台电脑 | 1606 | 固定资产清理 | | 10 500.00 | | |
| 223 | 2021 | 01 | 31 | 68 | 2021013168 | 报废一台电脑 | 1602 | 累计折旧 | | 2 100.00 | | |
| 224 | 2021 | 01 | 31 | 68 | 2021013168 | 报废一台电脑 | 1601 | 固定资产 | | | 12 600.00 | |
| 225 | 2021 | 01 | 31 | 69 | 2021013169 | 盘点盘亏现金 | 1901 | 待处理财产损溢 | | 500.00 | | |
| 226 | 2021 | 01 | 31 | 69 | 2021013169 | 盘点盘亏现金 | 1001 | 库存现金 | | | 500.00 | 支付其他与经营活动有关的现金 |
| 227 | 2021 | 01 | 31 | 70 | 2021013170 | 盘点材料 | 140303 | 原材料 | 饰物 | 92.40 | | |
| 228 | 2021 | 01 | 31 | 70 | 2021013170 | 盘点材料 | 1901 | 待处理财产损溢 | | 6 330.10 | | |
| 229 | 2021 | 01 | 31 | 70 | 2021013170 | 盘点材料 | 140305 | 原材料 | 扣子 | 400.00 | | |
| 230 | 2021 | 01 | 31 | 70 | 2021013170 | 盘点材料 | 140301 | 原材料 | 高级羊绒布料 | 6 022.50 | | |
| 231 | 2021 | 01 | 31 | 71 | 2021013171 | 处理现金盘亏 | 122101 | 其他应收款 | 个人其他应收 | 500.00 | | |
| 232 | 2021 | 01 | 31 | 71 | 2021013171 | 处理现金盘亏 | 1901 | 待处理财产损溢 | | | 500.00 | |
| 233 | 2021 | 01 | 31 | 71 | 2021013171 | 处理材料盘点 | 5711 | 营业外支出 | | 6 022.50 | | |
| 234 | 2021 | 01 | 31 | 72 | 2021013172 | 处理材料盘点 | 560214 | 管理费用 | 其他 | 400.00 | | |
| 235 | 2021 | 01 | 31 | 72 | 2021013172 | 处理材料盘点 | 5301 | 营业外收入 | | | 92.40 | |
| 236 | 2021 | 01 | 31 | 72 | 2021013172 | 处理材料盘点 | 1901 | 待处理财产损溢 | | | 6 330.10 | |
| 237 | 2021 | 01 | 31 | 72 | 2021013172 | 摊销无形资产 | 560211 | 管理费用 | 无形资产摊销 | 2 150.00 | | |
| 238 | 2021 | 01 | 31 | 73 | 2021013173 | 摊销无形资产 | 1702 | 累计摊销 | | | 2 150.00 | |
| 239 | 2021 | 01 | 31 | 74 | 2021013174 | 计算本月应交企业所得税 | 5801 | 所得税费用 | | 35 252.13 | | |
| 240 | 2021 | 01 | 31 | 74 | 2021013174 | 计算本月应交企业所得税 | 222106 | 应交税费 | 应交所得税 | | 35 252.13 | |
| 241 | 2021 | 01 | 31 | 75 | 2021013175 | 结转损益 | 5001 | 主营业务收入 | | 2 394 315.00 | | |
| 242 | 2021 | 01 | 31 | 75 | 2021013175 | 结转损益 | 5051 | 其他业务收入 | | 42 000.00 | | |
| 243 | 2021 | 01 | 31 | 75 | 2021013175 | 结转损益 | 5301 | 营业外收入 | | 3 492.40 | | |
| 244 | 2021 | 01 | 31 | 75 | 2021013175 | 结转损益 | 3103 | 本年利润 | | | 2 439 807.40 | |
| 245 | 2021 | 01 | 31 | 76 | 2021013176 | 结转损益 | 3103 | 本年利润 | | 2 334 051.03 | | |
| 246 | 2021 | 01 | 31 | 76 | 2021013176 | 结转损益 | 5401 | 主营业务成本 | | | 2 014 174.40 | |
| 247 | 2021 | 01 | 31 | 76 | 2021013176 | 结转损益 | 5402 | 其他业务成本 | | | 37 335.00 | |
| 248 | 2021 | 01 | 31 | 76 | 2021013176 | 结转损益 | 5403 | 税金及附加 | | | 24 002.43 | |
| 249 | 2021 | 01 | 31 | 76 | 2021013176 | 结转损益 | 5601 | 销售费用 | | | 90 889.77 | |
| 250 | 2021 | 01 | 31 | 76 | 2021013176 | 结转损益 | 560209 | 管理费用 | 员工工资 | | 53 100.00 | |
| 251 | 2021 | 01 | 31 | 76 | 2021013176 | 结转损益 | 560212 | 管理费用 | 社会保险 | | 8 428.52 | |
| 252 | 2021 | 01 | 31 | 76 | 2021013176 | 结转损益 | 560213 | 管理费用 | 公积金 | | 5 200.00 | |
| 253 | 2021 | 01 | 31 | 76 | 2021013176 | 结转损益 | 560210 | 管理费用 | 折旧 | | 9 202.08 | |
| 254 | 2021 | 01 | 31 | 76 | 2021013176 | 结转损益 | 560205 | 管理费用 | 办公费 | | 500.00 | |
| 255 | 2021 | 01 | 31 | 76 | 2021013176 | 结转损益 | 560214 | 管理费用 | 其他 | | 9 533.20 | |
| 256 | 2021 | 01 | 31 | 76 | 2021013176 | 结转损益 | 560206 | 管理费用 | 水电费 | | 1 776.00 | |
| 257 | 2021 | 01 | 31 | 76 | 2021013176 | 结转损益 | 560211 | 管理费用 | 无形资产摊销 | | 2 150.00 | |
| 258 | 2021 | 01 | 31 | 76 | 2021013176 | 结转损益 | 5603 | 财务费用 | | | 11 485.00 | |
| 259 | 2021 | 01 | 31 | 76 | 2021013176 | 结转损益 | 5711 | 营业外支出 | | | 31 022.50 | |
| 260 | 2021 | 01 | 31 | 76 | 2021013176 | 结转损益 | 5801 | 所得税费用 | | | 35 252.13 | |

图附 1-2

# 附录二 综合实训资料

## 一、实验目的

为与会计实务工作中的应用接轨,根据一套具有 3 个连续月份的会计资料,进行账簿设计、填制凭证、登记账簿等操作。

## 二、实验要求

1. 根据实验资料,完成基础设置、有效科目代码设置、记账凭证清单设计、凭证打印设置、余额表设置、科目汇总表设置、三栏式总账设计以及资产负债表和利润表的设置工作。

2. 将 3 个月的业务资料分别录入 3 个文件中,形成 3 个东莞市新元素服装有限公司账簿。如"东莞市新元素服装有限公司(10 月份).xlsx""东莞市新元素服装有限公司(11 月份).xlsx"和"东莞市新元素服装有限公司(12 月份).xlsx"。

## 三、实验资料

东莞市新元素服装有限公司于 2020 年 10 月由总经理李明和三元公司共同出资创建,为增值税一般纳税人,适用增值税税率为 13%。存货核算采用实际成本法,存货发出单价按月末一次加权平均法核算,企业所得税税率 25%。该公司 10 月份共有 5 名员工,从 11 月份开始员工增加到 35 名。其中,管理部门 11 人;销售部门 4 人;生产部门 18 人。公司生产部下设生产一部和生产二部,分别从事夹克衫和裤子生产工作。

2020 年 10 月建账时,有关会计科目及其余额如表附 1-2 所示。

表附 1-2　余额表

| 科目代码 | 总账科目 | 明细科目 | 借方金额 | 贷方金额 |
|---|---|---|---|---|
| 1001 | 库存现金 | | 0 | 0 |
| 1002 | 银行存款 | | 0 | 0 |
| 1122 | 应收账款 | | 0 | 0 |
| 112201 | 应收账款 | 东莞市天虹商场有限公司 | 0 | 0 |
| 112202 | 应收账款 | 东莞市新兴制衣有限公司 | 0 | 0 |

(续表)

| 科目代码 | 总账科目 | 明细科目 | 借方金额 | 贷方金额 |
|---|---|---|---|---|
| 112203 | 应收账款 | 广百天河中怡店 | 0 | 0 |
| 1123 | 预付账款 | | 0 | 0 |
| 112301 | 预付账款 | 东莞市飞鹰纺织品有限公司 | 0 | 0 |
| 1221 | 其他应收款 | | 0 | 0 |
| 122101 | 其他应收款 | 李明 | 0 | 0 |
| 1402 | 在途物资 | | 0 | 0 |
| 1403 | 原材料 | | 0 | 0 |
| 140301 | 原材料 | 高级棉毛布料 | 0 | 0 |
| 140302 | 原材料 | 混纺布料 | 0 | 0 |
| 1405 | 库存商品 | | 0 | 0 |
| 140501 | 库存商品 | 夹克衫 | 0 | 0 |
| 140502 | 库存商品 | 裤子 | 0 | 0 |
| 1601 | 固定资产 | | 0 | 0 |
| 1602 | 累计折旧 | | 0 | 0 |
| 1701 | 无形资产 | | 0 | 0 |
| 1702 | 累计摊销 | | 0 | 0 |
| 1901 | 待处理财产损溢 | | 0 | 0 |
| 2001 | 短期借款 | | 0 | 0 |
| 2202 | 应付账款 | | 0 | 0 |
| 220201 | 应付账款 | 东莞市联想专营店 | 0 | 0 |
| 2203 | 预收账款 | | 0 | 0 |
| 2211 | 应付职工薪酬 | | 0 | 0 |
| 221101 | 应付职工薪酬 | 工资 | 0 | 0 |
| 221102 | 应付职工薪酬 | 职工福利 | 0 | 0 |
| 221103 | 应付职工薪酬 | 养老保险 | 0 | 0 |
| 221104 | 应付职工薪酬 | 医疗保险 | 0 | 0 |
| 221105 | 应付职工薪酬 | 失业保险 | 0 | 0 |
| 221106 | 应付职工薪酬 | 工伤保险 | 0 | 0 |
| 221107 | 应付职工薪酬 | 住房公积金 | 0 | 0 |
| 2221 | 应交税费 | | 0 | 0 |
| 222101 | 应交税费 | 应交增值税 | 0 | 0 |

（续表）

| 科目代码 | 总账科目 | 明细科目 | 借方金额 | 贷方金额 |
|---|---|---|---|---|
| 22210101 | 应交税费 | 应交增值税(进项税额) | 0 | 0 |
| 22210106 | 应交税费 | 应交增值税(销项税额) | 0 | 0 |
| 22210107 | 应交税费 | 应交增值税(已交税金) | 0 | 0 |
| 22210108 | 应交税费 | 应交增值税(转出多交增值税) | 0 | 0 |
| 22210109 | 应交税费 | 应交增值税(转出未交增值税) | 0 | 0 |
| 222102 | 应交税费 | 未交增值税 | 0 | 0 |
| 222106 | 应交税费 | 应交所得税 | 0 | 0 |
| 222108 | 应交税费 | 应交城市维护建设税 | 0 | 0 |
| 222112 | 应交税费 | 应交个人所得税 | 0 | 0 |
| 222113 | 应交税费 | 教育费附加 | 0 | 0 |
| 222114 | 应交税费 | 地方教育费附加 | 0 | 0 |
| 2231 | 应付利息 | | 0 | 0 |
| 2232 | 应付利润 | | 0 | 0 |
| 2241 | 其他应付款 | | 0 | 0 |
| 224101 | 其他应付款 | 养老保险 | 0 | 0 |
| 224102 | 其他应付款 | 医疗保险 | 0 | 0 |
| 224103 | 其他应付款 | 失业保险 | 0 | 0 |
| 224104 | 其他应付款 | 住房公积金 | 0 | 0 |
| 2501 | 长期借款 | | 0 | 0 |
| 4001 | 实收资本 | | 0 | 0 |
| 400101 | 实收资本 | 三元公司 | 0 | 0 |
| 400102 | 实收资本 | 李明 | 0 | 0 |
| 4002 | 资本公积 | | 0 | 0 |
| 4101 | 盈余公积 | | 0 | 0 |
| 410101 | 盈余公积 | 法定盈余公积 | 0 | 0 |
| 4103 | 本年利润 | | 0 | 0 |
| 4104 | 利润分配 | | 0 | 0 |
| 410401 | 利润分配 | 未分配利润 | 0 | 0 |
| 410402 | 利润分配 | 应付利润 | 0 | 0 |
| 410403 | 利润分配 | 提取法定盈余公积 | 0 | 0 |
| 5001 | 生产成本 | | 0 | 0 |

(续表)

| 科目代码 | 总账科目 | 明细科目 | 借方金额 | 贷方金额 |
|---|---|---|---|---|
| 500101 | 生产成本 | 夹克衫 | 0 | 0 |
| 50010101 | 生产成本 | 夹克衫－直接材料 | 0 | 0 |
| 50010102 | 生产成本 | 夹克衫－直接人工 | 0 | 0 |
| 50010103 | 生产成本 | 夹克衫－制造费用 | 0 | 0 |
| 500102 | 生产成本 | 裤子 | 0 | 0 |
| 50010201 | 生产成本 | 裤子－直接材料 | 0 | 0 |
| 50010202 | 生产成本 | 裤子－直接人工 | 0 | 0 |
| 50010203 | 生产成本 | 裤子－制造费用 | 0 | 0 |
| 5101 | 制造费用 |  | 0 | 0 |
| 6001 | 主营业务收入 |  | 0 | 0 |
| 6051 | 其他业务收入 |  | 0 | 0 |
| 6111 | 投资收益 |  | 0 | 0 |
| 6301 | 营业外收入 |  | 0 | 0 |
| 6401 | 主营业务成本 |  | 0 | 0 |
| 6402 | 其他业务成本 |  | 0 | 0 |
| 6403 | 税金及附加 |  | 0 | 0 |
| 6601 | 销售费用 |  | 0 | 0 |
| 6602 | 管理费用 |  | 0 | 0 |
| 660201 | 管理费用 | 办公费 | 0 | 0 |
| 660202 | 管理费用 | 工资 | 0 | 0 |
| 660203 | 管理费用 | 无形资产摊销 | 0 | 0 |
| 660204 | 管理费用 | 社会保险 | 0 | 0 |
| 660205 | 管理费用 | 住房公积金 | 0 | 0 |
| 660206 | 管理费用 | 开办费 | 0 | 0 |
| 660207 | 管理费用 | 差旅费 | 0 | 0 |
| 660208 | 管理费用 | 水电费 | 0 | 0 |
| 660209 | 管理费用 | 折旧费 | 0 | 0 |
| 660210 | 管理费用 | 税费 | 0 | 0 |
| 6603 | 财务费用 |  | 0 | 0 |
| 6711 | 营业外支出 |  | 0 | 0 |
| 6801 | 所得税费用 |  | 0 | 0 |

（一）2020 年 10 月份共发生下列经济业务事项：

1. 11 日，收到三元公司投资入股 10 万元的支票一张，出纳员将支票送到建行并取回进账单回单。同日，收到李明投资 15 万元的进账单回单。

2. 11 日，总经理以自己注册的男装品牌——新元素，作为投资，资产评估公司评估认定该项资产价值 12 万元，预计使用年限 5 年。

3. 12 日，三元公司服装生产线按评估价 82.68 万元作为投入资本，增值税专用发票注明增值税额为 107 484 元。

4. 21 日，公司从建行东莞市建业支行取得长期借款 20 万元，期限 3 年，年利率 6%，按年付息，到期还本。该行将这笔资金划入企业的账户上。

5. 21 日，出纳员用自己的 25 元现金从开户行购得支票一本（银行支票工本费），顺便提取现金 5 000 元备用。

6. 23 日，自东莞市联大家私有限公司购入工作台 8 套，单价 200 元。增值税专用发票注明价款 1 600 元，增值税 208 元。款项以转账支票支付。

7. 24 日，自东莞市天源电脑城联想专卖店购入联想台式电脑 8 台，不含税单价 4 800 元，联想笔记本电脑一台，不含税单价 12 600 元，打印复印一体机一台，不含税单价 4 200 元。合计价款 55 200 元，增值税 7 176 元。款项尚未支付。

8. 31 日，计提本月工资、代扣个人承担的三险一金和个人所得税及企业计提四险一金。如图附 1-3、图附 1-4 所示。

| 行标签 | 应付工资 | 养老保险 | 医疗保险 | 失业保险 | 扣三保合计 | 住房公积金 | 本月应补个税 | 实发工资 |
|---|---|---|---|---|---|---|---|---|
| 行政部 | 14 500.00 | 1 160.00 | 290.00 | 29.00 | 1 479.00 | 1 015.00 | 28.56 | 11 977.44 |
| 财务部 | 17 300.00 | 1 384.00 | 346.00 | 34.60 | 1 764.60 | 1 211.00 | 0.00 | 14 324.40 |
| 总计 | 31 800.00 | 2 544.00 | 636.00 | 63.60 | 3 243.60 | 2 226.00 | 28.56 | 26 301.84 |

图附 1-3

| | A | B | C | D | E | F | G | H | I | J | K |
|---|---|---|---|---|---|---|---|---|---|---|---|
| 1 | 部门 | 部门明细 | 日期 | 应付工资 | 养老保险 | 医疗保险 | 失业保险 | 工伤保险 | 社保合计 | 住房公积金 | 社保及公积金合计 |
| 2 | 管理 | 行政部 | 2020-10-31 | 14 500.00 | 1 885.00 | 812.00 | 72.50 | 72.50 | 2 842.00 | 1 015.00 | 3 857.00 |
| 3 | 管理 | 财务部 | 2020-10-31 | 17 300.00 | 2 249.00 | 968.80 | 86.50 | 86.50 | 3 390.80 | 1 211.00 | 4 601.80 |
| 4 | | | 本月小计 | 31 800.00 | 4 134.00 | 1 780.80 | 159.00 | 159.00 | 6 232.80 | 2 226.00 | 8 458.80 |

图附 1-4

9. 31 日，刘进在东莞市账源商店购入会计用办公用品若干，价款 625 元，增值税 81.25 元，价税合计 706.25 元，以现金付讫。

10. 用银行存款购买实收资本印花税及账簿印花税，其中注册资本为 1 304 284.00 元，税率为 0.5‰，账簿 10 本，每本 5 元，共计 702.14 元。

11. 月末进行无形资产摊销。如图附 1-5 所示。

| | A | B | C |
|---|---|---|---|
| 1 | 无形资产摊销计算简表 | | |
| 2 | 项目 | 计算公式 | 数据 |
| 3 | 无形资产 | | 120 000（元） |
| 4 | 可使用时间 | | 60（月） |
| 5 | 平均每月分摊成本 | 每月摊销额=无形资产/可使用时间 | 2,000（元） |

图附 1-5

12. 月末,根据利息计算表计提银行借款利息。如图附 1-6 所示。

| | A | B | C | D | E | F |
|---|---|---|---|---|---|---|
| 1 | | | 长期借款利息计算表 | | | |
| 2 | 项目 | 本金 | 起止时间 | 月利率 | 每月利息金额 | 计息月份 |
| 3 | 长期借款 | 200 000.00 | 2020年10月21日至2023年10月20日 | 0.50% | 333.33 | 2020年10月份 |
| 4 | | | | | | |
| 5 | | | | | | |
| 6 | | | | | | |
| 7 | | | | | | |
| 8 | | | | | | |
| 9 | | | | | | |
| 10 | 合计 | 200 000.00 | - | - | 333.33 | - |
| 11 | 复核:赵才 | | | | | 制表:刘进 |

图附 1-6

13. 月末,转出本月多交增值税。
14. 月末,结转本月损益。

2020 年 10 月份参考分录如下:

1. 借:银行存款　　　　　　　　　　　　　　　　　　　　　　　250 000
　　　贷:实收资本——三元公司　　　　　　　　　　　　　　　100 000
　　　　　　　　——李明　　　　　　　　　　　　　　　　　　150 000

2. 借:无形资产　　　　　　　　　　　　　　　　　　　　　　　120 000
　　　贷:实收资本——李明　　　　　　　　　　　　　　　　　120 000

3. 借:固定资产　　　　　　　　　　　　　　　　　　　　　　　826 800
　　　应交税费——应交增值税(进项税额)　　　　　　　　　　107 484
　　　贷:实收资本——三元公司　　　　　　　　　　　　　　　934 284

4. 借:银行存款　　　　　　　　　　　　　　　　　　　　　　　200 000
　　　贷:长期借款　　　　　　　　　　　　　　　　　　　　　　200 000

5. 借:库存现金　　　　　　　　　　　　　　　　　　　　　　　4 975
　　　管理费用——办公费　　　　　　　　　　　　　　　　　　25
　　　贷:银行存款　　　　　　　　　　　　　　　　　　　　　　5 000

6. 借:固定资产　　　　　　　　　　　　　　　　　　　　　　　1 600
　　　应交税费——应交增值税(进项税额)　　　　　　　　　　208
　　　贷:银行存款　　　　　　　　　　　　　　　　　　　　　　1 808

7. 借:固定资产　　　　　　　　　　　　　　　　　　　　　　　55 200
　　　应交税费——应交增值税(进项税额)　　　　　　　　　　7 176
　　　贷:应付账款——东莞市联想专营店　　　　　　　　　　　62 376

8. (1)计提工资:

借:管理费用——工资　　　　　　　　　　　　　　　　　　　31 800.00
　　贷:应付职工薪酬——工资　　　　　　　　　　　　　　　　31 800.00

(2) 代扣个人承担的三险一金和个人所得税：

借：应付职工薪酬——工资　　　　　　　　　　　　　　　5 498.16
　　贷：其他应付款——养老保险　　　　　　　　　　　　　　2 544.00
　　　　　　　　　——医疗保险　　　　　　　　　　　　　　　636.00
　　　　　　　　　——失业保险　　　　　　　　　　　　　　　 63.60
　　　　　　　　　——住房公积金　　　　　　　　　　　　　2 226.00
　　　　应交税费——应交个人所得税　　　　　　　　　　　　　 28.56

(3) 企业计提四险一金：

借：管理费用——社会保险　　　　　　　　　　　　　　　　6 232.80
　　　　　——住房公积金　　　　　　　　　　　　　　　　2 226.00
　　贷：应付职工薪酬——养老保险　　　　　　　　　　　　　4 134.00
　　　　　　　　　　——医疗保险　　　　　　　　　　　　 1 780.80
　　　　　　　　　　——失业保险　　　　　　　　　　　　　 159.00
　　　　　　　　　　——工伤保险　　　　　　　　　　　　　 159.00
　　　　　　　　　　——住房公积金　　　　　　　　　　　　2 226.00

9. 借：管理费用——办公费　　　　　　　　　　　　　　　　　625.00
　　　应交税费——应交增值税(进项税额)　　　　　　　　　　　81.25
　　贷：库存现金　　　　　　　　　　　　　　　　　　　　　 706.25

10. 借：管理费用——开办费　　　　　　　　　　　　　　　　　702.14
　　　贷：银行存款　　　　　　　　　　　　　　　　　　　　 702.14

11. 借：管理费用——无形资产摊销　　　　　　　　　　　　　2 000
　　　贷：累计摊销　　　　　　　　　　　　　　　　　　　2 000

12. 借：管理费用　　　　　　　　　　　　　　　　　　　　　 333.33
　　　贷：应付利息　　　　　　　　　　　　　　　　　　　　 333.33

13. 借：应交税费——未交增值税　　　　　　　　　　　　　114 949.25
　　　贷：应交税费——应交增值税(转出多交增值税)　　　　114 949.25

14. 借：本年利润　　　　　　　　　　　　　　　　　　　　43 848.87
　　　贷：管理费用——开办费　　　　　　　　　　　　　　33 485.47
　　　　　　　　　——无形资产摊销　　　　　　　　　　　2 000.00
　　　　　　　　　——社会保险　　　　　　　　　　　　　6 137.40
　　　　　　　　　——住房公积金　　　　　　　　　　　　2 226.00

(二) 2020 年 11 月份共发生下列经济业务事项：

1. 1 日，按租赁合同(厂房租期 5 年，年租金 72 000 元，从 11 月 1 日开始承租，租金每月第 1 个法定工作日支付)，出纳员王喜财开出一张转账支票送给寮步镇横坑村村民委员会，用于支付 11 月份的厂房租金 6 000 元。

2. 1 日，按采购计划采购高级棉毛布料 1 200 米，每米 100 元，混纺布料 900 米，每米 60

元,增值税专用发票注明料款 174 000 元,增值税 22 620 元,以转账支票支付。取得运费增值税专用发票,注明运费 372 元,增值税 33.48 元,经批准以现金支付。全部面料已验收入库。运费分配如图附 1-7 所示。

运费分配表
2020年11月1日　　　　单位:元

| 材料名称 | 分配标准（数量） | 分配率 | 分配额 | 备注 |
|---|---|---|---|---|
| 高级棉毛布料 | 1 200.00 |  | 212.57 |  |
| 混纺布料 | 900.00 |  | 159.43 |  |
|  |  |  | - |  |
|  |  |  | - |  |
| 合　计 | 2 100.00 | 0.18 | 372.00 |  |

图附 1-7

3. 5 日,生产部按生产计划领料。其中,领取用于生产夹克衫的高级棉毛布料 500 米,生产裤子的混纺布料 500 米。附领料单 2 张。(暂时不做分录,期末一起处理)

4. 8 日,总经理李明去广州出差,预借差旅费 1 000 元,填好借款单交给出纳。出纳员当即付给现金并加盖了"现金付讫"章。

5. 9 日,总经理李明出差回来到财务部报销差旅费。其中两张汽车票共计 160 元,按本公司财务会计制度的有关规定每天补助 350 元,2 天共 700 元。李明交回余款后,出纳员在费用报销单上加盖了现金收讫章。

6. 10 日,出纳员王喜财开出一张支票支付上月 24 日在天源电脑城购入电脑的未付款项。

7. 12 日,出纳员王喜财去建业支行取回一张电子缴税系统回单,系 10 月份代扣个人所得税 73.56 元。

8. 15 日,按 10 月份工资计算表实发工资合计,出纳员王喜财开出现金支票去银行提取现金 26 256.84 元。

9. 16 日发放工资。

10. 16 日,按生产计划去仓库领料。其中高级棉毛布料 450 米,混纺布料 350 米。(暂时不做分录,期末一起处理)

11. 17 日,入库夹克衫 400 件和裤子 500 条。(暂时不做分录,期末一起处理)

12. 18 日,在南方都市报刊登广告,王喜财开出转账支票支付广告费,收到增值税专用发票 2 张,其中广告费 50 000 元,增值税 3 000 元。

13. 19 日,采购员李思源经批准为生产车间以现金购买一批劳保用品,取得增值税专用发票 2 张,其中货款 520 元,增值税 67.6 元。出纳员依据增值税专用发票及费用报销单支付现金给采购员。该批劳保用品直接送到生产车间。

14. 22 日,销售部与东莞市天虹商场有限公司签订合同,以每件 1 000 元的不含税价销售夹克衫 300 件,以每条 200 元的不含税价销售裤子 450 条。开出增值税专用发票,货款 390 000 元,增值税 50 700 元。已办理出库手续。

15. 23 日,生产部职工王国强因家庭突发火灾造成重大损失,申请生活困难补助 2 000

元。当日即获得有关部门领导的批准。财务部根据批示,以现金支付。

16. 26日,收到东莞市天虹商场有限公司交来的偿付22日购货款的支票一张,当日办理进账。

17. 26日,开出增值税专用发票,以单价120元出售高级棉毛布料50米给东莞市新兴制衣有限公司,销售部办理了领料手续。

18. 29日,入库夹克衫350件和裤子400条。(暂时不做分录,期末一起处理)

19. 30日,销售商品给广百天河中怡店。其中夹克衫300件,单价1100元;裤子400条,单价220元。货已发出,增值税专用发票已开。货款暂未收到。

20. 月末,汇总本月发出材料。发出材料成本计算表,如图附1-8、图附1-9所示。

发出材料成本计算表
2020年11月30日

| 材料名称 | 期初结存 | | | 本期购进 | | | 期末结存 | | | 加权平均单价 | 本期发出 | |
|---|---|---|---|---|---|---|---|---|---|---|---|---|
| | 数量 | 单价 | 金额 | 数量 | 单价 | 金额 | 数量 | 单价 | 金额 | | 数量 | 金额 |
| 高级棉毛布料 | 0 | 0 | 0 | 1 200.00 | 100.00 | 120 212.57 | 200.00 | 100.18 | 20 035.43 | 100.18 | 1 000.00 | 100 177.14 |
| 混纺布料 | 0 | 0 | 0 | 900.00 | 60.00 | 54 159.43 | 50.00 | 60.18 | 3 008.86 | 60.18 | 850.00 | 51 150.57 |
| 合计 | — | — | 0 | — | — | 174 372.00 | — | — | 23 044.29 | — | — | 151 327.71 |

图附1-8

发出材料汇总表
2020年11月30日

| 项目 | 高级棉毛布料 | | 混纺布料 | | 金额合计 |
|---|---|---|---|---|---|
| | 数量(米) | 金额(元) | 数量(米) | 金额(元) | |
| 生产夹克衫 | 950.00 | 95 168.29 | | | 95 168.29 |
| 生产裤子 | | - | 850.00 | 51 150.57 | 51 150.57 |
| 销售材料 | 50.00 | 5 008.86 | | | 5 008.86 |
| 合计 | 1 000.00 | 100 177.15 | 850.00 | 51 150.57 | 151 327.71 |

图附1-9

21. 月末,预提银行借款利息。附长期借款利息计算表,如图附1-10所示。

| | A | B | C | D | E | F |
|---|---|---|---|---|---|---|
| 1 | 长期借款利息计算表 | | | | | |
| 2 | 项目 | 本金 | 起止时间 | 月利率 | 每月利息金额 | 计息月份 |
| 3 | 长期借款 | 200 000.00 | 2020年10月21日至2023年10月20日 | 0.50% | 333.33 | 2020年10月份 |
| 4 | | | | | 1 000.00 | 2020年11月份 |
| 5 | | | | | | |
| 6 | | | | | | |
| 7 | | | | | | |
| 8 | | | | | | |
| 9 | | | | | | |
| 10 | 合计 | 200 000.00 | - | - | 1 333.33 | |
| 11 | 复核:赵才 | | | | 制表:刘进 | |

图附1-10

22. 月末,根据无形资产摊销简表摊销无形资产。附无形资产摊销简表,如图附1-11所示。

**无形资产摊销计算简表**

| 项目 | 计算公式 | 数据 |
|---|---|---|
| 无形资产 | | 120 000（元） |
| 可使用时间 | | 60（月） |
| 平均每月分摊成本 | 每月摊销额=无形资产/可使用时间 | 2 000（元） |

图附 1-11

23. 月末,计算本月工资、代扣个人承担的三险一金和个人所得税以及计提企业承担的四险一金。

（1）根据图附 1-12 计提本月工资。

| 行标签 | 应付工资 | 养老保险 | 医疗保险 | 失业保险 | 扣三保合计 | 住房公积金 | 本月应补个税 | 实发工资 |
|---|---|---|---|---|---|---|---|---|
| 行政部 | 14 500.00 | 1 160.00 | 290.00 | 29.00 | 1 479.00 | 1 015.00 | 46.56 | 11 959.44 |
| 财务部 | 17 300.00 | 1 384.00 | 346.00 | 34.60 | 1 764.60 | 1 211.00 | 0.00 | 14 324.40 |
| 采购部 | 10 000.00 | 800.00 | 200.00 | 20.00 | 1 020.00 | 700.00 | 0.00 | 8 280.00 |
| 仓管部 | 19 300.00 | 1 544.00 | 386.00 | 38.60 | 1 968.60 | 1 351.00 | 0.00 | 15 980.40 |
| 销售部 | 40 200.00 | 3 216.00 | 804.00 | 80.40 | 4 100.40 | 2 814.00 | 308.57 | 32 977.03 |
| 车间管理 | 13 800.00 | 1 104.00 | 276.00 | 27.60 | 1 407.60 | 966.00 | 0.00 | 11 426.40 |
| 生产一部 | 68 900.00 | 5 512.00 | 1 378.00 | 137.80 | 7 027.80 | 4 823.00 | 0.00 | 57 049.20 |
| 生产二部 | 34 700.00 | 2 776.00 | 694.00 | 69.40 | 3 539.40 | 2 429.00 | 0.00 | 28 731.60 |
| 总计 | 218 700.00 | 17 496.00 | 4 374.00 | 437.40 | 22 307.40 | 15 309.00 | 355.13 | 180 728.47 |

图附 1-12

（2）根据图附 1-12 计算代扣个人承担的三险一金和个人所得税。

（3）根据图附 1-13 计算企业承担的四险一金。

| | A 部门 | B 部门明细 | C 日期 | D 应付工资 | E 养老保险 | F 医疗保险 | G 失业保险 | H 工伤保险 | I 社保合计 | J 住房公积金 | K 社保及公积金合计 |
|---|---|---|---|---|---|---|---|---|---|---|---|
| 5 | 管理 | 行政部 | 2020-11-30 | 14 500.00 | 1 885.00 | 812.00 | 72.50 | 72.50 | 2 842.00 | 1 015.00 | 3 857.00 |
| 6 | 管理 | 财务部 | 2020-11-30 | 17 300.00 | 2 249.00 | 968.80 | 86.50 | 86.50 | 3 390.80 | 1 211.00 | 4 601.80 |
| 7 | 管理 | 采购部 | 2020-11-30 | 10 000.00 | 1 300.00 | 560.00 | 50.00 | 50.00 | 1 960.00 | 700.00 | 2 660.00 |
| 8 | 管理 | 仓管部 | 2020-11-30 | 19 300.00 | 2 509.00 | 1 080.80 | 96.50 | 96.50 | 3 782.80 | 1 351.00 | 5 133.80 |
| 9 | 销售 | 销售部 | 2020-11-30 | 40 200.00 | 5 226.00 | 2 251.20 | 201.00 | 201.00 | 7 879.20 | 2 814.00 | 10 693.20 |
| 10 | 车间 | 车间管理 | 2020-11-30 | 13 800.00 | 1 794.00 | 772.80 | 69.00 | 69.00 | 2 704.80 | 966.00 | 3 670.80 |
| 11 | 生产 | 生产一部 | 2020-11-30 | 68 900.00 | 8 957.00 | 3 858.40 | 344.50 | 344.50 | 13 504.40 | 4 823.00 | 18 327.40 |
| 12 | 生产 | 生产二部 | 2020-11-30 | 34 700.00 | 4 511.00 | 1 943.20 | 173.50 | 173.50 | 6 801.20 | 2 429.00 | 9 230.20 |
| 13 | 本月小计 | | | 218 700.00 | 28 431.00 | 12 247.20 | 1 093.50 | 1 093.50 | 42 865.20 | 15 309.00 | 58 174.20 |

图附 1-13

24. 30 日,收到银行代扣本月电费的收账通知及增值税专用发票,其中电费 8 597 元,增值税 1 117.61 元。具体用电数据如图附 1-14 所示。

**电费分配表**
2020-11-30

| 项目 | 使用量（千瓦时） | 分配率 | 分配金额（元） |
|---|---|---|---|
| 行政部 | 120.00 | | 120.00 |
| 财务部 | 198.00 | | 198.00 |
| 采购部 | 95.00 | | 95.00 |
| 仓管部 | 82.00 | 1.00 | 82.00 |
| 销售部 | 227.00 | | 227.00 |
| 车间 | 500.00 | | 500.00 |
| 生产一部 | 3 815.00 | | 3 815.00 |
| 生产二部 | 3 560.00 | | 3 560.00 |
| 合计 | 8 597.00 | - | 8 597.00 |

审核：赵才　　　　　　　　　　　制表：刘进

图附 1-14

分配率＝用电金额合计÷用电量合计
= 8 597.00 ÷ 8 597 = 1.00

25. 30日，根据采购合同，开出转账支票50 000元预付东莞市飞鹰纺织品有限公司货款。

26. 计提固定资产折旧。固定资产折旧计算表，如图附1-15所示。

| 使用部门 | 费用类别 | 名称 | 增加来源 | 增加数量 | 增加原值 | 入账日期 | 预计使用年限 | 年折旧率 | 净残值率 | 原提折旧 | 减少去向 | 减少数量 | 减少原值 | 待提折旧原值 | 当月折旧额 | 请输入折旧月份的月末日期 |
|---|---|---|---|---|---|---|---|---|---|---|---|---|---|---|---|---|
| 行政部 | 管理费用 | 笔记本电脑 | 购入 | 1 | 12 600.00 | 2020-10-24 | 5 | 20% | 5% | - | | - | | 12 600.00 | 199.50 | 2020年11月30日 |
| 行政部 | 管理费用 | 台式电脑 | 购入 | 1 | 4 800.00 | 2020-10-24 | 5 | 20% | 5% | - | | - | | 4 800.00 | 76.00 | |
| 行政部 | 管理费用 | 工作台 | 购入 | 2 | 400.00 | 2020-10-23 | 5 | 20% | 5% | - | | - | | 400.00 | 6.33 | |
| 财务部 | 管理费用 | 一体机 | 购入 | 1 | 4 200.00 | 2020-10-24 | 5 | 20% | 5% | - | | - | | 4 200.00 | 66.50 | |
| 财务部 | 管理费用 | 台式电脑 | 购入 | 2 | 9 600.00 | 2020-10-24 | 5 | 20% | 5% | - | | - | | 9 600.00 | 152.00 | |
| 财务部 | 管理费用 | 工作台 | 购入 | 3 | 600.00 | 2020-10-23 | 5 | 20% | 5% | - | | - | | 600.00 | 9.50 | |
| 采购部 | 管理费用 | 台式电脑 | 购入 | 1 | 4 800.00 | 2020-10-24 | 5 | 20% | 5% | - | | - | | 4 800.00 | 76.00 | |
| 采购部 | 管理费用 | 工作台 | 购入 | 1 | 200.00 | 2020-10-23 | 5 | 20% | 5% | - | | - | | 200.00 | 3.17 | |
| 仓库 | 管理费用 | 台式电脑 | 购入 | 1 | 4 800.00 | 2020-10-24 | 5 | 20% | 5% | - | | - | | 4 800.00 | 76.00 | |
| 仓库 | 管理费用 | 工作台 | 购入 | 1 | 200.00 | 2020-10-23 | 5 | 20% | 5% | - | | - | | 200.00 | 3.17 | |
| 销售部 | 销售费用 | 台式电脑 | 购入 | 1 | 4 800.00 | 2020-10-24 | 5 | 20% | 5% | - | | - | | 4 800.00 | 76.00 | |
| 销售部 | 销售费用 | 工作台 | 购入 | 1 | 200.00 | 2020-10-23 | 5 | 20% | 5% | - | | - | | 200.00 | 3.17 | |
| 车间 | 制造费用 | 台式电脑 | 购入 | 1 | 4 800.00 | 2020-10-24 | 5 | 20% | 5% | - | | - | | 4 800.00 | 76.00 | |
| 车间 | 制造费用 | 工作台 | 购入 | 1 | 200.00 | 2020-10-23 | 5 | 20% | 5% | - | | - | | 200.00 | 3.17 | |
| 车间 | 制造费用 | 生产线 | 投资转入 | 1 | 826 800.00 | 2020-10-12 | 10 | 10% | 5% | - | | - | | 826 800.00 | 6 545.50 | |

| 行标签 | 当月折旧额 |
|---|---|
| 销售费用 | 79.17 |
| 管理费用 | 668.17 |
| 制造费用 | 6 624.67 |
| 总计 | 7 372.01 |

图附 1-15

27. 月末，根据制造费用分配表分配制造费用。制造费用分配表，如图附1-16所示。

2020年11月份制造费用分配表

| 产　品 | 生产工时 | 分配率 | 金额（元） |
|---|---|---|---|
| 夹克衫 | 1500 | 12.78 | 19 170.00 |
| 裤子 | 1092 | | 13 945.47 |
| 合　计 | 2592 | — | 33 115.47 |

图附 1-16

28. 月末，根据完工产品成本汇总表，计算完工产品成本。完工产品成本汇总表，如图附1-17所示。

完工产品成本汇总计算表
2020年11月30日

| 成本项目 | 夹克衫（件）<br>750 | 裤子（条）<br>900 | 合计 |
|---|---|---|---|
| 直接材料 | 98 983.29 | 54 710.57 | 153 693.86 |
| 直接人工 | 87 227.40 | 43 930.20 | 131 157.60 |
| 制造费用 | 19 170.00 | 13 945.47 | 33 115.47 |
| 总成本 | 205 380.69 | 112 586.24 | 317 966.93 |
| 单位成本 | 273.84 | 125.10 | — |

图附 1-17

29. 月末，根据已销产品成本计算表，结转已销产品成本。已销产品成本计算表，如图附1-18所示。

## 已销产品生产成本计算表
### 2020年11月30日

| 产品名称 | 期初结存 | | 本期完工入库 | | 期末结存 | | 加权平均单价 | 本期销售 | |
|---|---|---|---|---|---|---|---|---|---|
| | 数量 | 金额 | 数量 | 金额 | 数量 | 金额 | | 数量 | 金额 |
| 夹克衫 | 0 | 0 | 750 | 205 380.69 | 150 | 41 076.69 | 273.84 | 600 | 164 304.00 |
| 裤子 | 0 | 0 | 900 | 112 586.24 | 50 | 6 251.24 | 125.10 | 850 | 106 335.00 |
| 合 计 | 0 | 0 | — | 317 966.93 | — | 47 327.93 | — | | 270 639.00 |

图附 1-18

30. 根据相关合同和印花税计算表,开出支票购买本月印花税。印花税计算表,如图附1-19所示。

### 印花税计算表

| 日期 | 合同项目 | 合同金额 | 税率 | 印花税额 |
|---|---|---|---|---|
| 11月1日 | 厂房租赁 | 360 000.00 | 0.10% | 360.00 |
| 11月1日 | 采购高级棉毛布料和混纺布料 | 174 000.00 | 0.03% | 52.20 |
| 11月22日 | 销售部与东莞市天虹商场有限公司签订合同 | 390 000.00 | 0.03% | 117.00 |
| 11月30日 | 销售商品给广百天河中怡店 | 418 000.00 | 0.03% | 125.40 |
| 本月合计 | | 1 342 000.00 | - | 654.60 |

图附 1-19

31. 月末,结转本月未交增值税。

自"转出未交增值税"栏全部转入应交税费——未交增值税明细账下。

32. 经计算,本月应交企业所得税 149 354 元。

33. 期末损益结转。

2020 年 11 月份参考分录如下:

1. 借:制造费用　　　　　　　　　　　　　　　　　　　　6 000
    贷:银行存款　　　　　　　　　　　　　　　　　　　　　　　6 000

2. 借:原材料——高级棉毛布料　　　　　　　　　　　　　212.57
          ——混纺布料　　　　　　　　　　　　　　　　　159.43
       应交税费——应交增值税(进项税额)　　　　　　　　　33.48
    贷:库存现金　　　　　　　　　　　　　　　　　　　　　　405.48

   借:原材料——高级棉毛布料　　　　　　　　　　　　　120 000
          ——混纺布料　　　　　　　　　　　　　　　　54 000
       应交税费——应交增值税(进项税额)　　　　　　　22 620
    贷:银行存款　　　　　　　　　　　　　　　　　　　　　196 620

4. 借:其他应收款——李明　　　　　　　　　　　　　　　1 000
    贷:库存现金　　　　　　　　　　　　　　　　　　　　　　1 000

5. 借:管理费用——差旅费　　　　　　　　　　　　　　　　860
       库存现金　　　　　　　　　　　　　　　　　　　　　　140
    贷:其他应收款——李明　　　　　　　　　　　　　　　　　1 000

6. 借：应付账款——联想专卖店　　　　　　　　　　　　　　62 376
　　　贷：银行存款　　　　　　　　　　　　　　　　　　　　　62 376

7. 借：应交税费——应交个人所得税　　　　　　　　　　　　73.56
　　　贷：银行存款　　　　　　　　　　　　　　　　　　　　　73.56

8. 借：库存现金　　　　　　　　　　　　　　　　　　　　　26 256.84
　　　贷：银行存款　　　　　　　　　　　　　　　　　　　26 256.84

9. 借：应付职工薪酬——工资　　　　　　　　　　　　　　26 256.84
　　　贷：库存现金　　　　　　　　　　　　　　　　　　　26 256.84

12. 借：销售费用　　　　　　　　　　　　　　　　　　　　　50 000
　　　　应交税费——应交增值税(进项税额)　　　　　　　　　3 000
　　　贷：银行存款　　　　　　　　　　　　　　　　　　　　53 000

13. 借：制造费用　　　　　　　　　　　　　　　　　　　　　520.00
　　　　应交税费——应交增值税(进项税额)　　　　　　　　　67.60
　　　贷：库存现金　　　　　　　　　　　　　　　　　　　　587.60

14. 借：应收账款——东莞市天虹商场有限公司　　　　　　　440 700
　　　贷：主营业务收入　　　　　　　　　　　　　　　　　390 000
　　　　　应交税费——应交增值税(销项税额)　　　　　　　50 700

15. 借：应付职工薪酬——职工福利　　　　　　　　　　　　2 000
　　　贷：库存现金　　　　　　　　　　　　　　　　　　　　2 000
　　借：制造费用　　　　　　　　　　　　　　　　　　　　　2 000
　　　贷：应付职工薪酬——职工福利　　　　　　　　　　　　2 000

16. 借：银行存款　　　　　　　　　　　　　　　　　　　　　440 700
　　　贷：应收账款——东莞市天虹商场有限公司　　　　　　440 700

17. 借：应收账款——东莞市新兴制衣有限公司　　　　　　　6 780
　　　贷：其他业务收入　　　　　　　　　　　　　　　　　　6 000
　　　　　应交税费——应交增值税(销项税额)　　　　　　　780

19. 借：应收账款——广百天河中怡店　　　　　　　　　　　472 340
　　　贷：主营业务收入　　　　　　　　　　　　　　　　　418 000
　　　　　应交税费——应交增值税(销项税额)　　　　　　　54 340

20. 借：生产成本——夹克衫——直接材料　　　　　　　　　95168.29
　　　　　　　　——裤子——直接材料　　　　　　　　　　51 150.57
　　　　其他业务成本　　　　　　　　　　　　　　　　　　5 008.86
　　　贷：原材料——高级棉毛布料　　　　　　　　　　　　100 177.15
　　　　　　　——混纺布料　　　　　　　　　　　　　　　51 150.57

21. 借：财务费用　　　　　　　　　　　　　　　　　　　　　1 000
　　　贷：应付利息　　　　　　　　　　　　　　　　　　　　1 000

22. 借：管理费用——无形资产摊销　　　　　　　　　　　2 000
　　　　贷：累计摊销　　　　　　　　　　　　　　　　　2 000

23.（1）借：生产成本——夹克衫——直接人工　　　　　68 900.00
　　　　　　　　　　——裤子——直接人工　　　　　　34 700.00
　　　　　　　制造费用　　　　　　　　　　　　　　　13 800.00
　　　　　　　管理费用——工资　　　　　　　　　　　61 100.00
　　　　　　　销售费用　　　　　　　　　　　　　　　40 200.00
　　　　　　贷：应付职工薪酬——工资　　　　　　　　218 700.00

　　（2）借：应付职工薪酬——工资　　　　　　　　　　37 971.53
　　　　　　贷：其他应付款——养老保险　　　　　　　17 496.00
　　　　　　　　　　　　——医疗保险　　　　　　　　4 374.00
　　　　　　　　　　　　——失业保险　　　　　　　　　437.40
　　　　　　　　　　　　——住房公积金　　　　　　　15 309.00
　　　　　　　　应交税费——应交个人所得税　　　　　　355.13

　　（3）借：管理费用——社会保险　　　　　　　　　　11 975.60
　　　　　　　　　　——住房公积金　　　　　　　　　　4 277.00
　　　　　　　生产成本——夹克衫——直接人工　　　　18 327.40
　　　　　　　　　　　——裤子——直接人工　　　　　9 230.20
　　　　　　　制造费用　　　　　　　　　　　　　　　3 670.80
　　　　　　　销售费用　　　　　　　　　　　　　　　10 693.20
　　　　　　贷：应付职工薪酬——养老保险　　　　　　28 431.00
　　　　　　　　　　　　　　——医疗保险　　　　　　12 247.20
　　　　　　　　　　　　　　——失业保险　　　　　　1 093.50
　　　　　　　　　　　　　　——工伤保险　　　　　　1 093.50
　　　　　　　　　　　　　　——住房公积金　　　　　15 309.00

24. 借：管理费用——水电费　　　　　　　　　　　　　　495.00
　　　销售费用　　　　　　　　　　　　　　　　　　　　227.00
　　　制造费用　　　　　　　　　　　　　　　　　　　　500.00
　　　生产成本——夹克衫——直接材料　　　　　　　　3 815.00
　　　　　　——裤子——直接材料　　　　　　　　　　3 560.00
　　　应交税费——应交增值税（进项税额）　　　　　　1 117.61
　　　贷：银行存款　　　　　　　　　　　　　　　　　9 714.61

25. 借：预付账款——东莞市飞鹰纺织品有限公司　　　　50 000.00
　　　贷：银行存款　　　　　　　　　　　　　　　　　50 000.00

26. 借：管理费用——折旧费　　　　　　　　　　　　　　668.17
　　　销售费用　　　　　　　　　　　　　　　　　　　　79.17
　　　制造费用　　　　　　　　　　　　　　　　　　　6 624.67
　　　贷：累计折旧　　　　　　　　　　　　　　　　　7 372.01

27. 借：生产成本——夹克衫——制造费用　　　　　　　　　　　　　19 170.00
　　　　——裤子——制造费用　　　　　　　　　　　　　　　　 13 945.47
　　　　贷：制造费用　　　　　　　　　　　　　　　　　　　　　　33 115.47

28. 借：库存商品——夹克衫　　　　　　　　　　　　　　　　　　205 380.69
　　　　——裤子　　　　　　　　　　　　　　　　　　　　　　　112 586.24
　　　　贷：生产成本——夹克衫——直接材料　　　　　　　　　　　98 983.29
　　　　　　　　　　　　——直接人工　　　　　　　　　　　　　　87 227.40
　　　　　　　　　　　　——制造费用　　　　　　　　　　　　　　19 170.00
　　　　　　　　——裤子——直接材料　　　　　　　　　　　　　　54 710.57
　　　　　　　　　　　——直接人工　　　　　　　　　　　　　　　43 930.20
　　　　　　　　　　　——制造费用　　　　　　　　　　　　　　　13 945.47

29. 借：主营业务成本　　　　　　　　　　　　　　　　　　　　　270 639.00
　　　　贷：库存商品——夹克衫　　　　　　　　　　　　　　　　164 304.00
　　　　　　　　　——裤子　　　　　　　　　　　　　　　　　　106 335.00

30. 借：管理费用　　　　　　　　　　　　　　　　　　　　　　　　 654.60
　　　　贷：银行存款　　　　　　　　　　　　　　　　　　　　　　 654.60

31. 借：应交税费——应交增值税(转出未交增值税)　　　　　　　　　78 981.31
　　　　贷：应交税费——未交增值税　　　　　　　　　　　　　　　78 981.31

32. 借：所得税费用　　　　　　　　　　　　　　　　　　　　　　149 354.00
　　　　贷：应交税费——应交所得税　　　　　　　　　　　　　　149 354.00

33. 期末损益结转。

(1) 结转本月收入。

借：主营业务收入　　　　　　　　　　　　　　　　　　　　　　　808 000.00
　　其他业务收入　　　　　　　　　　　　　　　　　　　　　　　　6 000.00
　　贷：本年利润　　　　　　　　　　　　　　　　　　　　　　　814 000.00

(2) 结转本月费用。

借：本年利润　　　　　　　　　　　　　　　　　　　　　　　　　609 231.60
　　贷：管理费用——差旅费　　　　　　　　　　　　　　　　　　　　860.00
　　　　　　　——工资　　　　　　　　　　　　　　　　　　　　　61 100.00
　　　　　　　——社会保险　　　　　　　　　　　　　　　　　　　11 975.60
　　　　　　　——水电费　　　　　　　　　　　　　　　　　　　　　495.00
　　　　　　　——税费　　　　　　　　　　　　　　　　　　　　　　654.60
　　　　　　　——无形资产摊销　　　　　　　　　　　　　　　　　 2 000.00
　　　　　　　——折旧费　　　　　　　　　　　　　　　　　　　　　668.17
　　　　　　　——住房公积金　　　　　　　　　　　　　　　　　　 4 277.00
　　　　财务费用　　　　　　　　　　　　　　　　　　　　　　　　1 000.00
　　　　销售费用　　　　　　　　　　　　　　　　　　　　　　　101 199.37

| | |
|---|---:|
| 主营业务成本 | 270 639.00 |
| 其他业务成本 | 5 008.86 |
| 所得税费用 | 149 354.00 |

(三) 2020 年 12 月份共发生下列经济业务事项：

1. 1 日，开出转账支票支付 12 月份厂房租金计 6 000 元。

2. 1 日，收到广百天河中怡店上月欠款 472 340.00 元。

3. 1 日，收到建行转来的 10 月份社会保险代扣凭证、住房公积金代扣凭证及个人所得税凭证。其中，代扣个人应交的养老保险 2 544.00 元、医疗保险 636.00 元、失业保险 63.60 元、住房公积金 2 226.00 元及应交个人所得税 28.56 元，公司应交的养老保险 4 134.00 元、医疗保险 1 780.80 元、失业保险 159.00 元、工伤保险 159.00 元及住房公积金 2 226.00 元。

4. 1 日，依据合同，向东莞市飞鹰纺织品有限公司购入布料一批，取得增值税专用发票。其中高级棉毛布料 1 300 米，单价 105 元，混纺布料 1 100 米，单价 62 元。增值税共计 26 611.00 元。货款冲抵预付账款，布料已验收入库。

5. 2 日，生产部门领取用于生产夹克衫的高级棉毛布料 1 200 米和用于生产裤子的混纺布料 900 米。(暂时不做分录，期末一起处理)

6. 8 日，银行代扣 11 月份应交个人所得税 355.13 元。

7. 16 日，通过银行发放 11 月份工资 180 728.47 元。

8. 27 日，收到建行转来的 11 月份社会保险代扣凭证、住房公积金代扣凭证及个人所得税凭证。其中，代扣个人应交的养老保险 17 496.00 元、医疗保险 4 374.00 元、失业保险 437.4 元、住房公积金 15 309.00 元及应交个人所得税 355.13 元，公司应交的养老保险 28 431.00 元、医疗保险 12 247.20 元、失业保险 1 093.50 元、工伤保险 1 093.50 元及住房公积金 15 309.00 元。

9. 27 日，产品完工入库。其中，入库夹克衫 800 件，裤子 900 条。(暂时不做分录，期末一起处理)

10. 28 日，依据合同，销售给东莞市天虹商场有限公司夹克衫及裤子一批。货已发出，开具增值税专用发票一张。其中夹克衫 610 件，单价 980 元，裤子 600 条，单价 195 元。

11. 31 日，根据无形资产摊销简表摊销无形资产。附无形资产摊销简表，如图附 1-20 所示。

**无形资产摊销计算简表**

| 项 目 | 计算公式 | 数据 |
|---|---|---|
| 无形资产 | | 120 000（元） |
| 可使用时间 | | 60（月） |
| 平均每月分摊成本 | 每月摊销额=无形资产/可使用时间 | 2 000（元） |

图附 1-20

12. 31 日，收到银行贷款利息通知单，三个月共扣贷款利息计 2 333.33 元。已知公司 10 月和 11 月已计提 1333.33 元。

13. 31日,根据图附1-21资料编制的12月份工资分配表,编制记账凭证。

| 行标签 | 应付工资 | 养老保险 | 医疗保险 | 失业保险 | 住房公积金 |
|---|---|---|---|---|---|
| 管理费用 | 66 600.00 | 5 328.00 | 1 332.00 | 133.20 | 4 662.00 |
| 销售费用 | 40 700.00 | 3 256.00 | 814.00 | 81.40 | 2 849.00 |
| 制造费用 | 13 800.00 | 1 104.00 | 276.00 | 27.60 | 966.00 |
| 生产成本—夹克衫—直接人工 | 68 900.00 | 5 512.00 | 1 378.00 | 137.80 | 4 823.00 |
| 生产成本—裤子—直接人工 | 34 700.00 | 2 776.00 | 694.00 | 69.40 | 2 429.00 |
| 总计 | 224 700.00 | 17 976.00 | 4 494.00 | 449.40 | 15 729.00 |

图附 1-21

(1) 计提本月工资
(2) 计提个人承担的三险一金和个人所得税

14. 31日,根据图附1-22资料计提企业应负担的四险一金。

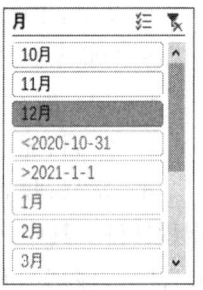

| 费用类别 | 社保合计 | 住房公积金 | 社保及公积金合计 | 养老保险 | 医疗保险 | 失业保险 | 工伤保险 |
|---|---|---|---|---|---|---|---|
| 管理费用 | 13 053.60 | 4 662.00 | 17 715.60 | 8 658.00 | 3 729.6 | 333 | 333 |
| 销售费用 | 7 977.20 | 2 849.00 | 10 826.20 | 5 291.00 | 2 279.2 | 203.5 | 203.5 |
| 制造费用 | 2 704.80 | 966.00 | 3 670.80 | 1 794.00 | 772.8 | 69 | 69 |
| 生产成本—夹克衫—直接人工 | 13 504.40 | 4 823.00 | 18 327.40 | 8 957.00 | 3 858.4 | 344.5 | 344.5 |
| 生产成本—裤子—直接人工 | 6 801.20 | 2 429.00 | 9 230.20 | 4 511.00 | 1 943.2 | 173.5 | 173.5 |
| 总计 | 44 041.20 | 15 729.00 | 59 770.20 | 29 211.00 | 12 583.2 | 1 123.5 | 1 123.5 |

图附 1-22

15. 31日,收到银行代扣本月电费的增值税专用发票及收账通知。其中用电量9 088千瓦时,电费9 088.00元,增值税1 181.44元。根据图附1-23电费分配表编制分录。

电费分配表
2020-12-31

| 项目 | 使用量（千瓦时） | 分配率 | 分配金额（元） |
|---|---|---|---|
| 行政部 | 130.00 | | 130.00 |
| 财务部 | 200.00 | | 200.00 |
| 采购部 | 102.00 | | 102.00 |
| 仓管部 | 90.00 | 1.00 | 90.00 |
| 销售部 | 258.00 | | 258.00 |
| 车间 | 550.00 | | 550.00 |
| 生产一部 | 4 008.00 | | 4 008.00 |
| 生产二部 | 3 750.00 | | 3 750.00 |
| 合计 | 9 088.00 | - | 9 088.00 |

审核：赵才　　　　　　　　　制表：刘进

图附 1-23

16. 根据固定资产折旧计算表计提本月折旧。固定资产折旧计算表,如图附1-24所示。

| | A | B | C | D | E | F | G | H | I | J | K | L | M | N | O | P | Q | R |
|---|---|---|---|---|---|---|---|---|---|---|---|---|---|---|---|---|---|---|
| 1 | 使用部门 | 费用类别 | 名称 | 增加数量 | 增加来源 | 增加原值 | 入账日期 | 预计使用年限 | 年折旧率 | 净残值率 | 原提折旧 | 减少去向 | 减少数量 | 减少原值 | 待提折旧原值 | 当月折旧额 | 请输入折旧月份的月末日期 | |
| 2 | 行政部 | 管理费用 | 笔记本电脑 | 1 | 购入 | 12 600.00 | 2020-10-24 | 5 | 20% | 5% | - | | - | - | 12 600.00 | 199.50 | 2020年12月31日 | |
| 3 | 行政部 | 管理费用 | 台式电脑 | 1 | 购入 | 4 800.00 | 2020-10-24 | 5 | 20% | 5% | - | | - | - | 4 800.00 | 76.00 | 行标签 | 当月折旧额 |
| 4 | 行政部 | 管理费用 | 工作台 | 2 | 购入 | 400.00 | 2020-10-23 | 5 | 20% | 5% | - | | - | - | 400.00 | 6.33 | 销售费用 | 79.17 |
| 5 | 财务部 | 管理费用 | 一体机 | 1 | 购入 | 4 200.00 | 2020-10-24 | 5 | 20% | 5% | - | | - | - | 4 200.00 | 66.50 | 管理费用 | 668.17 |
| 6 | 财务部 | 管理费用 | 台式电脑 | 2 | 购入 | 9 600.00 | 2020-10-24 | 5 | 20% | 5% | - | | - | - | 9 600.00 | 152.00 | 制造费用 | 6 624.67 |
| 7 | 财务部 | 管理费用 | 工作台 | 3 | 购入 | 600.00 | 2020-10-23 | 5 | 20% | 5% | - | | - | - | 600.00 | 9.50 | 总计 | 7 372.01 |
| 8 | 采购部 | 管理费用 | 台式电脑 | 1 | 购入 | 4 800.00 | 2020-10-24 | 5 | 20% | 5% | - | | - | - | 4 800.00 | 76.00 | | |
| 9 | 采购部 | 管理费用 | 工作台 | 1 | 购入 | 200.00 | 2020-10-23 | 5 | 20% | 5% | - | | - | - | 200.00 | 3.17 | | |
| 10 | 仓库 | 管理费用 | 台式电脑 | 1 | 购入 | 4 800.00 | 2020-10-24 | 5 | 20% | 5% | - | | - | - | 4 800.00 | 76.00 | | |
| 11 | 仓库 | 管理费用 | 工作台 | 1 | 购入 | 200.00 | 2020-10-23 | 5 | 20% | 5% | - | | - | - | 200.00 | 3.17 | | |
| 12 | 销售部 | 销售费用 | 台式电脑 | 1 | 购入 | 4 800.00 | 2020-10-24 | 5 | 20% | 5% | - | | - | - | 4 800.00 | 76.00 | | |
| 13 | 销售部 | 销售费用 | 工作台 | 1 | 购入 | 200.00 | 2020-10-23 | 5 | 20% | 5% | - | | - | - | 200.00 | 3.17 | | |
| 14 | 车间 | 制造费用 | 台式电脑 | 1 | 购入 | 4 800.00 | 2020-10-24 | 5 | 20% | 5% | - | | - | - | 4 800.00 | 76.00 | | |
| 15 | 车间 | 制造费用 | 工作台 | 1 | 购入 | 200.00 | 2020-10-23 | 5 | 20% | 5% | - | | - | - | 200.00 | 3.17 | | |
| 16 | 车间 | 制造费用 | 生产线 | 1 | 投资转入 | 826 800.00 | 2020-10-12 | 10 | 10% | 5% | - | | - | - | 826 800.00 | 6 545.50 | | |

图附 1-24

17. 根据发料成本计算表和发料汇总表编制记账凭证。发出材料成本计算表和发出材料汇总表,如图附 1-25 和图附 1-26 所示。

发出材料成本计算表
2020年12月31日

| 材料名称 | 期初结存 | | | 本期购进 | | | 期末结存 | | | 加权平均单价 | 本期发出 | |
|---|---|---|---|---|---|---|---|---|---|---|---|---|
| | 数量 | 单价 | 金额 | 数量 | 单价 | 金额 | 数量 | 单价 | 金额 | | 数量 | 金额 |
| 高级棉毛布料 | 200 | 100.00 | 20 000.00 | 1 300 | 105.00 | 136 500.00 | 300 | 104.33 | 31 300.00 | 104.33 | 1 200 | 125 200.00 |
| 混纺布料 | 50 | 60.00 | 3 000.00 | 1 100 | 62.00 | 68 200.00 | 250 | 61.91 | 15 478.26 | 61.91 | 900 | 55 721.74 |
| 合计 | - | - | 23 000.00 | - | - | 204 700.00 | - | - | 46 778.26 | | - | 180 921.74 |

图附 1-25

发出材料汇总表
2020年12月31日

| 项 目 | 高级棉毛布料 | | 混纺布料 | | 金额合计 |
|---|---|---|---|---|---|
| | 数量(米) | 金额(元) | 数量(米) | 金额(元) | |
| 生产夹克衫 | 1 200 | 125 200.00 | | | 125 200.00 |
| 生产裤子 | | | 900 | 55 721.74 | 55 721.74 |
| 合 计 | 1 200 | 125 200.00 | 900 | 55 721.74 | 180 921.74 |

图附 1-26

18. 分配本月制造费用。

根据生产工时统计数据(生产夹克衫 1 720 工时,裤子 1 198 工时)及本月制造费用明细账资料,以生产工时为标准编制制造费用分配表。本月制造费用分配表,如图附 1-27 所示。

2020年12月份制造费用分配表

| 产品 | 生产工时 | 分配率 | 金额(元) |
|---|---|---|---|
| 夹克衫 | 1 720 | 10.5 | 18 060.00 |
| 裤子 | 1 198 | | 12 585.47 |
| 合 计 | 2 918 | — | 30 645.47 |

图附 1-27

19. 根据图附 1-28 所示的完工产品成本汇总计算表,计算本月完工产品成本。

**完工产品成本汇总计算表**
**2020年12月31日**

| 成本项目 | 夹克衫（件）800 | 裤子（条）900 | 合计 |
|---|---|---|---|
| 直接材料 | 198 108.00 | 94 171.74 | 292 279.74 |
| 直接人工 | 18 327.40 | 9 230.20 | 27 557.60 |
| 制造费用 | 18 060.00 | 12 585.47 | 30 645.47 |
| 总成本 | 234 495.40 | 115 987.41 | 350 482.81 |
| 单位成本 | 293.12 | 128.87 | — |

图附 1-28

20. 根据图附 1-29 所示的已销产品成本计算表,结转本月已销产品成本。

**已销产品生产成本计算表**
**2020年12月31日**

| 产品名称 | 期初结存 | | 本期完工入库 | | 期末结存 | | 加权平均单价 | 本期销售 | |
|---|---|---|---|---|---|---|---|---|---|
| | 数量 | 金额 | 数量 | 金额 | 数量 | 金额 | | 数量 | 金额 |
| 夹克衫 | 150 | 7 0191.4 | 800 | 234 495.40 | 340 | 125 883.60 | 293.12 | 610 | 178 803.20 |
| 裤子 | 50 | 9 652.41 | 900 | 115 987.41 | 350 | 48 317.82 | 128.87 | 600 | 77 322.00 |
| 合计 | — | 79 843.81 | — | 350 482.81 | — | 174 201.42 | — | — | 256 125.20 |

图附 1-29

21. 经查账已知本月应交税费——未交增值税 65 131.56 元,请编写转出本月未交增值税的会计分录。

22. 根据账簿记录,截至本月,未交增值税共计 29 163.62 元,计提本月城市维护建设税与教育费附加等。城市维护建设税与教育费附加,如图附 1-30 所示。

**税费计算表**
**2020年12月31日**

| 税（费）种类 | 计税基数 | 税（费）率 | 税（费）额 |
|---|---|---|---|
| 城市维护建设税 | 29 163.62 | 5% | 1 458.18 |
| 教育费附加 | 29 163.62 | 3% | 874.91 |
| 地方教育费附加 | 29 163.62 | 2% | 583.27 |
| 合计 | | | 2 916.36 |

图附 1-30

23. 根据相关合同和印花税计算表,开出支票购买本月印花税。印花税计算表,如图附 1-31 所示。

**印花税计算表**

| 日期 | 合同项目 | 合同金额 | 税率 | 印花税额 |
|---|---|---|---|---|
| 12月1日 | 采购高级棉毛布料和混纺布料 | 204 700.00 | 0.03% | 61.41 |
| 12月28日 | 销售给东莞市天虹商场有限公司夹克衫及裤子 | 714 800.00 | 0.03% | 214.44 |
| 本月合计 | - | 919 500.00 | - | 275.85 |

图附 1-31

24. 开出支票支付增值税 29 163.62 元、城市维护建设税 1 458.18 元、教育费附加 874.91元及地方教育费附加 583.27 元。

25. 结转本月损益。

(1) 结转本月收入。

(2) 结转本月费用。

26. 已知东莞市新元素服装有限公司第四季度无调整项目,计算本季度应纳所得税额。计提并结转本季度所得税。

(1) 计提所得税费用。

(2) 结转所得税费用。

27. 结转本年净利润。经查账,本年利润有贷方余额 441 103.49 元。

28. 计提法定盈余公积。已知东莞市新元素服装有限公司按本年实现净利润的 10% 依法计提法定盈余公积。

29. 计算应付利润。东莞市新元素服装有限公司章程规定:按弥补亏损后的年净利润的 50%计算应付投资者利润,并于下年 3 月份支付。

30. 结转未分配利润明细。

(1) 结转法定盈余公积。

(2) 结转应付利润。

2020 年 12 月份参考分录如下:

| | |
|---|---|
| 1. 借:制造费用 | 6 000 |
|   贷:银行存款 | 6 000 |
| 2. 借:银行存款 | 472 340 |
|   贷:应收账款——广百天河中怡店 | 472 340 |
| 3. 借:其他应付款——养老保险 | 2 544.00 |
|     ——医疗保险 | 636.00 |
|     ——失业保险 | 63.60 |
|     ——住房公积金 | 2 226.00 |
|   应交税费——应交个人所得税 | 28.56 |
|   应付职工薪酬——养老保险 | 4 134.00 |
|     ——医疗保险 | 1 780.80 |
|     ——失业保险 | 159.00 |
|     ——工伤保险 | 159.00 |
|     ——住房公积金 | 2 226.00 |
|   贷:银行存款 | 13 956.96 |
| 4. 借:原材料——高级棉毛布料 | 136 500 |
|     ——混纺布料 | 68 200 |
|   应交税费——应交增值税(进项税额) | 26 611 |
|   贷:预付账款——东莞市飞鹰纺织品有限公司 | 231 311 |

6. 借：应交税费——应交个人所得税　　　　　　　　　　　　　　355.13
   　贷：银行存款　　　　　　　　　　　　　　　　　　　　　　　　355.13

7. 借：应付职工薪酬——工资　　　　　　　　　　　　　　　　180 728.47
   　贷：银行存款　　　　　　　　　　　　　　　　　　　　　　180 728.47

8. 借：其他应付款——养老保险　　　　　　　　　　　　　　　17 496.00
   　　　　　　　——医疗保险　　　　　　　　　　　　　　　　4 374.00
   　　　　　　　——失业保险　　　　　　　　　　　　　　　　　437.40
   　　　　　　　——住房公积金　　　　　　　　　　　　　　　15 309.00
   　　　应交税费——应交个人所得税　　　　　　　　　　　　　　355.13
   　　　应付职工薪酬——养老保险　　　　　　　　　　　　　　28 431.00
   　　　　　　　　——医疗保险　　　　　　　　　　　　　　　12 247.20
   　　　　　　　　——失业保险　　　　　　　　　　　　　　　 1 093.50
   　　　　　　　　——工伤保险　　　　　　　　　　　　　　　 1 093.50
   　　　　　　　　——住房公积金　　　　　　　　　　　　　　15 309.00
   　贷：银行存款　　　　　　　　　　　　　　　　　　　　　　96 145.73

10. 借：应收账款——东莞市天虹商场有限公司　　　　　　　　　　807 724
   　 贷：主营业务收入　　　　　　　　　　　　　　　　　　　　714 800
   　　　应交税费——应交增值税(销项税额)　　　　　　　　　　　92 924

11. 借：管理费用——无形资产摊销　　　　　　　　　　　　　　　 2 000
   　 贷：累计摊销　　　　　　　　　　　　　　　　　　　　　　　2 000

12. 借：应付利息　　　　　　　　　　　　　　　　　　　　　　 1 333.33
   　　　财务费用　　　　　　　　　　　　　　　　　　　　　　 1 000.00
   　 贷：银行存款　　　　　　　　　　　　　　　　　　　　　　2 333.33

13. (1) 计提本月工资。

借：管理费用——工资　　　　　　　　　　　　　　　　　　　　66 600
　　销售费用　　　　　　　　　　　　　　　　　　　　　　　　40 700
　　制造费用　　　　　　　　　　　　　　　　　　　　　　　　13 800
　　生产成本——夹克衫——直接人工　　　　　　　　　　　　　68 900
　　　　　　——裤子——直接人工　　　　　　　　　　　　　　34 700
　贷：应付职工薪酬——工资　　　　　　　　　　　　　　　　224 700

(2) 计提个人承担的三险一金和个人所得税。

借：应付职工薪酬——工资　　　　　　　　　　　　　　　　 39 065.63
　贷：其他应付款——养老保险　　　　　　　　　　　　　　　17 976.00
　　　　　　　　——医疗保险　　　　　　　　　　　　　　　 4 494.00
　　　　　　　　——失业保险　　　　　　　　　　　　　　　　 449.40
　　　　　　　　——住房公积金　　　　　　　　　　　　　　15 729.00
　　　应交税费——应交个人所得税　　　　　　　　　　　　　　417.23

14. 借：管理费用——社会保险　　　　　　　　　　　　13 053.60
　　　　　　——住房公积金　　　　　　　　　　　 4 662.00
　　　　销售费用　　　　　　　　　　　　　　　　　10 826.20
　　　　制造费用　　　　　　　　　　　　　　　　　 3 670.80
　　　　生产成本——夹克衫——直接人工　　　　　　18 327.40
　　　　　　——裤子——直接人工　　　　　　　　　 9 230.20
　　　贷：应付职工薪酬——养老保险　　　　　　　　29 211.00
　　　　　　　　——医疗保险　　　　　　　　　　　12 583.20
　　　　　　　　——失业保险　　　　　　　　　　　 1 123.50
　　　　　　　　——工伤保险　　　　　　　　　　　 1 123.50
　　　　　　　　——住房公积金　　　　　　　　　　15 729.00

15. 借：管理费用——水电费　　　　　　　　　　　　 　522.00
　　　　销售费用　　　　　　　　　　　　　　　　　　 258.00
　　　　制造费用　　　　　　　　　　　　　　　　　　 550.00
　　　　生产成本——夹克衫——直接材料　　　　　　 4 008.00
　　　　　　——裤子——直接材料　　　　　　　　　 3 750.00
　　　　应交税费——应交增值税(进项税额)　　　　　 1 181.44
　　　贷：银行存款　　　　　　　　　　　　　　　　10 269.64

16. 借：销售费用　　　　　　　　　　　　　　　　　　　79.17
　　　　管理费用　　　　　　　　　　　　　　　　　　 668.17
　　　　制造费用　　　　　　　　　　　　　　　　　 6 624.67
　　　贷：累计折旧　　　　　　　　　　　　　　　　 7 372.01

17. 借：生产成本——夹克衫——直接材料　　　　　　125 200.00
　　　　　　——裤子——直接材料　　　　　　　　　55 721.74
　　　贷：原材料——高级棉毛布料　　　　　　　　 125 200.00
　　　　　　——混纺布料　　　　　　　　　　　　　55 721.74

18. 借：生产成本——夹克衫——制造费用　　　　　　18 060.00
　　　　　　——裤子——制造费用　　　　　　　　　12 585.47
　　　贷：制造费用　　　　　　　　　　　　　　　　30 645.47

19. 借：库存商品——夹克衫　　　　　　　　　　　　234 495.40
　　　　　　——裤子　　　　　　　　　　　　　　 115 987.41
　　　贷：生产成本——夹克衫——直接材料　　　　 198 108.00
　　　　　　　　——直接人工　　　　　　　　　　　18 327.40
　　　　　　　　——制造费用　　　　　　　　　　　18 060.00
　　　　　　——裤子——直接材料　　　　　　　　　94 171.74
　　　　　　　　——直接人工　　　　　　　　　　　 9 230.20
　　　　　　　　——制造费用　　　　　　　　　　　12 585.47

20. 借：主营业务成本 256 125.20
       贷：库存商品——夹克衫 178 803.20
                ——裤子 77 322.00
21. 借：应交税费——应交增值税(转出未交增值税) 65 131.56
       贷：应交税费——未交增值税 65 131.56
22. 借：税金及附加 2 916.36
       贷：应交税费——应交城市维护建设税 1 458.18
                ——应交教育费附加 874.91
                ——应交地方教育费附加 583.27
23. 借：管理费用——税费 275.85
       贷：银行存款 275.85
24. 借：应交税费——未交增值税 29 163.62
              ——应交城市维护建设税 1 458.18
              ——应交教育费附加 874.91
              ——应交地方教育费附加 583.27
       贷：银行存款 32 079.98
25. (1)结转本月收入。

借：主营业务收入 714 800.00
    贷：本年利润 714 800.00

(2)结转本月费用。

借：本年利润 399 686.55
    贷：主营业务成本 256 125.20
        税金及附加 2 916.36
        销售费用 51 863.37
        管理费用——工资 66 600.00
                ——无形资产摊销 2 000.00
                ——社会保险 13 053.60
                ——住房公积金 4 662.00
                ——水电费 522.00
                ——折旧费 668.17
                ——税费 275.85
        财务费用 1 000.00

26. (1)计提所得税费用。

借：所得税费用 78 778.36
    贷：应交税费——应交所得税 78 778.36

(2)结转所得税费用。

借：本年利润 78 778.36
    贷：所得税费用 78 778.36

27. 借：本年利润 　　　　　　　　　　　　　　　　　　441 103.49
　　　贷：利润分配——未分配利润 　　　　　　　　　　　　　　441 103.49

28. 借：利润分配——提取法定盈余公积 　　　　　　　　　　44 110.35
　　　贷：盈余公积——法定盈余公积 　　　　　　　　　　　　　44 110.35

29. 借：利润分配——应付利润 　　　　　　　　　　　　　220 551.75
　　　贷：应付利润 　　　　　　　　　　　　　　　　　　　　220 551.75

30. (1)结转法定盈余公积。

借：利润分配——未分配利润 　　　　　　　　　　　　　　44 110.35
　　贷：利润分配——提取法定盈余公积 　　　　　　　　　　　44 110.35

(2)结转应付利润。

借：利润分配——未分配利润 　　　　　　　　　　　　　220 551.75
　　贷：利润分配——应付利润 　　　　　　　　　　　　　　220 551.75

【10月份记账凭证清单截图】如图附1-32所示。

图附 1-32

其他请自行参见本教材附送的"东莞市新元素服装有限公司(10 月份).xlsx""东莞市新元素服装有限公司(11 月份).xlsx""东莞市新元素服装有限公司(12 月份).xlsx""工资管理.xlsx""固定资产管理.xlsx""计算资料.xlsx"及"无形资产摊销.xlsx"文件等。